INDICATEUR DES ARMOIRIES

DES VILLES, BOURGS, VILLAGES,

MONASTÈRES, COMMUNAUTÉS, CORPORATIONS, ETC.

CONTENUES DANS L'ARMORIAL GÉNÉRAL DE D'HOZIER

Imprimé par les Éditeurs

BONNEDAME ET FILS. typographes à Épernay.

INDICATEUR

DES ARMOIRIES

DES VILLES, BOURGS, VILLAGES, MONASTÈRES,

COMMUNAUTÉS, CORPORATIONS, ETC.

CONTENUES DANS L'ARMORIAL GÉNÉRAL DE D'HOZIER

Par Ulysse ROBERT

ANCIEN ÉLÈVE DE L'ÉCOLE DES CHARTES, EMPLOYÉ AU DÉPARTEMENT
DES MANUSCRITS DE LA BIBLIOTHÈQUE NATIONALE

Se trouve

A PARIS

Chez Alph. PICARD, Libraire, rue Bonaparte, 82

—

M. D. CCC. LXXIX

AVERTISSEMENT

L'*Indicateur* de l'*Armorial* de d'Hozier, publié par
M. Louis Paris, s'adressait exclusivement aux familles et
aux amateurs de généalogies. Celui dont nous entreprenons la publication s'adresse aux érudits. Pour avoir un
intérêt plus restreint, il n'en est pas moins d'une utilité
incontestable, et nous croyons, en le publiant, rendre
un véritable service à ceux qui ont à consulter l'*Armorial* pour y rechercher des armoiries de villes, bourgs,
monastères, corporations, etc. Car, tout en comblant
une lacune qui n'avait absolument aucune raison d'être,
nous leur éviterons une perte de temps souvent considérable, surtout quand les recherches portent sur des
séries de plusieurs volumes, comme il arrive pour la
généralité de Paris, la Normandie, le Languedoc, et
parfois inutile, quand elles ne donnent aucun résultat.

Quelques-unes de ces armoiries ne sont pas toujours
exactes et conformes à celles qui sont d'ancienne date
considérées comme officielles. Aux villes et aux communautés qui négligeaient d'en envoyer à qui de droit la
description, il en était d'office donné qui étaient plus ou
moins de fantaisie. Certaines armoiries ont pu aussi

être modifiées au XVIIIe et au XIXe siècles. Il ne faudrait donc pas de ces différences conclure que l'*Armorial*, à ce point de vue, est sans valeur.

L'orthographe, souvent bien différente à la fin du XVIIe siècle de l'orthographe actuelle des noms, a pu être altérée par les scribes chargés de l'inscription des armoiries. Nous n'avons cru devoir la modifier que dans les cas d'erreur trop évidente. Pour le reste, nous laissons ce soin à ceux de nos lecteurs qui connaissent la topographie de leurs provinces respectives. La rectification sera en général facile ; elle ne présentera des difficultés un peu sérieuses que pour certains noms appartenant à l'Alsace, qui ont dû subir des transformations telles que, pour les rétablir sous leur forme véritable, il faudrait quelque chose de plus que des connaissances topographiques, le sens divinateur le plus développé.

ALSACE

Achstein, 419.

Aigholfe, 407.

Albersveiller, 409.

Allenwiller, 587.

Allon, 417.

Alsace, 333.

Alsace ; corps de la noblesse de la basse Alsace, 333.

Altkirch, ville, 345; cordonniers, 219: maçons et charpentiers, 369 ; tailleurs et tisserands, 114.

Altorf, 419; abbaye, 431.

Altspach, abbaye, 198.

Ammerschwir, 203 ; communauté, 696.

Andlaw, 829; abbaye. 420; chapitre de l'abbaye, 420.

Andolsheim, 1069.

Anendorf et Donnenheim, 785.

Augeot et Vautrimont, 724.

Anglefheim, 375.

Annenheim, 1003.

Annviller, 436; boulangers, 438; cordonniers, 980 ; drapiers, 980; tanneurs, 438.

Aspach, 958.

Astambourg, 422.

Attenschwiller, 1082.

Balbelrotte, officiers du bailliage, 551.

Ballbronn, 379.

Bâle, officialité, 508.

Ban, mairie du comté, 387.

Ban de la Roche, 406; seigneurie, 623.

Bantzenheim, 951.

Barr, 404.

Bartenheim, 1071.

Bascheviller, 705.

Battenheim, 1064.

Batzendorf, 390.

Bavilliers et Perouze, 722.

Beblenheim, 1067.

Belfort, 213; chapitre de l'église collégiale, 213; comté, 729.

Bendorf, 1091.

Benfeld, 375; bailliage, 375; maçons et charpentiers , 999

1

pêcheurs, 1006 ; sceau des contrats, 375 ; tailleurs et cordonniers, 1000 ; tisserands, 759.
Benheim, 1037.
Bennewihr, 675.
Berche, 1082.
Berckheim, 927.
Berghieten. 407.
Bergzabern, 410 ; bouchers, 554; boulangers, 991 ; charpentiers, 554; cordonniers, 991 ; maréchaux. 553 ; tisserands, 553.
Bernardswiller, 1043.
Bernsheim, 391 ; cure, 984.
Berstett, 825 ; seigneurie, 825.
Berstheim, 391 ; cure, 984.
Bertschwiller, bouchers, 366 ; cordonniers, 428 ; maîtres du grand métier, 428; passementiers, 428; tailleurs, 428; tisserands, 428.
Dervilier, 906 ; autre, 945; seigneurie, 674.
Bessoncourt, 725.
Betschdorf, 1022.
Beltendorf, 1077.
Bettlach, 1087.
Biohlenheim, chapitre, 416.
Bieterbal, 1093.
Bischeim, seigneurie, 1030.
Bischen, seigneurie, 997.
Bischenheim, 419.
Bischwiller. communauté de la prévôté, 394; cordonniers, 429.
Blacheweiller, 564.
Blasheim, seigneurie, 831.
Blesteiheim, 981.
Blienschwiller, 429.
Blodelsheim, 916 ; seigneurie, 935.
Boelsheim ?. 386.
Bolfezheim, 811.

Boirshe, 386.
Bollwiller, 732.
Bolsenheim, 581 ; seigneurie, 1086.
Bessendorf, 390 ; seigneurie, 762.
Boucheviller, 1092.
Bournehaut-le-Haut et Bournehaut-le-Bas, 709.
Bourogne, 1075 ; seigneurie, 947.
Bouxwiller, ville et prévôté, 409; communauté. 1087; merciers, 583; vitriers, meuniers, serruriers et potiers, 668.
Breitenbach, 701.
Brisach, 346 ; augustins, 352 ; bateliers, 94; bouchers, 162; boulangers, 166; confrérie du Bouc, 63; confrérie de la Coupe rouge, 341; confrérie de la Pucelle, 368; cordonniers, selliers et tanneurs, 308; pêcheurs, 354; potiers de terre, 868.
Broustat, 962 ; seigneurie, 712.
Bruebach, 950.
Brumpt, 396.
Bruschdorf, 1007.
Bruschwickersheim, 987 ; seigneurie, 794.
Bueschweiller, 1052.
Bueswiller, 1009.
Burckenwald, 1008.

Cernay. 95.
Chastenay, Brignard et Dampierre, 722.
Chastenois. 389.
Chaux et la Chapelle, 723.
Cherviller, 694.
Chèvremont, 731.

Colmar, 230; augustins, 94; briquiers et tuiliers, 510; confrérie au Lion, 69; confrérie zum Adler, 69; confrérie zum Rysen, 349; confrérie zur Trew, 502; confrérie zum Wolleben, 502; couvent des Underlinden, 349; dominicaines, 503; dominicains, 350; maréchaux, 508; tribu nommée Crantzlen, 345; commanderie de Colmar, Mulhausen et Soultz, 717.

Comteban, seigneurie, 557.

Constett, 386.

Crastatt, 602.

Dabo, 651; comté, 651.

Dambach, 402.

Daugolsheim, seigneurie, 997.

Danjoutin et Tretondans, 721.

Dannemarie, 1074.

Dappigheim, 988.

Dax, bailliage, 331.

Daxtheim, bailliage, 1013.

Delle, 129.

Didenheim, 961.

Diebolsheim, 823.

Diettwiller 1081, — et Ossenheim, 1053.

Dingsheim, 670.

Dorembach, 560.

Dorlisheim, 419.

Dornach, 1093.

Drusenheim, 377.

Durbach, 386.

Durlingsdorf, 1084.

Duttlenheim, 1011.

Dutzenheim, 427.

Ebersheim, 387; seigneurie, 557.

Ebersmunster, 407; abbaye, 28.

Eberswiller, 651.

Eckarswiller, 417.

Eckbolsheim, 552.

Eckwersheim, 590.

Egisheim, 194.

Elsatzweiller, Zittersheim et Sparbach, 588.

Elsenheim, 678.

Engwiller, seigneurie, 1007.

Ensisheim, 73; communauté, 703; autre, 1039; collége des jésuites, 501; corps des officiers de la maîtrise des eaux et forêts, 695; religieuses de la Trinité, 501.

Enttendorf, 390.

Entzheim, Oberhausbergen et Hurtigheim, 1042.

Eppflich, 102.

Erembach, seigneurie, 760.

Ergersheim, 419.

Erle bach, 701.

Ernolsheim, 400; communauté, 408.

Erstein, 374; cordonniers, 395; laboureurs, 979; pêcheurs, 874; seigneurie, 3; tisserands, 399.

Esbach, 386; église, 1020.

Eschau et Wibolsheim, 595; — Wibolsheim, Mietersholz, Rathsenhausen, Ehenweyer, Bootzheim et Kunheim, seigneurie, 1036.

Eschentzweiller, 918.

Estafond, 723.

Estein, seigneurie, 995.

Estendorf, église, 1021.

Falckembourg, 972.

● Feldkirck, 733.

Ferrette, 892; tanneurs et cordonniers, 1083; tisserands, 1083.

Ferrette-le-Vieux, 1083.

Fislis, 1087.

Flaxlanden, 733.

Fleckenstein, baronnie, 26.

Flexbourg, 615.

Florimont, seigneurie, 197.

Fokersheim, 824.

Fontaine, 959.

Fort-Louis, bateliers, 979; bouchers, 750; sceau de la justice, 587.

Fortsfeld et Kauffenem, 1002.

Fortsheim, 518.

Foussemagne, seigneurie, 720.

Francken, 1078.

Frauweiller, 409.

Fresland, 683.

Fribourg, 101; augustins, 106; bouchers, 103; boulangers, 104; charpentiers, 102; chartreux, 106; couvent d'Adelhase, 105; couvent de Ste-Claire, 106; drapiers, 103; hôpital du St-Esprit, 106; jésuites, 105; magistrat, 896; marchands, 103 et 104; peintres, 104; prévôté de Tous les Saints, 356; tailleurs, 102; tanneurs, 103; tonneliers, 102.

Friesenheim, 426.

Frikenfeld, 660.

Gambsheim, 331; pêcheurs; 242.

Gandelsheim, 892.

Gandersbem, 576.

Gastorf, 393.

Geberschwir, 891.

Geispitzen, 509; communauté, 418.

Gerstein, 585.

Gertwiller, 405.

Ginterstal, abbaye, 104.

Giromagny, 723.

Gougenheim, 611.

Goxwiller, 421.

Grandvillars, seigneurie, 197.

Grasseville, 432.

Gredembourg, 596.

Grentzingen, 1086.

Gries, 577.

Griesheim, 602; cure, 981.

Griezen, 411.

Grimproschtschoffen, 590.

Guebwiller, 97; boulangers, 930; dominicaines, 934; dominicains, 226; maréchaux, 930; tailleurs, 931; vignerons, 931.

Guemar, 501; communauté, 689.

Guerstorf, 998.

Gunstett, seigneurie, 556.

Hagenbieten, 385.

Haguenau, 37; bailliage, 387; bailliage royal, 550; bouchers, 801; boulangers, 991; cabaretiers, 1019; chapeliers, 1021; charpentiers, 802; chirurgiens, 1020; collége des jésuites, 746; cordonniers, 803; hôpital neuf de St-Martin, 398; jacobins, 481; maçons, charrons et potiers, 1022; marchands, 990; maréchaux, 1019; paroisse de St-Georges, 398; prémontrés, 481; sceau aux contrats, 397;

tailleurs d'habits. 801; tanneurs, 1020; tisserands, 386; tonneliers. 997.

Hanau, charpentiers et maçons, 414; comté, 1030; cordonniers, 414; maréchaux et charrons, 415; tailleurs · d'habits, 414; tisserands, 415; tonneliers, 414.

Hapseu, 507.

Harmantswiller, 690.

Hasslach, 417; chapitre collégial, 426.

Hatten, 112.

Heidolsheim, 732.

Heiligstein, 405.

Heindisheim, 415.

Helfrantzkirck, 1082.

Hemshronn, 733.

Herrlisheim, 207; communauté, 396; autre, 678.

Hermbesheim, 426.

Herscheim, 642.

Hersingem. 1079.

Hert, 401.

Hortighem, 601.

Hesguenhem, 702.

Hesingen, 1071.

Himersdorf, 1093.

Hipsheim. 431.

Hirtzbach, 1078.

Hochgest, 1047.

Hochstatt, 1076.

Hochstett, 391.

Hohfranckenheim, 987.

Hohwiller, 586.

Holphilshem, 825.

Holtzheim, 407.

Holtzwihr et Wickerswihr, 883.

Hombourg, 712.

Horbourg, Forschwihr, Bichewihr et Urrenenzhem, 721.

Hozheim, 403.

Huenhem, 605.

Hultzheim, 407.

Huningue, 170; seigneurie du village neuf, 715.

Huttendorf, 391.

Huttenheim et Werle, 581.

Ichenersheim, 552.

Ichtratzheim, 587; seigneurie, 829.

Iegershem, Mutersholz, Bosenbiesen, Krousson, Quatzenheim et Niederottroll, seigneurie. 1038.

Illfurth, 1076.

Illkirch, 551.

Illwickersheim, 551.

Ilvesheim, 409.

Imbsheim, 408.

Immenheim, 602.

Ingenheim, 401.

Ingersheim, 351.

Ingsheim, 601.

Ingwiller, 981.

Innweiller. 589.

Ipsheim, 626.

Irmstett, seigneurie, 817.

Iserviller, 603.

Issenheim, maison St-Antoine, 186; prévôté, 691; seigneurie, 353.

Jettingen, 961.

Karlsbach, 1080.

Katzenthal, 906.

Kaysersberg, 203; boulangers,

969; tanneurs, 969; tonneliers, 969.

Kembs, 949.

Kersbach, 1081.

Ketzingen, 950.

Kientzheim, 187.

Killis, 1089.

Kilstett, 332.

Kirwiller, 408.

Kittelsheim, 375.

Kleinbach et Wangen, 771; seigneurie, 616.

Klimgorf, 653.

Kockersberg. bailliage, 1000.

Kocquesbart, bailliage, 330.

Kœnigsbruck, abbaye, 392.

Kogenheim, 403.

Kolbsheim, 599; — Windenheim et Sundhausen, seigneurie, 821.

Krautergersheim, 600.

Kriegsheim, 390.

Kroussenhem, 1066.

Kuenheim, 581.

Kulsheim, 642.

Kutzenhausen, 1028.

Lampertheim, 488.

Landau, 387; augustins, 387; bonnetiers, 383; bouchers, 387; boulangers, 383; chapitre de l'église collégiale, 387; chirurgiens, 383; cordonniers, 388; santiers, 381; marchands, 383; maréchaux et serruriers, 383; potiers de terre, 383; tailleurs d'habits, 384; tanneurs et corroyeurs, 384; tisserands, 388; tonneliers, 388.

Landau, village, 712.

Landau, Niffer et Hombourg.

seigneurie, 717.

Lanterne (la), 753.

Lautenbach, 357.

Lauterbourg, 46; bouchers, boulangers et meuniers, 400; cordonniers, 401; maréchaux, 400; serruriers, menuisiers, charpentiers, maçons et potiers de terre, 400; tailleurs, 401; tisserands, 401.

Lavandel. 559.

Lavantzenau, 377; pêcheurs, 211; potiers de terre, 408; sceau aux contrats, 419; tisserands, 242.

Leymen, 1091.

Liebentzwiller, 1093.

Liebsdorf, 1084.

Limersheim, 403.

Linange, comté, 605.

Lingolsheim, 1038.

Linsdorf, 964.

Lipsheim, 424.

Lixhausen, 390.

Lixtorf, 1089.

Loumschwiller, 1079; seigneurie, 710.

Lucelle, abbaye, 117.

Lupstein, 432.

Luttenbach, prévôté et chapitre, 355.

Luttenhem, 607.

Lutter, 1089.

Lutzelhausen, 597.

Lutzwiller, 409.

Luxhousen, église, 574.

Mackenheim, 631.

Marbach, abbaye, 346.

Marckolsheim, 148; bailliage, 311.

Marmoutier, 379 ; abbaye, 27; corps du bailliage, 419.

Marslcim, 434 ; charpentiers, 1040 ; tonneliers, 1041.

Masmunster, 498; abbaye, 229; chapitre de l'abbaye, 229.

Matzenheim, 392.

Meistratzheim, 610.

Melsheim, 409.

Mennelsen, 612.

Mernach, 1084.

Meroux, 723.

Mertzwiller, 590.

Metterholtz, Ratzenhausen et Schwir, 595.

Meyenheim, 675.

Mietesheim, 434.

Minfeldt, 559.

Mittelbergheim, 335.

Mittelhausbergen, 1034; — et Mundolsheim , seigneurie, 1031.

Mittelhausen, 577.

Mittelmuespach, 710.

Mittelwihr, 681.

Molsheim, 392; boulangers, 406; chartreuse, 395; cordonniers, 406 ; jésuites, 431; maçons, 406; maréchaux, 405; menniers, 406; tailleurs, 405; tisserands, 405 ; tonneliers, 405.

Mommenheim, 392; cure, 984.

Monswiller, 652.

Montreux-le-Château, 703.

Montzenhausen, 548.

Moos, 963.

Morschwiller, 392.

Mulhausen, 600; seigneurie, 600.

Mumpsenhausen, 392.

Mundolsheim, 1034.

Munster, abbaye, 344.

Munster-au-Val-St-Grégoire, 178.

Munstersheim, 387.

Murbach, abbaye, 225.

Mutzig, 403; communauté, 970; sceau aux contrats, 418; tonneliers, 417.

Namzen, 699; seigneurie, 699.

Neubourg, abbaye, 51.

Neucastel, bailliage, 411.

Neudorf, 388.

Neugarten, 604.

Neuwiller, 377; autre, 1092; chapitre, 386.

Niederbronn, 412.

Niederenheim, 984; — Metestratzheim et Zellweiler, 789.

Niederhagenthal, 1091.

Niederherchen, 922.

Niederhausbergen, 552.

Niedermaystal, 1081.

Niedermorschwihr, 351.

Niedermuespach, 711.

Niederottrott, 552.

Niederredern, 1002.

Niedersteinbronn, 1071.

Niffer, 712.

Nordhausen, 399.

Nordheim, 435.

Novillars, 724.

Obenheim, 838.

Oberaltorf et Ecquendorf, 414.

Oberbeckheim, 347.

Oberbronn, 588.

Oberenottrott, 542.

Obergericq, 641.

Oberhagenthal, 1092.

Oberhaubin, 396.

Oberhausbergen, 6

Oberherge, 679.

Obermichelbalch, 1081.
Obermotern, 583.
Obermorschwihr, 717.
Obermuespach, 1086.
Obernheim, 273; bouchers, 486;
boulangers, 485; tailleurs,
485; tanneurs, 485; tonneliers,
485.
Oberottrott, 559.
Obersdorf, 1090.
Obersoultzbach, 419.
Obersteinbronn, 1070.
Offenheim, 605.
Offwiller, 886.
Oftheeld?, 393.
Ohrschwihr, 916.
Olinghem, seigneurie, 761.
Ollemberg, prévôté, 911.
Oltingen, 1088.
Onenweyr, 1094.
Ongersheim, 733.
Orbey, 679.
Orchevillers, seigneurie, 575.
Orlissen, commanderie, 413.
Osthausen, 585; autre, 823; sei-
gneurie, 1040.
Ostheim, 1069.
Ottersthal, 417.
Ottmarsheim, 915; abbaye, 846.
Ourcheviller, 387.
Ovenben, 1086.

Paftenhoffen, 397.
Pairis, abbaye, 348.
Perouze, 1084.
Petitepierre, charpentiers, 422;
seigneurie, 493; tailleurs, 422;
tisserands, 422.
Pfetzen, 1012.
Pfulgriesheim, 585; seigneurie,
1006.

Philippsbourg, 378; bouchers,
378; boulangers, 379.
Plobsheim, 596.
Polfzheim, 1044.
Pontoy (la), 683.

Quatzenheim, 589.

Ramersweiller, seigneurie, 601.
Rangen et Mittelbourg, 609.
Ranru, 701.
Rantzwiller, 706.
Rechesy, 1075.
Rechwog et Guisenen, 773.
Reichsfelden, 1043.
Reichstett, 377.
Reitwiller, 427.
Rexheim, 733.
Rhinau, 431; artisans, 1022; la-
boureurs, 1021; pêcheurs, 1021.
Rhinsabern, 642.
Ribeaupierre, 199.
Ribeauvillé, 200; chirurgiens,
503; cordonniers, 898; tan-
neurs, 898.
Richseim, 358.
Riedesheim, 954.
Riedwihr, 884.
Ringeldorf, 392.
Ringendorf, Zabersdorf, Vichers
heim et Vidshausen, 414.
Rishausen, 588.
Rittembourg, 586.
Rixen, commanderie, 711.
Roderen, 1074.
Roffelden, 426.
Rohr, 612.
Roppe, 716.
Roppenheim, 773.

Roppentzwiller, 1085.

Rosheim, 48; communauté, 769; boulangers et meuniers, 781; seigneurie, 769; tonneliers, 1000.

Rothbach, 589.

Rottelsheim, 391; cure, 981.

Rozeville, 432.

Ruelisheim, 735.

Ruetterstorf, 1089.

Ruffach, 351; bouchers et jardiniers, 501; chapitre, 501; confrérie de la Licorne, 351.

Rummersheim, 386.

Rumolswiller, 987.

Runtzenheim, 1003.

Rus, 418.

Saal, 705.

Saal, 1068.

Saaralbe, 531.

Saint-Hippolyte, 342; communauté, 673; seigneurie, 673.

Saint-Jean-des-Choux, 652; abbaye, 999.

Saint-Morand, prieuré, 911.

Saint-Pierre, 415.

Sainte-Croix, 231; chapitre, 357.

Sainte-Marie-aux-Mines, 718.

Salmbach, 611.

Sand, 578.

Sarmersheim, 433.

Sashem, 700.

Sausheim, 915.

Saverne, 330, 385; bailliage, 330; chapitre, 425; sceau aux contrats, 385.

Schaffelsheim, 386.

Schaffersheim, 403.

Schaffhausen, 827; — et Mackenhem, seigneurie, 599.

Schaid, 611.

Scharrachbergheim, 1035.

Schoffelsheim, 390; — et Dachenheim, seigneurie, 1032.

Schelheim, 421.

Schenk, 604.

Schillersdorf, 379.

Schiltigheim, 551.

Schirmeck, 417.

Schlestadt, 353; boulangers et meuniers, 505; chirurgiens, 505; collège des jésuites, 509; communauté des Wothleut, 505; cordonniers, 506; dominicaines, 509; dominicains, 509; justice de la ville, 353; laboureurs, 851; maréchaux, 505; ordre de Malte, 366; pêcheurs, 851; tanneurs, 505; tonneliers et bateliers, 505; vignerons, 850.

Schlierbach, 918.

Schœneck, seigneurie, 1011.

Schonensteinbach, couvent, 192.

Schungelsheim, 379.

Schweighausen, 556.

Schweinhausen, 958.

Schweinheim, 616.

Sepois-le-Bas, 961.

Sepois-le-Haut, 959.

Sermamagny et Granmagny, 723.

Sessenheim, 598; — et Dalhonden, 1003.

Sezenau, 1101.

Sigoltzheim, 348.

Sondersdorf, 1088.

Soufflenheim, 385; église, 1021; seigneurie, 556.

Soultz, 66; communauté, 419; tribu du Parc, 692.

Soultz, de la baronnie de Fleckenstein, 774.

Soultzbach-le-Haut et Soultz-
bach-le-Bas, 1096.
Soultzmatt, 357.
Sous-Olthons Buhl?, chapitre,
1057.
Staffelden, seigneurie, 710.
Steffensfeldt, commanderie, 716.
Steige, 701.
Steinsultz, 1085.
Stetten, 962.
Still, 418.
Stinshem, seigneurie, 1042.
Stitzheim, 1034.
Strasbourg, 491 ; bateliers, 450 ;
chapitre de St-Pierre-le-Jeune,
433 ; chapitre de St-Thomas,
451 ; collège des ministres lu-
thériens, 486 ; cordonniers,
449 ; fabrique N.-D., 445 ; faculté de droit, 462 ; faculté de
médecine, 461 ; faculté de
philosophie, 461 ; faculté de
théologie, 463 ; fondation de
la chartreuse, 437 ; fondation
de St-Marc, 474 ; fondation de
St-Nicolas, 474 ; goûteurs de
vin, 488 ; hôpital des orphe-
lins, 473 ; jardiniers, 487 ;
maison St-Antoine, 479 ; maréchaux, 456 ; officialité, 1010 ;
orfèvres, 482 ; pelletiers, 444 ;
tailleurs d'habits, 475 ; tisserands, 480 ; tonneliers, 489 ;
tribu au Miroir, 989 ; Université, 452.
Sundhauffen, 700.
Sundhausen, 595.
Surbourg, 386 ; chapitre, 425 ;
église, 1020 ; seigneurie, 760.

Tanne, 659.

Thalheim, 406.
Thann, 91 ; chapitre, 90 ; comté
690 ; marchands, 691.
Traubach, 529.
Trenheim ?, 413.
Trouttersheim, 611.
Turckheim, 203.
Turmenach, 1090.

Uffheim, 354.
Uffholtz, 692.
Uhlwiller et Niederaltorf, 785.
Uhrwiller, 590.

Valersche, 651.
Valostheim, 652.
Vegdental, 978.
Veitzenheim, 667.
Velbach, 1085.
Vendenheim, 1029.
Vinkel, 964.
Volgenspourg, 1087.

Walbach, 960.
Walff, 600.
Walheim, 391 ; cure, 984.
Wallbem, 1079.
Waltenheim, 1104.
Waltighoffen, 1085.
Wangen, 444.
Wasselonne, 535 ; boulangers,
614 ; charpentiers, 490 ; char-
rons, 613 ; chirurgiens, 614 ;
cordonniers, 490 ; menuisiers,
1017 ; potiers de terre, 613 ;
tailleurs, 490 ; tanneurs, 492 ;

tisserands, 614; tonneliers, 490.

Watteville, 672.

Weinbourg, 589.

Welterswiller, 1029.

Welfersheim, 1035.

Wentzwiller, 966.

Werdenheim, 551.

Werentzhausen, 1087.

Wergasse, abbaye, 531.

Werstwiller, 1092.

Wert, 412.

Wessemheim, 424.

Westhausen, 609.

Westhoffen, 413.

Wetelsheim, 1094.

Wey*, 720; autre, 1066.

Wiersheim, 377.

Wiffersheim, 1045.

Wilfesheim, 987.

Wiltheim, 1043; charpentiers, 407.

Windershausen, 391.

Wingersheim, 386.

Wintzenheim, 318; — et Osthoffen, seigneurie, 1040.

Wissembourg, 42; bouchers, 43; boulangers, 44; chapitre de l'église collégiale de St-Pierre et St-Paul, 42; charpentiers, 43; commanderie, 649; cordonniers, 43; marchands, 41; maréchaux ferrants, 44; seigneurie, 707; tisserands, 42; vignerons, 42.

Withenen, 710.

Wittelsheim, 955.

Wittersheim, 392.

Wilzaem, 426.

Wolckkintweiller, 386.

Wolffgantzen, Wolgolshem et Algolshem, 736.

Wolfsheim, 379.

Wolschwiller, 964.

Wolxheim, 418.

Zellenberg, 684.

Zellenweiller, 603.

Zenacher, 615.

Zierentz, 681.

Zillisheim, 962; seigneurie, 709.

Zimmersheim, 916.

Zutzendorf, 1004.

AUVERGNE

Allanche, 504 ; arts et métiers, 516 ; marchands, 513 ; médecins, apothicaires et chirurgiens, 515 ; notaires et procureurs, 516.

Ambert, 175 ; aubergistes, 454 ; avocats, notaires et procureurs, 451 ; bouchers, menuisiers, charpentiers et sculpteurs, 454 ; boulangers et pâtissiers, 175 ; cordonniers, selliers et bridiers, 175 ; marchands, 186 ; maréchaux, serruriers, forgerons, épingliers et bâtiers, 176 ; médecins, apothicaires et chirurgiens, 180 ; pelletiers, gantiers, tanneurs et blanchisseurs, 180 ; religieuses, 177 ; tailleurs, 176 ; teinturiers et maçons, 454 ; tisserands, 176.

Ardes, 148 ; prêtres, 245.

Arlant, marchands, arts et métiers, 455 ; officiers de la justice, 455 ; prêtres, 250.

Aurillac, apothicaires, 557 ; bouchers, boulangers et pâtissiers, 542 ; chapitre, 528 ; chaudronniers, armuriers, couteliers, serruriers, maréchaux, forgerons et éperonniers, 541 ; chirurgiens, 557 ; clarisses, 545 ; marchands de draps, de soie, merciers, quincailliers, marchands de points et orfèvres, 541 ; marchands épiciers, regrattiers et marchands de fromages, 541 ; notaires, 549 ; officiers du bailliage, 558 ; officiers de l'élection, 572 ; prêtres, 572 ; procureurs, 544 ; religieuses du Buis, 554 ; tailleurs, 573 ; tanneurs, gantiers et corroyeurs, 543 ; teinturiers, cordonniers, selliers et bâtiers, 543 ; tisserands et foulons, 568 ; Visitation, 550.

Auvergne, officiers de la maîtrise des eaux et forêts, 236 ; officiers de la sénéchaussée, 97

Auzon, marchands, arts et métiers, 251; officiers de la justice, 175.

Bajasse (la), prieuré, 468.
Belaigue, abbaye, 115.
Besse, 101; marchands, 160; prêtres, 282; notaires et procureurs, 419.
Billom, 277; arts et métiers, 407; chapitre, 82; jésuites, 63; officiers de la justice, 294; Visitation, 60.
Blesle, 479; abbaye, 479; avocats, notaires et procureurs, 480; marchands, 480.
Bouchet (le), abbaye, 276.
Bouchez, couvent, 100.
Brageac, abbaye, 582.
Brieuf ?, officiers de la justice, 458.
Briffons, prieuré, 121.
Brioude, aubergistes, 497; avocats, notaires et procureurs, 492; bouchers, 187; boulangers, 190; chapitre, 305; couvent N.-D., 306; couvent St-Joseph, 314; marchands, 306; médecins, apothicaires, chirurgiens, perruquiers et barbiers, 190; menuisiers, maçons et charpentiers, 188; selliers, bridiers, cordiers et bâtiers, 188; serruriers, armuriers, maréchaux, cloutiers et orfèvres, 195; tailleurs, cadissiers, teinturiers, chapeliers et tisserands, 187; tanneurs, gantiers, pelletiers, cordonniers et savetiers, 187; Visitation, 301.

Broc, chapitre, 253.

Cebazat, chapitre, 403.
Celles, commanderie, 499.
Chaise-Dieu (la), abbaye, 481; marchands, 482; prêtres, 477; religieuses, 482.
Chalinargues, prêtres, 206.
Chamalières, chapitre, 241.
Chapelle-en-Visie, prieuré, 527.
Chaudesaigues, 318; arts et métiers, 514; chapitre, 204; couvent, 201; marchands, 514; médecins et apothicaires, 517; notaires et procureurs, 504; officiers de la justice, 504.
Chaumont, minimes, 297.
Chazes, 471.
Clermont, 101; apothicaires, 433; augustines, 414; bénédictines, 246; boulangers, 156; chapeliers, 141; chapitre de la cathédrale, 99; chapitre de N.-D. du Port, 52; chapitre St-Geniès, 212; chirurgiens, 159; cordonniers, 143; experts jurés, 161; hôteliers, 140; jaugeurs, 412; jésuites, 89; libraires et imprimeurs, 446; marchands, 433; menuisiers et sculpteurs, 433; notaires; 89; officiers de l'élection, 99, officiers de la sénéchaussée et siége présidial, 100; Oratoire, 83; orfèvres, 163; pâtissiers, 434; procureurs, 72; selliers, bridiers, bâtiers et cordiers, 141; séminaire, 139; tailleurs d'habits, 158; tanneurs et pelletiers, 433; ursulines, 210; Visitation, 49.

Combronde, prêtres, 366.

Cournou, chapitre, 243; marchands, arts et métiers, 173; notaires et procureurs, 450.

Courpières, 141; arts et métiers, 160; minimes, 280; officiers de la justice, 425.

Crest, chapitre, 241.

Dienne, prêtres, 211.

Ennezat, arts et métiers, 379; chapitre, 231; officiers de la justice, 31; procureurs et notaires, 372.

Esteil, prieuré, 186.

Fenières, abbaye, 167 et 421.

Gannat, couvent, 593.

Glenat, 138; prieuré, 556.

Herment, chapitre, 237.

Issoire, 464; bénédictins, 301; bouchers, 251; boulangers et pâtissiers, 253; chapeliers, cordiers, selliers, bâtiers, éperonniers et potiers d'étain, 250; cordonniers, 251; hôteliers et aubergistes, 456; marchands, 253; médecins, chirurgiens et apothicaires, 297; notaires et procureurs, 463; officiers de la justice, 464; sculpteurs, menuisiers et charpentiers, 253; serruriers, maréchaux, armuriers, fourbisseurs et claustriers, 252; tailleurs, 465; tisserands, 251.

Jussat, prieuré, 325.

Langeac, 471; avocats, notaires et procureurs, 473; chapitre, 471; marchands, 473; médecins, apothicaires et chirurgiens, 473.

Lesclache, abbaye, 415.

Lezoux, 157; chapitre, 241.

Maringues, 135; bouchers et tripiers, 382; boulangers et hôteliers, 382; chamoiseurs, cordonniers et charretiers, 382; charrons, menuisiers et charpentiers, 381; chirurgiens, 382; marchands, épiciers et orfèvres, 381; maréchaux et serruriers, 381; notaires, 137; officiers du grenier à sel, 99; officiers de l'hôtel-de-ville, 355; officiers de la justice, 137; prêtres, 111; sergers, teinturiers et tisserands, 381; tanneurs, 383; ursulines, 346.

Mariolles, prieuré, 545.

Marsac, couvent, 20.

Massiac, marchands, 478.

Mauriac, 583; bénédictins, 326; collège des jésuites, 224; marchands et artisans, 588; notaires, 587; officiers de la juridiction, 589; prêtres, 577.

Maurs, 568; avocats, notaires et procureurs, 568; marchands, arts et métiers, 551.

Mégemont, couvent, 72 et 412.

Montaigut, 267; bouchers, teinturiers et maréchaux, 117; boulangers, hôtes, pâtissiers, tailleurs et chapeliers, 111; marchands, 116, médecins, chirurgiens et apothicaires, 116; notaires et procureurs, 116; prêtres, 116.

Montchamps, commanderie, 503.

Montferrand, 47; apothicaires, chirurgiens et meuniers, 149; arts et métiers, 151; boulangers, pâtissiers, cabaretiers et bouchers, 148; chapitre, 285; marchands, 449; officiers du bailliage, 167; officiers de la juridiction consulaire, 419; religieux de St-Robert, 418; ursulines, 241; Visitation, 47.

Montel-de-Gelat, officiers de la justice, 112.

Montpeyroux, abbaye, 98.

Montsalvy, chapitre, 325 et 558.

Motte (la), marchands, arts et métiers, 483; prêtres, 483.

Mozac, abbaye, 355.

Murat, 322; arts et métiers, 501; chapitre, 504; marchands, médecins et apothicaires, 514; notaires et procureurs, 206; religieuses, 206.

Neuféglises, prêtres, 198.

Nonnette, prêtres, 297.

Orcival, chapitre, 63.

Paulhaguet, arts et métiers, 190.

Pebrac, couvent, 408.

Pierrefort, arts et métiers, 525; marchands, 516; médecins et apothicaires, 516.

Pleaux, prieuré, 590.

Pont-du-Château, 144; arts et métiers, 417; chapitre, 149; marchands, 417; notaires et procureurs, 450.

Pontgibaud, arts et métiers, 409; marchands, 406.

Port-Ste-Marie, couvent, 23.

Queuille (la), chapitre, 242.

Reillac, prieuré, 519.

Riom, 97; apothicaires, 363; arpenteurs jurés, experts, priseurs, 380; bouchers, 399; boulangers, 372; carmélites, 32; chapitre N.-D. de Marthuret, 265; chapitre St-Aimable, 9; chapitre de la Ste-Chapelle, 98; chirurgiens, 365; cordonniers, 365; hospitalières, 237; maçons, tailleurs de pierres, couvreurs et paveurs, 366; marchands épiciers, 399; marchands de soie, 399; maréchaux, selliers, bridiers et bâtiers, 361; menuisiers, charpentiers, vinaigriers, chaudronniers et charrons, 368; notaires, 368; officiers de l'élection, 361; officiers du siége présidial, 97; Oratoire, 31; orfèvres, horlogers, écrivains, sculpteurs, peintres, vitriers,

joueurs d'instruments et tapissiers, 365; pâtissiers, 364; perruquiers, 364; potiers d'étain, peigneurs de chanvre, chapeliers et teinturiers, 368; présidents, trésoriers des finances, grands voyers et chevaliers conseillers du Roi, 98; procureurs en la sénéchaussée et siége présidial, 348; religieuses de N.-D., 25; serruriers, armuriers, éperonniers et couteliers, 365; tailleurs d'habits, libraires et imprimeurs, 367: tanneurs, 364; tisserands, cardeurs et matelassiers, 366; Visitation, 21.

Rouffiac, prieuré, 548.

Saint-Allyre-les-Clermont, abbaye, 100.

Saint-Amand, 156; arts et métiers, 418; marchands, 418; notaires, 417; prêtres, 166.

Saint-André-les-Clermont, couvent, 211.

Saint-Antoine, commanderie, 526; prieuré, 456.

Saint-Constant, prieuré, 535.

Saint-Étienne-de-Cappels, prieuré, 548.

Saint-Flour, 320; apothicaires, 517; bouchers, 520; boulangers et pâtissiers, 520; cardeurs, tondeurs et teinturiers, 518; chapeliers, vitriers, potiers d'étain et de terre, 519; chapitre de la cathédrale, 318; chapitre N.-D., 317; collége des jésuites, 317; cordonniers, 519; hôteliers et cabaretiers,

517; maçons, couvreurs et blanchisseurs, 518; marchands, 517; maréchaux, serruriers, gainiers, couteliers, armuriers et fourbisseurs, 518; notaires et procureurs, 508; officiers du bailliage, 506; officiers de l'élection, 200; prêtres, 208; religieuses, 317; sculpteurs, peintres, orfèvres et horlogers, 519; selliers, bâtiers et chaudronniers, 519; séminaire, 218; tailleurs, 517; tanneurs, pelletiers, gantiers et corroyeurs, 520; tisserands et sergers, 518; Visitation, 316.

Saint-Geneix, chapitre, 23.

Saint-Geneix-les-Monges, prieuré, 127.

Saint-Germain-Lairin, marchands, arts et métiers, 177; officiers de la justice, 176.

Saint-Germain-Lambron, 297; chapitre, 183; marchands, arts et métiers, 180; médecins, apothicaires et chirurgiens, 251; prieuré, 181.

Saint-Illide, prieuré, 546.

Saint-Paulin, chapitre, 474; couvent N.-D., 475; marchands, arts et métiers, 476.

Saint-Santin-Cantalès, prieuré, 557.

Saint-Saury, prieuré, 553.

Salers, 578; officiers du bailliage, 582; prêtres, 586.

Sauxillanges, 171; abbaye, 171; marchands, arts et métiers, 251; médecins, apothicaires et chirurgiens, 254; notaires et procureurs, 185.

Thiers, abbaye du Moutiers, 269; boulangers. bouchers et hôtes, 593; cartiers et gaîniers, 592; charpentiers, sculpteurs et vitriers, 593; couteliers, 592; officiers de la châtellenie, 21; officiers de la ville, 239; séminaire, 29; teinturiers et tanneurs, 593.

Thiezac et St-Jacques des Platz, prieuré, 534.

Trioulou, prieuré, 531.

Vaudieu (la), prieuré, 470.

Vertaison, chapitre, 51.

Veyne (la), couvent, 377.

Vezac, prieuré, 549.

Vic, 569; marchands, arts et métiers, 528; notaires et procureurs, 570; religieuses, 550.

Vic-le-Comte, 421; chapitre, 212; marchands, arts et métiers, 428; notaires et procureurs, 423.

Vieille-Brioude, couvent des religieuses, 466; prieuré, 493.

Vieillevie, prieuré, 324.

Viescamps, prieuré, 325.

Vigean, prieuré, 590.

Volvic, prêtres, 371.

Voute (la), marchands, arts et métiers, 470; religieux, 478.

Voute-Chiliac (la), prieuré, 304

BÉARN

Aspe, vallée, 133.

Baretous, vallée, 127.
Bastide-Clerance, 143.
Béarn, province, 16.
Bruges, 32.

Conchez, 88.

Gan, 19.
Garlin, 92.

Haramitz, prieuré, 144.

Lembaye, 91.
Lescar, chapitre, 71 ; évêché,
80.

Monein, 126.
Morlaas, 85 ; jacobins, 92.

Navarre, états, 144.

Nay, 21.

Oléron, 130 ; chapitre, 126 ; Ste-
Marie d'Oléron, 129.
Orthez, jacobins, 101 ; trinitai-
res, 101.
Ossas, vallée, 130.

Pontac, 46.

Reulle (la), abbaye, 86

Saint-Jean-Pied-de-Port, 25.
Saint-Just en basse Navarre,
prieuré, 142.
Saint-Martin, prêtres, 202.
Salies, 34.
Sauveterre, 122.

Thèze, 91.

Xiat, prieuré, 149.

BOURBONNAIS

Ahun, 360.
Aigueperse, 636 ; chapitre, 218.
Artonne, 503.
Aubepierre, abbaye, 198.
Aubusson, 360.
Auzances, 579.
Auzesme, prieuré.p.ê. Auzances, 608.

Bellevaux, abbaye, 493.
Bourbon-l'Archambaut, chapitre, 283.

Chambon, 578.
Chantelle, 453.
Chapelle-Taillefert (la), chapitre, 136.
Charroux, 593.
Cheneruilles, 540.
Cusset, 592 ; abbaye N.-D., 159 ; chapitre N.-D., 159.

Ébreuil, 453.
Evaux, 578.

Felletin, 540.

Gannat, 220.
Grandmont, abbaye, 136; chapitre, 136; châtellenie, 136; sénéchaussée, 136.
Guéret, 361.

Hérisson, 592 ; chapitre, 392.
Huriel, chapitre, 130.

Moncenoux, chapitre, 603.
Montluçon, 603 ; bernardines 522 ; chapitre, 522; officiers de la châtellénie, 603 ; officiers de l'élection, 521 ; officiers du grenier à sel, 603; officiers des traites foraines, 602; officiers de la ville, 522; prieuré de St-Pierre, 130; ursulines, 130.
Moulins, 282 ; chapitre, 283 ; officiers de l'élection, 453.
Moutier-d'Ahun (le), abbaye, 201.

BOURGES

Aix (les), chapitre, 302.

Argy, prieuré. 525.

Aubigny, 253; augustins, 383; boulangers, pâtissiers, cabaretiers et bouchers, 268; marchands drapiers, façonniers, foulons et cardeurs, 262; notaires et procureurs, 265; prieuré, 213.

Azay-le-Ferron, prieuré, 274.

Baudres, prieuré de St-Martial, 271.

Beauvoir, abbaye, 106.

Billary, chartreuse N.-D., 73.

Bleron, prieuré, 391.

Bourgdieu, chapitre, 301.

Bourges, 209; abbaye St-Ambroise, 212; abbaye St-Laurent, 210; abbaye St-Sulpice, 210; annonciades, 302; apothicaires, 382; archevêché, 210; augustins, 331; barbiers et perruquiers, 182; bouchers, 237; boulangers, 237; cabaretiers et pâtissiers, 373; carmélites, 302; chandeliers, 414; chapitre du château, 305; chapitre N.-D. de Salle, 254; chapitre St-Étienne, 29; chapitre St-Pierre du Puellier, 101; chapitre St-Ursin, 302; chapitre de la Ste-Chapelle, 210; chirurgiens, 176; jacobins, 331; jardiniers, 414; jésuites, 61; marchands de draps, soie, épicerie, mercerie et quincaillerie, 386; marchands de chevaux, 269; maréchaussée générale, 308; maréchaussée provinciale, 398; notaires, 280; officiers des eaux et forêts de la maîtrise particulière de Bourges, 265; officiers de l'élection, 391; officiers du grenier à sel, 414; officiers du présidial, 271; officiers de la prévôté, 399; orfèvres, 210; pelletiers, parcheminiers, tailleurs et corroyeurs, 269; prêtres de l'Oratoire de Jésus, 178; prêtres du séminaire, 104; procureurs du présidial, 262; religieuses de la Congrégation, 34; tailleurs et marchands toiliers, 390; teinturiers, 410; tixers et drapiers, 391; l'université,

212 ; ursulines, 302; Visitation, 41.

Bourras, abbaye, 348.

Buxières, abbaye, 384.

Buzançais, 431 ; couvent des religieux de Ste-Croix, 436; officiers du grenier à sel, 435; prieuré, 527.

Celle, abbaye N.-D., 212.

Cessy. prieuré, 472.

Chaise (la), prieuré, 380.

Chalivoy, abbaye, 461.

Charité (la), 216; bénédictines de N.-D. du Mont-de-Piété, 308; bouchers et charcutiers, 470; boulangers, 467; cabaretiers, 168; charpentiers, menuisiers, maçons, couvreurs et charrons, 469; chirurgiens et apothicaires, 470; maréchaux, couteliers, chaudronniers, armuriers, taillandiers et serruriers, 467; notaires et procureurs, 471; officiers de l'élection, 507; officiers du grenier à sel, 508; orfèvres, horlogers, émailleurs et vitriers, 467; prieuré de N.-D., 216; selliers, bourreliers, chapeliers et cordiers, 466.

Châteauneuf, prieuré, 417.

Châteauroux, 131; chapitre St-Martin, 301; charcutiers, 528; drapiers, foulons et cardeurs, 288; marchands de draps, soie, mercerie, épicerie et quincaillerie, 527; officiers de l'élection, 437; pénitents blancs, 529; procureurs et notaires, 432; religieuses de la congré-

gation N.-D., 301; tisserands, 439.

Châtillon-sur-Indre, 288; augustins, 524; cabaretiers, boulangers et bouchers, 263; chapitre, 263; marchands de draps, soie, épicerie, mercerie et quincaillerie, 263; maréchaussée, 277; officiers du bailliage et siége présidial, 263; prévôté, 274; procureurs et notaires, 263; ursulines, 260.

Châtre (la), 253; bouchers, cabaretiers et pâtissiers, 506; chapitre St-Germain, 291; drapiers, tisserands, teinturiers et cardeurs, 501; marchands de draps et de soie, 505; officiers de l'élection, 451; officiers du grenier à sel, 506; officiers des traites foraines, 506; ursulines, 302.

Chedon, prieuré, 525.

Chezalbenoit, abbaye, 214.

Cléon, prieuré, 278.

Colombe (la), abbaye, 83.

Crose, prieuré, 368.

Donzy, 507; chapitre, 309; couvent de la congrégation N.-D., 308.

Drevant, prieuré, 478.

Dun-le-Roi, 212; chapitre, 64; hospitalières, 255; officiers du bailliage, 411; officiers du grenier à sel, 256; procureurs et notaires, 227.

Faverolles, prieuré, 275.

Fontmorigny, abbaye, 217.

Givardon, prieuré, 271.
Graçay, chapitre, 98.
Gramont, prieuré, 525.
Gravier (le), prieuré, 509.

Issoudun, 211; abbaye N.-D.,
215; apothicaires, chirurgiens
et perruquiers, 281; bouchers
et charcutiers, 283; cabaretiers et pâtissiers, 283; chapitre St-Cyr, 131; chapitre St-
Denis, 131; cordonniers et savetiers, 281; drapiers drapans,
foulons, tixiers en draps et
tondeurs, 282; marchands de
bois, tonneliers et menuisiers,
282; marchands de chevaux,
281; marchands de draps,
soie, épicerie et quincaillerie,
282; meuniers et boulangers,
282; notaires, 281; officiers du
bailliage de Berry, 132; officiers de l'élection, 215; officiers du grenier à sel, 199;
parcheminiers, mégissiers et
gantiers, 286; procureurs du
bailliage de Berry, 132; serruriers, armuriers, fourbisseurs, taillandiers et maréchaux, 282; tailleurs et chapeliers, 282; tanneurs et corroyeurs, 281; tisserands, 285;
ursulines, 50; vicaires de St-
Cyr, 282; Visitation, 47.

orsay, couvent, 304.

Landais (le), abbaye. 270.
Lande (la), prieuré. 270.
Leurouy, 285; chapitre, 91; vi-
caires, 378.
Lignières, 357; chapitre, 103;
ursulines, 91.
Longefond, couvent, 87.
Luçay-le-Male, prieuré, 367.

Massay, abbaye St-Martin, 213.
Maubecq, abbaye, 528.
Mehun, 251; chapitre, 251; offi-
ciers du bailliage, 260; offi-
ciers de la prévôté, 260.
Mère-Dieu (la), prieuré, 371.
Mézières, chapitre, 372.
Mizeray, abbaye, 183.

Narbonne, prieuré, 368.
Nol, prieuré, 521.
Neufvy - St-Sépulcre, chapitre,
411.
N.-D. de Miséricorde, couvent,
115.

Orsan, prieuré, 477; religieuses,
475.

Palluau, chapitre, 380.
Plaimpied, abbaye, 385.
Puy-Chevrier, couvent, 218.
Puysenaud, abbaye, 342.

Ray (le), chapitre, 262.
Reuilly, prieuré, 371.
Rouvre, prieuré, 523.

Saint - Amand , marchands de draps, épicerie, mercerie et quincaillerie , 476; pâtissiers, cabaretiers et boulangers, 476.

Saint-Benoît-du-Sault, officiers des traites, 501 ; prieuré , 217.

Saint-Céols, prieuré, 330.

Saint-Cyran, abbaye, 275.

Saint-Gaultier, prieuré, 291.

Saint-Gondon, prieuré, 261.

Saint - Hilaire - en - Lignières , prieuré, 456.

Saint-Laurent, abbaye, 472.

Saint-Loup, prieuré, 441.

Saint-Martin-de-Vertot, prieuré, 276.

Saint-Quentin, prieuré, 392.

Saint-Satur, abbaye, 213.

Saint-Savin, abbaye, 218.

Saint-Thibault, prieuré, 392.

Sainte-Sévère, prieuré, 450.

Sancergues, chapitre, 310.

Sancerre, 102; notaires et procureurs, 518; officiers du grenier à sel, 520; prieuré St-Martin, 169.

Sancoins, prieuré, 303.

Selles, 59; bouchers, poissonniers, charcutiers, corroyeurs, cordonniers , tixiers et cordiers, 258; cabaretiers, boulangers et pâtissiers , 259 ; marchands drapiers, foulons et cardeurs, 258; marchands de draps et de soie, tailleurs, mégissiers, marchands de fer et chapeliers, 259; maréchaux, serruriers , chaudronniers ,

menuisiers, charpentiers, couvreurs, charrons, sabotiers et tonneliers , 258 ; médecins , chirurgiens, chandeliers, épiciers, huiliers et potiers d'étain, 258; officiers du grenier à sel, 402; ursulines, 42.

Valençay, 431 ; prieuré, 258; religieuses, 258.

Veuil, prieuré, 273.

Vierzon, 59; abbaye de St-Pierre, 32; armuriers, taillandiers, serruriers et maréchaux, 419; boulangers, cabaretiers, bouchers et charcutiers, 256; chirurgiens, apothicaires , barbiers et perruquiers, 418; cordonniers, 256; marchands de draps, soie, épicerie, mercerie et quincaillerie, 257; menuisiers, tourneurs, charpentiers, charrons, couvreurs et boisseliers , 418 ; meuniers , cordiers, breteurs, selliers et bourreliers, 419; officiers du bailliage , 373; officiers des eaux et forêts, 275; officiers du grenier à sel, 256; procureurs et notaires, 266; religieuses du St-Sépulcre, 58; tailleurs, guêtriers, chapeliers et parcheminiers, 419; tanneurs, 257.

Villantroy, prieuré, 273.

Villedieu, prieuré, 436.

Villegouin, prieuré, 527.

BOURGOGNE

Abergment-le-Duc (l'), officiers de la prévôté, IJ, 524.

Acey, abbaye, I, 1130.

Aignay et Salives, officiers de la prévôté, II, 626.

Alise-Ste-Reine, cordeliers, II, 591.

Allenjole, justice, I, 801.

Amanzé, prieuré, II, 563.

Ambronay, abbaye, II, 413 ; chapitre et religieux, II, 268.

Arbois, I, 957 ; carmélites, I, 1276 ; chapitre, I, 1276 ; prêtres de St-Just, I, 1276 ; tiercelines, I, 1276.

Arc-en-Barrois, ursulines, II, 626.

Ardon, officiers de la mairie, II, 635.

Argilly, officiers de la châtellenie, II, 511.

Arnay-le-Duc, II, 266 ; apothicaires, II, 598 ; boulangers, II, 126 ; chapeliers et cabaretiers, II, 597 ; charpentiers, II, 596 ; chirurgiens, II, 598 ; cordonniers, II, 597 ; couvreurs et blanchisseurs, II, 596 ; drapiers, II, 597 ; marchands, II, 597 ; maréchaux, II, 596 ; menuisiers, II, 596 ; officiers du bailliage, II, 126 ; officiers du grenier à sel, II, 267 ; pâtissiers, II, 597 ; pelletiers et gantiers, II, 596 ; selliers et bouchers, II, 596 ; serruriers, II, 596 ; tanneurs, II, 597 ; tissiers en toile, II, 597 ; ursulines, I, 531.

Autun, I, 367 ; abbaye St-Andoche, II, 193 ; abbaye St-Martin, I, 503 ; abbaye Ste-Marie de St-Jean-le-Grand, II, 403 ; apothicaires, II, 560 ; arquebusiers, II, 563 ; bouchers, II, 199 ; boulangers, II, 559 ; chapitre, I, 366 ; chaudronniers, II, 201 ; chirurgiens, II, 560 ; cordiers, II, 559 ; cordiers et tapissiers, II, 198 ; corroyeurs, II, 559 ; couturiers, II, 197 ; couvreurs, II, 199 ; cuisiniers, volaillers et rôtisseurs, II, 559 ; drapiers, II, 198 ; épiciers, II, 560 ; ferteurs de chanvre, II, 197 ; fourbisseurs, couteliers et cloutiers, II, 198 ; hôteliers et cabaretiers, II, 560 ; imprimeurs et libraires, II, 403 ; jacobines, II, 403 ; jardiniers, II, 561 ; maçons, II, 200,

3

marchands de vin, II, 561; maréchaux, II, 560; menuisiers, II, 198; menuisiers et tanneurs, II, 197; merciers, II, 198; officiers de la prévôté, II, 563; orfèvres, II, 201; pâtissiers, II, 559; paumiers, II, 198; peintres et chapeliers, II, 199; pelletiers, II, 199; perruquiers et barbiers, II, 200; potiers d'étain et de terre, II, 197; prieuré de St-Symphorien, I, 366; recteurs d'écoles et écrivains, II, 502; savetiers, II, 197; selliers et bourreliers, II, 560; séminaire, I, 485; serruriers, II, 200; taillandiers, II, 197; tanneurs, II, 559; tissiers, II, 403, et II, 652; tonneliers et charrons, II, 199; ursulines, I, 366; Visitation, I, 367.

Auxerre, abbaye N.-D. des Iles, II, 727; abbaye St-Germain, II, 727; abbaye St-Julien, II, 730; abbaye St-Martin, II, 727; barbiers et perruquiers, II, 726; bizetiers et rotisseurs, II, 726; bouchers, II, 726; boulangers, II, 726; chandeliers, vinaigriers et moutardiers, II, 727; chapeliers, II, 724; chapitre St-Étienne, I, 536, et II, 601; charcutiers, II, 726; charpentiers, II, 725; chaudronniers, II, 724; cordiers, II, 725; cordonniers, II, 724; corroyeurs, II, 724; couvent de la Providence, II, 724; couvent de St-Marien, II, 501; épiciers, II, 722; évêché, I, 368, et II, 662; faïenciers et

potiers, II, 724; hôteliers et cabaretiers, II, 725; jésuites, II, 730; libraires et relieurs, II, 725; maçons, II, 725; marchands de draps, II, 722; marchands de fer, II, 722; menuisiers, II, 724; merciers, II, 722; merciers et quincailliers, II, 722; officiers du bailliage et siége présidial, II, 721; orfèvres, II, 725; potiers d'étain, II, 725; prieuré de St-Amat, I, 536; prieuré de St-Germain, II, 721; prieuré de St-Pierre, II, 721; selliers et bourreliers, II, 730; séminaire, II, 725; serruriers, II, 724; tisserands, II, 724; tonneliers, II, 725; ursulines, II, 721; Visitation, II, 721.

Auxonne, I, 498; apothicaires, II, 522; bouchers, II, 523; boulangers, II, 126; cabaretiers, II, 523; charpentiers, II, 127; charrons, II, 523; cordonniers, II, 521; maçons, II, 523; maréchaux, II, 523; mariniers, II, 521; menuisiers, II, 523; officiers du bailliage, II, 522; officiers du grenier à sel, II, 523; officiers de la justice consulaire, II, 522; officiers de l'officialité, II, 521; pâtissiers, II, 522; prêtres, I, 364; selliers et bourreliers, II, 522; serruriers, II, 521; tailleurs, II, 521; tissiers de toile, II, 521; tonneliers, II, 522; ursulines, I, 361.

Avallon, II, 265; apothicaires, II, 601; bouchers, II, 592; boulangers, II, 592; chapeliers, II, 592; chapitre, I, 172

charpentiers, II, 600 ; chirurgiens, II, 591 ; cordonniers, II,
593 ; corroyeurs, II, 600 ; drapiers, II, 592 ; gantiers, II, 592 ;
hôteliers et cabaretiers, II,
593 ; maçons et couvreurs, II,
601 ; maréchaux, II, 592 ; menuisiers, II, 593 ; merciers, II,
592 ; officiers du bailliage et
de la chancellerie, II, 266 ; officiers du grenier à sel, II,
265 ; officiers de la prévôté, II,
266 ; Pères de la doctrine chrétienne, II, 600 ; savetiers, II,
593 ; selliers, II, 600 ; serruriers, II, 592 ; tailleurs d'habits, II, 601 ; tanneurs, II,
593 ; tissiers, II, 592 ; ursulines, II, 411 ; Visitation, I,
173.

Bagé, I, 373.
Balerne, abbaye, I, 990.
Bar-le-Régulier, prieuré, II,
126.
Bar-sur-Seine, chapitre, II, 609 ;
mathurins, II, 611 ; ursulines,
II, 609.
Baume-les-Dames, I, 995 ; ab-
baye, I, 914 ; prêtres, I, 1156.
Baume-les-Messieurs, abbaye,
I, 756.
Beaune, I, 357 ; apothicaires, II,
511 ; armuriers, II, 516 ; bar-
biers et perruquiers, II, 516 ;
bouchers, II, 514 ; boulangers,
II, 115 ; bourreliers, II, 116 ;
carmélites, I, 362 ; chapeliers,
II, 513 ; chapitre, I, 359 ; char-
pentiers, II, 512 ; charrons,
II, 118 ; chartreuse, I, 361,
chaudronniers, II, 512 ; chi-

rurgiens, II, 122 ; commanderie, II, 123 ; cordiers, II, 118 ;
cordonniers, II, 120 ; corroyeurs, II, 513 ; couteliers,
II, 514 ; couvreurs, I, 117 ;
drapiers drapans et cardeurs,
II, 515 ; épiciers, II, 512 ; hôteliers, II, 516 ; jacobines, I,
481 ; maçons et tailleurs de
pierre, II, 117 ; marchands de
draps et d'étoffes de soie, II,
120 ; marchands de fer, II,
117 ; maréchaux, II, 116 ; menuisiers, II, 118 ; officiers du
bailliage, II, 517 ; officiers du
grenier à sel de Beaune et
chambre de Chagny, II, 513 ;
officiers de l'officialité, II,
511 ; officiers des traites foraines, II, 117 ; Oratoire, I,
481 ; orfèvres, II, 122 ; pâtissiers, II, 515 ; pelletiers et
gantiers, II, 513 ; potiers d'é-
tain, II, 513 ; savetiers, II, 119 ;
selliers, II, 118 ; serruriers, II,
514 ; taillandiers, II, 116 ; tailleurs, II, 117 ; tanneurs, II,
118 ; tondeurs de drap, II, 513 ;
tonneliers, II, 119 ; ursulines,
I, 360 ; vinaigriers, II, 513 ; Visitation, I, 359 ; vitriers, II,
512.
Belley, I, 20 ; chapitre, I, 10 ; ursulines, I, 20 ; Visitation, II,
606.
Besançon, I, 675 ; abbaye de
Battant, I, 984 ; abbaye de St-
Paul, I, 981 ; abbaye de St-
Vincent, I, 1045 ; annon-
ciades, I, 676 ; armuriers et
fourbisseurs, I, 861 ; bénédictins, I, 1043 ; bouchers, I,
861 ; boulangers, I, 860 ; bour-

reliers, I, 862; carmélites, I, 675; carmes déchaussés, I, 1011; carmes de l'ancienne observance, I, 983; chapeliers, I, 861; chapitre de l'église métropolitaine, I, 675; chapitre de l'église Ste-Magdeleine, I, 677; commanderie de St-Antoine, I, 983; confrérie de St-Vernier, I, 1044; cordeliers, I, 1043; dominicains, I, 983; hôpital du St-Esprit, I, 678; jésuites, I, 679; marchands, I, 1044; menuisiers et charpentiers, I, 679; minimes, I, 981; Oratoire, I, 678; orfèvres, I, 1043; paveurs, gypsiers et couvreurs, I, 981; peliers d'étain, I, 1303; procureurs du Parlement, I, 679; selliers, I, 679; serruriers, I, 679; tailleurs, I, 1044; tailleurs de pierre et maçons, I, 1045; tanneurs et cordonniers, I, 981; Université, I, 1206; ursulines, I, 678; Visitation, I, 676 et I, 983.

Bletterans, I, 1255.

Bois-Rion, fief, II, 169.

Bonlieu, chartreuse, I, 1190; seigneurie, I, 1190.

Bouchoux (les), prieuré, I, 1197.

Bouillant, officiers de la prévôté, II, 525.

Bourbon-Lancy, II, 191; apothicaires, II, 561; bouchers, II, 561; boulangers, II, 561; cabaretiers, II, 561; chapeliers, II, 562; chapitre, II, 191; chirurgiens, II, 561; cordonniers, II, 562; épiciers, II, 588; maréchaux, II, 562; mégissiers,

II, 562; officiers du baillage et de la chancellerie, II, 200; officiers du grenier à sel, II, 558; prieuré St-Nazaire, II, 194; selliers et bourreliers, II, 562; serruriers, II, 562; tailleurs, II, 562; ursulines, II, 193; Visitation, II, 194.

Bourg, I, 373; chapitre, I, 370; chirurgiens, I, 376; clarisses, II, 295; cordeliers, I, 376; cordonniers, I, 377; dominicains, I, 375; hospitalières, I, 370; jésuites, I, 372; pénitents, I, 375; tailleurs, II, 295; ursulines, I, 374; Visitation, I, 371.

Bourgogne, province, II, 113.

Brazey, officiers de la châtellenie, II, 124.

Bresse, province, II, 295.

Brou, augustins, II, 413.

Bugey, province, II, 297.

Buillon, abbaye, I, 587.

Bussière (la), abbaye, I, 355.

Buxy, boulangers, II, 545; chirurgiens, II, 545; officiers de la mairie, II, 544.

Chagny, prieuré, II, 165.

Chalon-sur-Saône, I, 378; apothicaires, II, 166; bénédictins de St-Pierre, I, 380; boulangers, II, 544; carmélites, I, 379; carmes, II, 542; chanoines réguliers de l'ordre de St-Antoine, I, 502; chapitre de St-Georges, I, 370; chapitre de la cathédrale de St-Vincent, I, 502; charpentiers, II, 548; charrons, II, 546; chaudronniers, II, 546; chirurgiens, II, 542; cordiers, II, 547; cordon-

niers, II, 543; corroyeurs, II, 546; couturiers et blanchisseurs, II, 519; couvreurs et blanchisseurs, II, 517; drapiers, II, 538; épiciers, II, 537; fourbisseurs, II, 549; jacobines, II, 402; jardiniers, II, 517; jésuites, II, 401; lanterniers, II, 549; libraires et imprimeurs, II, 544; maçons, entrepreneurs de bâtiments et tailleurs de pierre, II, 518; maîtres à danser et joueurs d'instruments, II, 517; maîtres d'école et écrivains, II, 548; marchands de fer, II, 519; menuisiers, II, 511; merciers, II, 549; minimes, II, 402; officiers du bailliage et siége présidial, II, 165; officiers du grenier à sel, II, 538; officiers de la justice consulaire, II, 165; Oratoire, II, 401; paumiers et billardiers, II, 548; pelletiers, II, 519; prieuré de St-Marcel, I, 378, et II, 524; quincailliers, II, 519; savetiers, II, 543; selliers et bourreliers, II, 516; tailleurs d'habits, II, 517; tapissiers et bonnetiers, II, 548; teinturiers II, 517; tissiers de toile, II, 512; tonneliers, II, 548; tripiers, II, 517; ursulines, II, 401; vanniers, II, 517; vinaigriers, II, 516; Visitation, II, 164; vitriers et faïenciers, II, 548;

Champ-Chanoult, couvent, II, 618.

Champlitte, I, 740; annonciades, I, 738; augustins, I, 740; chapitre, I, 1214.

Chapelle-aux-Riches (la), chapitre, I, 361.

Charité (la), abbaye, I, 1117.

Charollais, prieuré, II, 619.

Charolles, II, 306; bouchers, II, 622; cabaretiers, II, 305; charpentiers et couvreurs, II, 622; chirurgiens, II, 622; clarisses, II, 304; cordonniers, II, 305; maréchaux, II, 622; menuisiers, II, 621; merciers, II, 305; selliers, II, 622; serruriers, II, 621; tanneurs, II, 622; tissiers en toile, II, 622; Visitation, I, 381.

Chassagne (la), abbaye, I, 374.

Château-Chalon, abbaye, I, 1271; carrossiers, I, 1271.

Château-sur-Salins, prieuré, I, 1308.

Châtillon-les-Dombes, I, 376; boulangers, II, 297; chapitre, II, 608; cordonniers, II, 295; maréchaux, II, 297; pénitents, II, 297; ursulines, I, 375.

Châtillon-sur-Seine, II, 626; abbaye N.-D., II, 416; bouchers, II, 626; drapiers, II, 625; feuillants, II, 416; savetiers, II, 626; lisserands, II, 416.

Chaussin, bouchers, II, 515; boulangers, II, 515; chirurgiens, barbiers et apothicaires, II, 546; cordonniers, II, 515; hôteliers et cabaretiers, II, 545; maréchaux, II, 545.

Cherlieu, abbaye, I, 1017.

Citeaux, abbaye, I, 496.

Clairefontaine, abbaye, I, 1221

Clerval, I, 959; carmes, I, 1014; prêtres, I, 1156; ursulines, I, 1267.

Cluny, II, 230; abbaye, II, 229;

apothicaires, II, 572; bouchers, II, 409; boulangers, II,
229; cabaretiers, II, 574; chirurgiens, barbiers et perruquiers, II, 405; communauté
des religieux, II, 229; cordonniers et savetiers, II, 405;
gantiers, II, 230; maçons, II,
409; marchands de draps, II,
574; maréchaux, II, 410; serruriers, II, 410; tissiers en
toile, II, 405; tonneliers, II,
405.

Combertaut, prieuré, II, 123.
Conliége, échevins, I, 1251.
Cordon, chapitre. I, 14.
Couches, bouchers, II, 560;
bourgeois, II, 197; chapitre,
II, 561; chirurgiens, II, 560;
cordonniers, II, 195; marchands, II, 559; marchands et
cabaretiers, II, 195; maréchaux, II, 201; officiers de la
châtellenie, II, 199; prieuré
de St-Georges, II, 563; tissiers
de toile, II, 201; tonneliers,
II, 195.
Courtangis, prieuré, I, 173.
Courtefontaine, prieuré, I, 914.
Cravant, officiers du dépôt des
sels, II, 727; ursulines, II,
730.
Crisenon, abbaye, II, 726; communauté des religieuses, II,
726.
Cuiseau, chapitre, II, 161; charcutiers, volaillers et cuisiniers, II, 540; charpentiers,
couvreurs et maçons, II, 540;
chirurgiens et apothicaires,
II, 539; cordonniers, II, 539;
hôteliers, bouchers et boulangers, II, 539; marchands,

II, 539; maréchaux, II, 539;
serruriers et cloutiers, II,
539; tailleurs d'habits, II, 539;
tisserands, II, 540.
Cuisery, II, 545; bouchers, II,
543; chapitre, II, 543; hôteliers
et cabaretiers, II, 543; maréchaux, II, 541; tonneliers, II,
543.

Dampierre-sur-Salon, I, 1116.
Dijon, I, 497; abbaye de St-Bé-
nigne, I, 358; abbaye de St-
Étienne, I, 498; abbaye de St-
Julien de Rougemont, I, 497;
apothicaires, II, 516; armuriers et lanterniers, II, 525;
barbiers et perruquiers, II,
512; blanchisseurs et plâtriers, II, 516; bonnetiers, II,
115; bouchers, II, 120; boulangers, II, 114; bourreliers
et carrossiers, II, 511; boutonniers et horlogers, II, 525;
carmélites, I, 362; carmes, II,
395; chanoines de la Ste-Chapelle, I, 496; chapeliers, II,
514; chapitre St-Jean-Baptiste,
I, 361; charpentiers, II, 126;
charrons, II, 121; chartreux,
I, 498; chirurgiens, II, 114;
cordiers, II, 512; cordonniers,
II, 115; corroyeurs, II, 515;
couteliers et éperonniers, II,
525; couturiers, lingers et
blanchisseurs, II, 526; couvent
de N.-D. du Refuge, I, 363;
couvreurs, II, 395; dames de
Ste-Marthe, I, 365; drapiers
drapans et cardeurs, II, 122;
écrivains et maîtres d'école,
II, 517; épiciers, II, 114, et II,

117; faïenciers et briquetiers, II, 396; feuillants, II, 396; fondeurs, II, 515; fourbisseurs, passementiers et brodeurs, II, 525; fruitiers, orangers et limonadiers, II, 525; gantiers, II, 517; huiliers, II, 517; jacobines, I, 365; jardiniers, II, 121; jésuites, II, 128; joueurs d'instruments et maîtres à danser, II, 526; maçons et tailleurs de pierre, II, 395; marchands de draps et soie, II, 114; marchands de fer, II, 521; marchands de fromage et charcutiers, II, 514; marchands de marée et de poisson d'eau douce, II, 396; maréchaux, II, 121; mégissiers et parcheminiers, II, 115; menuisiers, II, 119; merciers et quincailliers, II, 114; minimes, II, 128; officiers du grenier à sel, II, 522; officiers de la justice consulaire, II, 526; officiers de la justice de la monnaie, II, 526; officiers de la maîtrise des eaux et forêts, II, 396; officiers de la Table de marbre et des traites foraines, II, 526; Oratoire, I, 498; orfèvres, II, 515; paumiers et billardiers, II, 515; paveurs, II, 395; peintres, I, 485; pelletiers, II, 122; pochers et forestiers, II, 115; potiers d'étain, II, 516; procureurs du Parlement, II, 526; savetiers, II, 515; sculpteurs, I, 485; selliers et bourreliers, II, 516; selliers et carrossiers, II, 515; serruriers, II, 121; taillandiers, II, 516; tailleurs d'habits, II,

517; tanneurs, II, 115, et II, 119; teinturiers, II, 525; tisserands, II, 515; tondeurs de draps, II, 525; tonneliers, II, 514; traiteurs, hôteliers et cabaretiers, II, 519; tripiers, bahutiers, talonniers et formiers, II, 526; ursulines, I, 361; vanniers et sapiniers, II, 121; vinaigriers, II, 514; Visitation, I, 356; vitriers, II, 121.

Dole, abbaye de N.-D. d'Onans, I, 797; annonciades, I, 798; boulangers, I, 1130; carmélites, I, 797; chanoines, prêtres et chapelains du chapitre, I, 800; chapelains, I, 794; chapitre, I, 800; collège de St-Bernard, I, 931; collège de St-Jérôme, I, 794; confrérie des Quatre couronnés, I, 1131; confrérie de St-Bonaventure, I, 1131; confrérie de St-Cosme et St-Damien, I, 931; confrérie de St-Éloi, I, 931; confrérie de St-Homobon, I, 1131; confrérie de St-Joseph, I, 1131; confrérie de St-Michel, I, 1131; confrérie de St-Yves, I, 932, et II 132; cordonniers, I, 798; franciscaines, I, 795; jésuites, I, 798; magistrat, I, 794; ursulines, I, 795; Visitation, I, 795.

Drouvent, prieuré, II, 621.

Faucogney, I, 1091; prêtres, I, 1221.

Faverney, bénédictins, I, 1151.

Ferté (la), abbaye, I, 379.

Feste, prieuré, II, 128.

Flavigny, abbaye. II, 412; bouchers, II, 599; boulangers, II,
599; chirurgiens, II, 599; cordonniers, II, 599; hôteliers et
cabaretiers, II, 599; marchands, II, 599; pâtissiers, II,
603; prêtres de St-Genest, II,
265; religieux, II, 264; tanneurs, II, 600; ursulines, II,
412.
Fontaine, bénédictins, I, 1154.
Fontaine-Française, officiers de
la mairie, II, 524.
Fontenay-en-Vosges, I, 781.
Fontenet, abbaye, I, 172.
Fontmois,couvent, II, 231.
Franche - Comté, province, I,
1303.

Gex, province, II, 318.
Gex, chirurgiens, II, 628; cor-
donniers, II, 629; hôteliers et
cabaretiers, II. 629; jésuites,
II, 629; nouvelles catholiques,
II, 417; ursulines, II, 314.
Gigny, chapitre, I, 1274; prieuré,
I, 997.
Givry, chirurgiens, II, 537; marchands, II, 544; officiers de la
maison de ville, II. 165; tisserands et blanchisseurs de
toile, II. 544; tonneliers, II,
544.
Glanot, prieuré, II. 606.
Gouilles, abbaye, I, 1117.
Grâce-Dieu (la), abbaye, I. 913.
Grange-du-Bois (la), prieuré, I,
571.
Gray, I, 736; annonciades, I.
739; carmélites, I, 737; carmes. I, 1210; chapitre de la
chapelle royale. I. 834; corde-

liers. I, 739; jésuites, 1074;
prêtres, I, 1304; tiercelines, I,
739; ursulines, I, 738; Visitation, I, 737.

Is-sur-Thil, officiers du grenier
à sel, II, 127; officiers de la
mairie, II, 524.

Jonvelle, I, 1221.
Jouhe, couvent, I, 796.
Jussey, I, 1220.

Lagnieu, chapitre, I, 17.
Lancharre, couvent, II, 401.
Lanthenans, prieuré, I, 1117.
Larré, prieuré, II, 523.
Les Juifs, officiers de la prévôté,
II, 129.
Lieu-Dieu, abbaye, I, 497.
Lons-le-Saunier, bénédictins, I,
1254; prêtres de St-Désiré, I,
1255; tiercelines, I. 1254.
Louhans, II, 537; apothicaires,
II, 541; bouchers, II, 541;
boulangers, II, 538; chapeliers, II, 542; charpentiers et
couvreurs, II, 512; charrons,
II, 542; chirurgiens, II, 541;
cordonniers, II, 541; drapiers
drapans, II, 538; épiciers, II,
540; marchands de draps. II,
540; menuisiers. II, 541; merciers, II, 540; selliers et bourreliers, II, 541; serruriers, II,
541; tailleurs d'habits, II, 541;
tanneurs, II, 542; tissiers de
toile, II, 538; vitriers, II, 542.
Lure. I, 1221; bénédictins, I,
1220.

Luxeuil, I, 888; bénédictins, I, 1154.

Macon, I, 123; apothicaires, II, 572; blanchisseurs, II, 229; carmélites, I, 369; chapitre de St-Pierre, I, 123; chapitre de St-Vincent, I, 501; chirurgiens, II, 572; confrérie des chevaliers de l'église St-Pierre, II, 574; cordiers, II, 406; cordonniers, II, 406; épiciers, II, 572; ferratiers, II, 573; jésuites, II, 230; marchands de draps, II, 572; merciers, II, 573; merciers et quincailliers, II, 573; minimes, II, 230; officiers de l'élection, II, 573; officiers du grenier à sel, II, 573; officiers de la maréchaussée, II, 573; officiers des traites foraines, II, 574; Oratoire, I, 369; perruquiers, II, 574; religieux, II, 409; ursulines, I, 124; Visitation, I, 121; voituriers par eau, II, 406.

Maizières, abbaye, I, 499.

Marcigny, bouchers, II, 408; boulangers, II, 408; cabaretiers, II, 573; cordonniers, II, 407; couvent, II, 124; marchands drapiers, II, 573; maréchaux, II, 406; selliers, II, 408; serruriers, II, 407; tailleurs, II, 406, et II, 408; tanneurs, II, 407; tissiers, II, 407.

Marcilly, abbaye, I, 170.

Meyra, chartreuse, II, 270.

Molaize, abbaye, I, 486.

Montbard, I, 174; apothicaires, II, 603; bouchers, II, 604; boulangers, II, 605; charrons, II, 605; chirurgiens, II, 604; cordonniers, II, 604; drapiers, II, 605; gantiers, II, 604; hôteliers et cabaretiers, II, 605; marchands, II, 604; maréchaux, II, 605; merciers et mégissiers, II, 604; officiers du grenier à sel, II, 599; prêtres, II, 267; savetiers, II, 604; selliers et bourreliers, II, 605; serruriers, II, 605; tanneurs, II, 604; tissiers en toile, II, 605; ursulines, I, 434.

Montbéliard, communauté des neuf bourgeois jurés, I, 803.

Montbenoît, I, 985.

Montbozon, dominicains, I, 1221.

Montcenis, II, 200; bouchers, II, 196; boulangers, II, 196; chirurgiens, II, 195; cordonniers et savetiers, II, 196; drapiers, II, 195; hôteliers et cabaretiers, II, 196; marchands, II, 201; maréchaux, II, 196; officiers du bailliage, II, 196; tissiers de toile, II, 195; ursulines, II, 194.

Montcroissant, augustins, II, 297.

Montluel, I, 374; augustins, II, 296; chapitre, I, 373; pénitents, II, 297; teinturiers de filet, II, 414; Visitation, I, 372.

Montmerle, chartreux, I, 377.

Montréal, chapitre N.-D., I, 172; prieuré de St-Bernard, I, 534.

Montrevel, augustins, I, 376.

Montroland, prieuré, I, 797.

Mont-St-Vincent, cabaretiers, II, 621; chapeliers, II, 620; maréchaux, II, 619; officiers du

grenier à sel, II, 621; tanneurs, II, 619.

Mores, religieux de l'abbaye, II, 610.

Morey, couvent, I, 888.

Morge, maison St-Antoine, II, 395.

Morteau, bénédictins, I, 1043; minimes, I, 1183.

Mouterot, prieuré, II, 626.

Mouthier-Hautepierre, I, 947; prêtres, I, 1163.

Moutier-St-Jean, abbaye, II, 264; bénédictins, I, 500.

Nantua, II, 268; collége, II, 269; prieuré de St-Pierre, II, 635; religieuses de la congrégation N.-D., II, 277.

Notre-Dame-de-l'Estang, minimes, II, 129.

Noyers, apothicaires, II, 590; bouchers, II, 591; boulangers, II, 590; cabaretiers et hôteliers, II, 590; chirurgiens, II, 590; cordonniers, II, 589; marchands d'étoffes, II, 589; maréchaux, II, 590; merciers, II, 590; officiers du grenier à sel, II, 591; Pères de la doctrine chrétienne, II, 412; savetiers, II, 589; selliers et bourreliers, II, 589; serruriers, II, 590; tanneurs, II, 590; ursulines, II, 412.

Nozeroy, I, 1230; annonciades, I, 705; chapitre de St-Antoine, I, 1042; ursulines, I, 1230.

Nuits, I, 356; boulangers, II, 116; bourreliers, II, 116; chapitre, I, 360; cordonniers, II, 124; marchands, II, 121; ma-

réchaux, II, 117; officiers du bailliage et de la chancellerie, II, 127; officiers du grenier à sel, II, 511; officiers de la prévôté royale, II, 128; tisserands, II, 117.

Oigny, abbaye, II, 416, et II, 626.

Orgelet, I, 967; bernardines, I, 996; familiarité de l'église paroissiale, I, 967.

Ornans, I, 945; prêtres, I, 1160; ursulines, I, 948.

Palleau, prieuré, II, 126.

Paray, II, 306; apothicaires, II, 619; boulangers, II, 621; cabaretiers, II, 618; chapeliers, II, 617; chapitre, II, 305; chaudronniers, II, 618; chirurgiens, II, 307; cordonniers, II, 618; drapiers, II, 306; jardiniers, II, 621; jésuites, II, 305; maréchaux, II, 617; officiers du grenier à sel, II, 306; selliers, II, 307; serruriers, II, 618; tailleurs d'habits, II, 619; tanneurs, II, 619; ursulines, II, 305.

Pesmes, I, 739.

Pierre-Chastel, chartreuse, II, 271.

Poisses, chapitre de St-Symphorien, I, 531.

Poligny, I, 755; chapitre de St-Hippolyte, I, 755; dominicains, I, 751; hôpital du St-Esprit, I, 751; Oratoire, I, 753; ursulines, I, 754.

Pomard, officiers de la châtellenie, II, 523.

Pontaillier, magistrat, II, 124; prieuré de N.-D., II, 125.

Pontarlier, I, 1181; annonciades, I, 765; augustins, I, 1183; bernardines, I, 985; jésuites, I, 1183; prêtres, I, 1181; ursulines, I, 765.

Pont-d'Ain, II, 267.

Pont-de-Vaux, I, 536; chapitre, II, 296; ursulines, II, 296.

Pont-de-Veyle, I, 374.

Portes, chartreuse, I, 18.

Praslon, abbaye, I, 365.

Prey-les-Bourbon (la), chapitre, II, 193.

Puis-d'Orbe, abbaye, I, 504.

Quingey, I, 1016.

Rambey, seigneurie, I. 1234.

Ray, chapitre, I, 1211.

Rigny, prieuré, II, 721.

Rosières, abbaye, I, 1277.

Rouvre, officiers de la châtelnie, II, 128.

Saint-Amour, I, 1192; annonciades, I, 1189; augustins, I, 1189; chapitre, I, 1189; Visitation, I, 1189.

Saint-André-le-Désert, prieuré, II, 574.

Saint-Brouin, prieuré, II, 626.

Saint-Claude, I, 889; abbaye, I, 943, et I, 1197; annonciades, I, 943; chapitre de l'abbaye, I, 1285.

Saint-Cyr, prieuré, II, 730.

Saint-Eusèbe, prieuré, II, 730; religieux, II, 730.

Saint-Gengoux-le-Royal, II, 574; ursulines, II, 228.

Saint-Georges, chevaliers, I, 914.

Saint-Hippolyte, chapitre, I, 1267; ursulines, I, 1267.

Saint-Jean-de-Losne, II, 391; boulangers et pâtissiers, II, 520; charpentiers, II, 520; chirurgiens et apothicaires, II, 124; cordonniers et savetiers, 520; hôteliers et cabaretiers, II, 521; maréchaux, II, 520; mariniers, II, 520; officiers du grenier à sel, II, 125; officialité du prieuré de N.-D., II, 519; selliers et bourreliers, II, 520; serruriers, II, 521; ursulines, II, 394.

Saint-Jean-l'Évangéliste-en-Auxois, prieuré, I, 171.

Saint-Oyand-les-Monthelu, prieuré, II, 571.

Saint-Rambert, abbaye, II, 268.

Saint-Rigaud, abbaye, II, 230.

Saint-Romain, prêtres, I, 1281; prieuré, II, 123.

Saint-Seine, abbaye, II, 113.

Saint-Sulpice, abbaye, I, 8.

Saint-Trivier, II, 296.

Saint-Vivant-sous-Vergy, prieuré, II, 521.

Sainte-Julie, terre et seigneurie, I, 499.

Sainte-Marguerite, près Beaune, abbaye, II, 123.

Sainte-Marie, couvent, I, 940.

Salignac, chartreuse, II, 414.

Salins, I, 1308; carmélites, I, 931; chapitre de N.-D., I, 931; chapitre de St-Anatoile, I, 704; chapitre de St-Jean-Baptiste, I, 1231; chapitre de St-

Maurice, I, 704; chapitre de St-Michel, I, 935 ; cordeliers, I, 985; jésuites, I, 704; Oratoire, I, 704; tiercelines. I, 934; ursulines, I, 705; Visitation, I, 705.

Salmaise, prieuré, II, 627.

Saulieu, apothicaires, II, 593; bouchers, II, 594; boulangers, II, 591; chapeliers, II, 595; chapitre, II, 113; charpentiers, II, 595; chaudronniers, II, 602; chirurgiens, II, 593; cloutiers, II, 602; cordonniers, II, 594; corroyeurs, II, 601; couvreurs et maçons, II, 594; drapiers, II, 594; épiciers, II, 602; hôteliers et cabaretiers, II, 591; marchands, II, 601; marchands de fer, II, 601; maréchaux, II, 595; menuisiers et charrons, II, 602; merciers, II, 594; officiers du grenier à sel, II, 236; pelletiers et mégissiers, II, 601; potiers d'étain, II, 602; savetiers, II, 595; selliers et bourreliers, II, 595; serruriers et éperonniers, II, 595; tailleurs d'habits, II, 595; tanneurs, II, 593; tissiers de toile, II, 594; ursulines, II, 412.

Seignelay, officiers du grenier à sel, II, 722.

Seillon, chartreux, I, 373.

Semur-en-Auxois, II, 265; bouchers, II, 598; boulangers, II, 591; cabaretiers, II, 307; chapeliers, II, 588; chapitre, II, 307; chaudronniers. II, 589; chirurgiens, II, 587; cordiers, II, 588; cordonniers, II, 588; drapiers drapans, II, 587;

gantiers et mégissiers, II, 588; hôteliers et cabaretiers, II, 591; jacobines, II, 235; maréchaux, II, 589; menuisiers, II, 588; officiers du bailliage et siége présidial, II, 601; officiers du grenier à sel, II, 600; perruquiers et barbiers, II, 587; potiers d'étain, II, 589; prêtres du prieuré de N.-D., II, 266; prieuré de N.-D., I, 171; savetiers, II, 588; selliers et bourreliers, II, 588; serruriers, II, 265; taillandiers, II, 589; tanneurs, II, 591; tissiers en toile, II, 265; ursulines, I, 531; Visitation, I, 171.

Semur-en-Brionnais, II, 623; officiers du bailliage, II, 622; officiers du grenier à sel, II, 621.

Seurre, II, 113; boulangers, II, 517; charpentiers et maçons, II, 125; charrons, II, 519; chirurgiens, barbiers et apothicaires, II, 125; cordiers, II, 518; cordonniers, II, 519; hôteliers et cabaretiers, II, 518; marchands, II, 518; maréchaux, II, 519; mariniers, II, 520; officiers du grenier à sel, II, 125; pâtissiers, II, 518; selliers et bourreliers, II, 518; serruriers, II, 518; tailleurs d'habits, II, 519; tanneurs, II, 519; tisserands, II, 518; tonneliers, II, 518; ursulines, I, 361.

Seyssel, II, 269; augustins, II, 275; bernardines, II, 273; Visitation, II, 272.

Tallant, officiers de la mairie, II, 127.

Tard, abbaye, I, 357.

Thil-en-Auxois, chapitre, I, 173.

Toulon, bouchers, II, 620; boulangers, II, 619; cabaretiers, II, 620; chapeliers, II, 619; chirurgiens, II, 620; cordonniers, II, 620; marchands, II, 620; menuisiers, II, 620; officiers du grenier à sel, II, 620; officiers de la mairie, II, 619; tanneurs, II, 618.

Tournus, bouchers, II, 409; chapitre de St-Philibert, II, 229; chirurgiens, II, 409; tissiers, II, 408.

Trois-Rois, abbaye, I, 1266.

Valcroissant, prieuré, II, 265.

Varambon, chapitre, I, 370.

Vauclerc, prieuré, II, 626.

Vaucluse, bénédictins, I, 1043; prieuré, I, 914.

Vaucluse, chartreuse, I, 997.

Vaucluse, prieuré, I, 755; autre, I, 1117.

Vaux-Chantegrue, seigneurie, I, 1183.

Velière (la), terre et seigneurie, I, 500.

Vercel, prêtres, I, 1160.

Verdun, chirurgiens, II, 545.

Vergy, officiers de la châtellenie, II, 524.

Verjon, fief, II, 282.

Vesoul, I, 781; annonciades, I, 780; chapitre, I, 781; jésuites, I, 1220; prêtres, I, 1220; ursulines, I, 780.

Virey, justice, I, 1304.

Viteaux, apothicaires, II, 602; bouchers, II, 600; boulangers, II, 599; chirurgiens, II, 602; cordonniers, II, 598; drapiers drapans, II, 603; gantiers, II, 603; hôteliers et cabaretiers, II, 600; marchands, II, 598; maréchaux, II, 603; merciers, II, 602; savetiers, II, 598; selliers et bourreliers, II, 603; serruriers, II, 603; taillandiers, II, 603; tanneurs, II, 598; tissiers, II, 598; ursulines, I, 363.

Voble, prieuré, I, 1189.

Vuillafans, prêtres, I, 1163.

BRETAGNE

Ambon, prieuré, II, 736.

Ancenis, I, 162; boulangers et bouchers, II, 807: chapeliers et selliers, II, 812; chirurgiens, II, 815; cordeliers, II, 1124; huissiers et sergents, II, 815; menuisiers, charpentiers, couvreurs et maçons, II, 808; merciers, orfèvres et potiers d'étain, II, 807; notaires, II, 1095; officiers de la juridiction, II, 1124; procureurs de la juridiction, II, 815; serruriers et maréchaux, II, 808; tailleurs, II, 813; tonneliers, II, 808; ursulines, II, 1092.

Antrain, juges, II, 598.

Apigné, prieuré, II, 102.

Arjon, prieuré, II, 652.

Ars, prieuré, II, 767.

Auray, II, 108; apothicaires, II, 498; avocats, II, 858; bouchers, boulangers et pâtissiers, II, 499; chandeliers, marchands de bière et de vinaigre, II, 498; charpentiers, II, 495; cordelières, II, 757; cordonniers, II, 495; drapiers, sergers et armuriers, II, 495; hospitalières, II, 757; huissiers et sergents, II, 674; marchands de draps, II, 496; marchands de fer et de vin, II, 498; menuisiers, II, 496; merciers, quincailliers, droguistes et épiciers, II, 498; notaires, II, 500; prieuré du St-Esprit, II, 768; prieuré de St-Gildas, II, 760; priseurs et greffiers, II, 500; procureurs, II, 500; serruriers, grossiers, taillandiers, chaudronniers et cloutiers, II, 499; tailleurs d'habits, II, 496; tailleurs de pierres, II, 497; teinturiers, selliers, cordiers et corroyeurs, I, 893; texiers, tonneliers et cribliers, II, 495; vitriers et sculpteurs, II, 501.

Bahullien, paroisse, II, 1165.

Ballac, juridiction du prieuré, I, 520.

Barpaulen-Oixant, prieuré, II, 699.

Barre (la), prieuré, II, 251; autre, II, 753.

Barre-le-Normand (la), II, 694.

Baud, prieuré, II, 760.

Bazouge-la-Perrouze, prieuré, I, 841.

Bazouges, juges, II, 598.

Beauchesne, prieuré, II, 743.

Beauport, abbaye, I, 133.

Bedée, prieuré, II, 691.

Begard, abbaye, I, 673.

Béré, prieuré, II, 105.

Betton, prieuré, II, 790.

Bignon (le), juridiction, I, 176.

Bodieu, II, 995.

Bois-Faroge (le), juridiction, I, 402.

Boisjolly, juridiction, I, 171.

Boismaqueau, juridiction, I, 176.

Bosquen, abbaye, I, 248.

Bouessière (la), prieuré, II, 723.

Bougerel, prieuré, II, 736.

Bourdonnière (la), juridiction, I, 563.

Bourg-des-Moutiers, prieuré St-Pierre, II, 1066.

Bourgain, II, 753.

Bourgneuf, cordeliers, II, 1092; prieuré St-Laurent, II, 1066.

Brest, II, 110; arpenteurs, priseurs et greffiers de l'écritoire, II, 1017; avocats, II, 1020; bouchers, I, 794; boulangers, I, 794; carmes déchaussés, I, 786; chandeliers, II, 516; chapeliers, I, 198; charpentiers, I, 805; chaudronniers et fondeurs, I, 796; chirurgiens et apothicaires, II, 360; cloutiers, I, 795; cordonniers, I, 795; drapiers et soiriers, I, 792; droguistes et épiciers, I, 793; Filles du Sacré-Cœur de Jésus, I, 791; fourbisseurs et armuriers, I, 793; fourreurs et selliers, I, 798; huissiers et sergents de la cour royale, II, 1021; huissiers et sergents de la juridiction, II, 1013; jardiniers, I, 802; jésuites, I, 786, et II, 286; lanterniers, I, 806; maçons et tailleurs de pierre, II, 517; maîtres à danser et violons, I, 796; maîtres écrivains et maîtres d'école, I, 801; marchands libraires, imprimeurs et papetiers, I, 800; marchands toiliers, II, 516; marchands de vin, I, 792; maréchaux et forgerons, I, 795; menuisiers, I, 797; merciers et quincailliers, I, 792; notaires, II, 519; officiers de la juridiction, II, 1013; orfèvres, I, 793; peintres, I, 799; perruquiers, I, 791; potiers d'étain et plombiers, I, 799; prieuré, II, 723; procureurs de l'amirauté, II, 1018; procureurs de la juridiction, II, 1018; serruriers, I, 795; tailleurs, I, 348; tanneurs, II, 516; tapissiers, I, 797; vitriers, II, 517.

Bretagne, province, II, 1051; huissiers du parlement, II, 769; huissiers des requêtes du parlement, II, 769; procureurs du parlement, II, 467.

Bretonnière (la), prieuré, II, 771.

Brevantel, II, 994.

Brielles, prieuré, II, 648.

Briort, juridiction, I, 168.

Bussy, prieuré St-Gildas, II, 736.

Buzay, abbaye, II, 310.

Cadoudal en Plumelec, prieuré, II, 735.

Cahouët, prieuré, II, 1122.

Caradreux, prieuré, II, 1010.

Carhaix, I, 355; arpenteurs et greffiers de l'écritoire, II, 636; avocats et procureurs, II, 559; boulangers, II, 560; carmes, I, 358; cordonniers, II, 636; hospitalières, II, 1138; huissiers et sergents, II, 636; juges, II, 560; marchands de draps et chapeliers, II, 559; prieur et chanoines, II, 1138; serruriers, maréchaux, armuriers et maçons, II, 94; ursulines, I, 849.

Carheil, juridiction, I, 177.

Carizan, prieuré, II, 782.

Casseau, juridiction, I, 177.

Champeaux, chapitre de la Magdeleine, I, 855.

Chapelle-Janson (la), prieuré, II, 744.

Charuel, baronnie, I, 41.

Chastillon, prieuré, II, 647.

Châteaubourg, prieuré, II, 725.

Châteaubriant, II, 106; apothicaires et chirurgiens, II, 810; bouchers, II, 809; boulangers, II, 810; cordonniers, II, 810; couvent de la Trinité, II, 169; experts et greffiers de l'écritoire, II, 809; juridiction, II, 173; maçons et couvreurs, II, 811; maréchaux, serruriers et armuriers, II, 810; merciers, II, 809; procureurs de la juridiction, II, 804; sergents de la juridiction, II, 1076; sergers, II, 493; sergers et tisserands, II, 811; tailleurs, II, 805; tanneurs et corroyeurs, II, 811.

Châteaugiron, prieuré de Ste-Croix, II, 743.

Châteaulin, prieuré, II, 783.

Châtel-en-Fougères, prieuré, II, 742.

Châtelaudren, prieuré N.-D.. II, 790.

Chaume (la), abbaye. I, 502.

Chaussée (la), juridiction, I, 497.

Chauvellière (la), juridiction, I, 177.

Chefchef, prieuré St-Michel, II, 1122.

Clisson, avocats et procureurs, II, 797; bénédictines, II. 1064; boulangers, bouchers, lardiers et poissonniers, II, 791; cordonniers, II, 790, et II, 812; juridiction, II, 174; marchands de draps, II, 494; marchands de toile et tissiers, II, 494; menuisiers, charpentiers, maçons, serruriers, maréchaux, potiers d'étain, selliers, tonneliers et vitriers, II, 791; notaires, II, 794; sergents et huissiers, II, 796; sergers, tailleurs et blanconniers, II, 791; tanneurs, corroyeurs, pelletiers et chapeliers, II, 792.

Clos (le), prieuré, II, 954.

Coetbugat, prieuré, II, 768.

Coetmaloen, abbaye, I, 720.

Coislin, juridiction, I, 519.

Combourg, prieuré, II, 749.

Concarneau, I, 62; arpenteurs et greffiers de l'écritoire, II, 520; avocats et procureurs, II, 519; cordonniers, charpentiers, serruriers, boulangers et bouchers, II, 521; mar-

chands de pots de terre, II, 520; marchands de vin, II, 520; médecins, apothicaires, chirurgiens et perruquiers, II, 520; notaires, II, 520; officiers de la juridiction, II, 871; prieuré, II, 782.

Conselle, prieuré St-Julien, II, 1121.

Couets près Nantes (les), couvent, I, 492.

Cour-du-Bois (la), juridiction, I, 177.

Creny, juridiction, I, 179.

Croisic (le), apothicaires, chirurgiens et perruquiers, II, 462; bouchers, II, 462; sergers, tisserands et cordonniers, II, 462; tailleurs et chapeliers, II, 461; tonneliers et vitriers, II, 463.

Crouas, prieuré, II, 728.

Daoulas, prieuré, II, 734.

Dauphinais (la), prieuré, II, 743.

Derval, prieuré St-Denis, II, 322.

Dinan, arpenteurs et greffiers de l'écritoire, II, 732; avocats, II, 440; bénédictines, II, 693; bouchers, II, 61; boulangers, II, 441; cordonniers, II, 441; huissiers et sergents, II, 997; jacobins, II, 693; maçons, tailleurs de pierre et couvreurs, II, 411; marchands de draps, II, 410; médecins et apothicaires, II, 440; menuisiers, II, 411; notaires, II, 410; officiers de la juridiction, II, 1009; perruquiers et chirurgiens, II, 410; prieuré St-Malo, II, 72; prieuré St-Sau-

veur, II, 66; procureurs, II, 440; serruriers, armuriers, éperonniers, cloutiers et maréchaux, II, 441; tailleurs, II, 62; tanneurs, II, 441; tessiers, II, 441.

Dinart, prieuré, II, 728.

Dol, II, 502; arpenteurs, priseurs et greffiers de l'écritoire, II, 380; avocats, procureurs et notaires, II, 380; bénédictins, II, 729; bouchers, II, 4; boulangers, II, 3; carmes, II, 749; chapitre, I, 561; cordonniers, II, 382; épiciers, merciers, quincailliers et grossiers, II, 381; évêché, II, 414; huissiers et sergents, II, 380; marchands de draps et soie, II, 381; maréchaux, serruriers et chaudronniers, II, 4; médecins, apothicaires, chirurgiens et barbiers, II, 380; officiers de la juridiction, II, 756; prieuré N.-D., II, 752, tanneurs, corroyeurs, teinturiers, tisserands et selliers, II, 382.

Douges, prieuré N.-D., II, 323.

Doulas, abbaye N.-D., II, 54.

Ecoublac, juridiction, I, 175.

Erbray, paroisse, II, 1161.

Ervillac, prieuré, II, 781.

Ferigné, prieuré, II, 306.

Fougères, I, 3; avocats, II, 595; bouchers et poissonniers, II, 590; boulangers, traiteurs, cuisiniers et pâtissiers, II, 590; charpentiers et menui-

siers, II, 590; chirurgiens, II, 590; clarisses, I, 698; cordonniers, II, 590; couteliers, éperonniers, serruriers, cloutiers, armuriers, maréchaux et loueurs de chevaux, II, 589; couvreurs, maçons, terrassiers, poêliers, blanchisseurs et chaudronniers, II, 591; huissiers et sergents, II, 1005; juges, II, 971; marchands de draps, de soie, quincailliers et droguistes, II, 589; notaires, II, 596; officiers de la maîtrise particulière des eaux et forêts, II, 971; orfèvres, libraires, pintiers, potiers et papetiers, II 588; procureurs, II, 594; selliers, bâtiers et chapeliers, II, 589; sergers et bonnetiers, II, 590; tailleurs et couturiers, II, 591; tisserands, II, 589; ursulines, I, 698.

Frossay, prieuré, II, 1123.

Gacherie (la), juridiction, I, 181.
Gacillye (la), prieuré, II, 653.
Gahard, prieuré, II, 789.
Gahel, prieuré, II, 256.
Gavre, prieuré, II, 736.
Geneston, abbaye de Ste-Magdeleine, II, 309.
Grasmouton, juridiction, II, 107.
Grehaigne, prieuré St-Georges, II, 752.
Guémenée, prieuré, II, 1073.
Guérande, apothicaires, chirurgiens et barbiers, II, 461; arpenteurs et greffiers de l'écritoire, II, 461; avocats et procureurs, II, 458; boulangers, II, 459; chapitre, I, 861;

cordonniers, II, 458; corroyeurs et tanneurs, II, 459; huissiers, II, 458; jacobins, II, 1113; maçons, couvreurs et charpentiers, II, 459; marchands de draps, II, 458; marquisat, II, 114; menuisiers, cordiers et fourniers, II, 458; notaires, II, 458; officiers de la juridiction, II, 1073; religieuses, II, 1115; tailleurs, II, 459; tissiers et sergers, II, 459; tonneliers et chaudronniers, II, 459; vitriers et bouchers, II, 458.
Guerche (la), I, 181; chapitre N.-D., I, 731; commanderie du Temple, I, 730; juridiction, I, 173; officiers de la juridiction, II, 911; prieuré de la Trinité, II, 743; procureurs et notaires, II, 903.
Guernan, seigneurie, I, 42.
Guineau, prieuré, II, 1094.
Guingamp, I, 99; abbaye Ste-Croix, II, 896; apothicaires, II, 527; avocats, II, 537; boulangers, menuisiers et paveurs, I, 961; carmélites, I, 837; chandeliers, II, 527; charpentiers et serruriers, I, 960; cordeliers, II, 287; cordonniers, selliers, maçons et terrassiers, I, 961; hospitalières, II, 892; huissiers et sergents, II, 537; marchands de dentelles, merciers, épiciers, bouchers et jardiniers, I, 971; marchands de vin, I, 838; maréchaux, II, 529; notaires, II, 538; officiers de la juridiction, II, 1000; prieuré St-Sauveur, II, 789; prieuré de la Trinité,

II, 895; procureurs, II, 530; religieuses de la Charité, I, 838; tailleurs et tisserands, I, 962; tanneurs et corroyeurs, II, 527; ursulines, I, 838.

Guingnanavant-en-Machecoul, prieuré, II, 1095.

Hauteperche, prieuré, II, 1091.

Haye-Bottereau et Beauchêsne (la), juridiction, I, 170.

Hédé, I, 757; arpenteurs et greffiers, II, 383; notaires, II, 383; officiers de la juridiction et barre royale, II, 382; procureurs, II, 383; sergents et huissiers, II, 383.

Henansal, prieuré, II, 952.

Hennebon, I, 688; apothicaires, II, 682; armuriers, selliers, tessiers, sergers et cordiers, II, 501; avocats, II, 682; bouchers, boulangers et pâtissiers, II, 497; carmes, II, 761; chaudronniers, cloutiers, plombiers et vitriers, II, 497; cordonniers, II, 497; couvreurs, maçons, terrassiers et paveurs, II, 496; gantiers, teinturiers, tanneurs et corroyeurs, II, 495; huissiers, II, 680; marchands de draps, de soie, de vin, de fer et de raisiné, II, 819; merciers, quincailliers, faïenciers, droguistes, épiciers et chandeliers, II, 497; officiers de la juridiction, II, 150; priseurs, arpenteurs et greffiers de l'écritoire, II, 677; quincailliers, merciers, droguistes et épiciers, II, 501; sculpteurs, me-

nuisiers, charpentiers et tonneliers, II, 501; serruriers, armuriers, éperonniers, couteliers, grossiers et fourbisseurs, II, 497; ursulines, II, 853.

Hérardière (la), I, 166.

Hezo (le), prieuré, II, 735.

Hôtellerie (l'), prieuré, II, 753.

Iffendie, prieuré, II, 991.

Igné, prieuré, II, 763.

Isle-Fleurie (l'), prieuré, II, 1092.

Isle-Tristin (l'), prieuré, II, 779.

Isseron, II, 307.

Josselin, I, 36; avocats et procureurs, II, 631; boulangers et bouchers, II, 633; carmes, II, 514; cordonniers, II, 633; drapiers, II, 634; huissiers et sergents, II. 632; marchands, II, 632; menuisiers, II, 633; merciers et quincailliers, II, 632; notaires, II, 631; officiers de la juridiction, II, 631; parcheminiers et blanconniers, II, 633; prieuré St-Michel, II, 995; prieuré Ste-Croix, II, 661; religieuses, II, 513; selliers, cordiers, cloutiers et tanneurs, II, 634; serruriers et armuriers, II, 632; tailleurs, II, 634; tisserands et peigneurs de laine, II, 632.

Jouc-en-Vigneux (la), juridiction, I, 181.

Joye (la), abbaye, I, 316.

Jugon, prieuré, II, 952.

Juigné, juridiction, I, 774.

Kerbringal, I, 337.
Kerlot, abbaye N.-D., I, 711.
Kersallo, juridiction, I, 685.
Kleano, prieuré, II, 592.

Laboure, prieuré, II, 306.
Lamballe, armuriers et fourbisseurs, II, 564; augustins, I,
818; bouchers, II, 564; boulangers, II, 564; cordonniers,
II, 564; couvreurs, II, 575;
drapiers, II, 564; marchands
de draps, II, 574; marchands
de toile, II, 564; menuisiers
et charpentiers, II, 564; merciers, épiciers et droguistes,
II, 564; officiers de la juridiction, II, 951; selliers et maréchaux, II, 564; tailleurs, II,
564; tessiers, II, 565; ursulines, I, 829.
Lamée, archidiaconé, I, 313.
Lanchaillou, prieuré Ste-Catherine, II, 1067.
Landal, prieuré, II, 754.
Lande (la), prieuré St-Jean, II,
269.
Landehen, paroisse, II, 1164.
Landerneau, I, 335; apothicaires,
II, 51; avocats, II, 264; bouchers, II, 517; boulangers, II,
517; boutonniers, pâtissiers
et cabaretiers, II, 517; chaudronniers et pintiers, II, 1025;
cordonniers et savetiers, II,
518; couvreurs, II, 518; maçons et paveurs, II, 518; marchands de draps et de toile,
II, 1026; marchands de vin,
II, 1028; maréchaux, cloutiers
et selliers, II, 517; menuisiers
et charpentiers, II, 51; mer-

ciers et marchands, II, 1026;
notaires, II, 53; officiers de
la juridiction, II, 995; procureurs, II, 53; sergents et huissiers, II, 51; serruriers, éperonniers, couteliers, arquebusiers et fourbisseurs, II,
1027; tailleurs et teinturiers,
II, 52; tanneurs, corroyeurs
et blanconniers, II, 518; ursulines, II, 259; vitriers, orfèvres et libraires, II, 1026.
Landes (les), juridiction, I, 243.
Landunuez, paroisse, II, 1165.
Langle, juridiction, I, 176.
Langonnec, abbaye, II, 687.
Lanmezeler, paroisse, II, 1164.
Lannaux, abbaye, I, 315.
Lannenec, prieuré, II, 239.
Lannion, I, 662; apothicaires, II,
515; arpenteurs, II, 545; au-
gustins, II, 893; avocats, II,
545; boulangers et bouchers,
II, 539, et II, 546; chapeliers,
II, 546; cordiers et tessiers,
II, 546; couvreurs et maçons,
II, 546; hospitalières, II, 881;
huissiers et sergents, II, 545;
marchands, II, 545; merciers,
II, 546; notaires, II, 545; pin-
tiers et chaudronniers, II,
546; procureurs, II, 545; tan-
neurs et tonneliers, II, 546;
ursulines, II, 885.
Lantenac, I, 635.
Lanvern, prieuré, II, 782.
Legoman, prieuré, II, 783.
Lenglet, prieuré, II, 742.
Léon, apothicaires, II, 712; bouchers et boulangers, II, 711;
cordonniers, II, 711; couvreurs et maçons, II, 712;
marchands de draps et de

soie, II, 697; marchands de vin, II, 696; maréchaux, serruriers, chaudronniers et cloutiers, II, 711; menuisiers, II, 712; merciers, II, 712; prieuré, I, 246; procureurs, II, 696; tailleurs, II, 712; ursulines, II, 715.

Lesneven, II, 111; arpenteurs, II, 262; avocats, II, 1034; cordonniers et cordiers, II, 1034; huissiers et sergents, II, 1031; maçons, charpentiers et couvreurs, II, 1033; marchands de draps et de soie, II, 1030; notaires, II, 1031; pintiers, vitriers et chaudronniers, II, 1034; prieuré, II, 722; procureurs, II, 1031; quincailliers et merciers, II, 1031; serruriers, armuriers et maréchaux, II, 1034; ursulines, II, 718.

Lestival, prieuré, II, 1072.

Leuré, prieuré, II, 747.

Lezardré, II, 1010.

Lixé, prieuré, II, 1097.

Locmaria (le grand), prieuré, I, 359.

Locmaria (le petit), prieuré, II, 726.

Locoal, prieuré, II, 757.

Loervan, prieuré, II, 779.

Lomariaquer, prieuré, II, 759.

Lominé, II, 761; boulangers et texiers, II, 989; chandeliers, II, 989; charpentiers, II, 990; cordonniers, II, 253; marchands de draps, II, 252; sculpteurs et faïenciers, II, 989; tailleurs, II, 253; tanneurs et corroyeurs, II, 252; vitriers et cordiers, II, 990.

Loquelven, prieuré, II, 896.

Loroux (le), prieuré, II, 1064.

Machecou, apothicaires, II, 493; bouchers, II, 492; boulangers, II, 490; chapeliers et tanneurs, II, 490; cordonniers, II, 489; marchands casseurs d'acier, II, 490; marchands de draps et de toile, II, 489; maréchaux, taillandiers, cloutiers, serruriers et vitriers, II, 493; menuisiers, charpentiers, charrons, maçons et couvreurs, II, 489; notaires, II, 490; prieuré St-Blaise, II, 1057; procureurs, II, 492; quincailliers et merciers, II, 492; religieuses du Calvaire, II, 1100; sergents et huissiers, II, 493; tisserands, blanconniers, teinturiers, corroyeurs et sergers, II, 493.

Malestroit, II, 291; apothicaires, II, 1153; bouchers, II, 1154; boulangers, II, 1153; drapiers et sergers, II, 1154; juridiction, II, 1155; marchands, II, 1156; menuisiers et charpentiers, II, 1155; merciers et chapeliers, II, 1154; notaires, II, 1155; serruriers, II, 1153; tailleurs, II, 1154; tanneurs, selliers et blanconniers, II, 1154; ursulines, II, 655.

Maruc (la), juridiction, I, 175.

Martigné-Ferchaux, prieuré, II, 713.

Massaut, prieuré, II, 298.

Masserac, prieuré, II, 1072.

Mesquer, prieuré, II, 1117.

Mohon, prieuré, II, 261.

Moisdon, prieuré, II, 1126.

Monceaux, juridiction, I, 179.

Moncontour, I, 128; bouchers, II, 569; chapeliers, II, 569; cordonniers, II, 570; feronniers, II, 569; filassiers, II, 570; huissiers, II, 572; marchands de draps, II, 571; marchands de toile, II, 569; notaires, II, 578; officiers de la juridiction, II, 919; priseurs, II, 572; procureurs, II, 572; sergers, II, 570; serruriers, II, 569; tailleurs, II, 570; tanneurs, II, 568.

Mondol, prieuré, II, 754.

Montfort, abbaye St-Jacques, II, 728; officiers de la juridiction, II, 1010; prieuré St-Nicolas, II, 728; religieuses, II, 513.

Montjoye, prieuré de la Magdeleine, II, 654.

Montouair, prieuré, II, 1116.

Montour, prieuré, I, 845.

Montreuil, prieuré, II, 691.

Morlaix, I, 51; apothicaires, II, 957; arpenteurs, II, 956; avocats, II, 959; bénédictines, II, 1002; bouchers, I, 833; boulangers, II, 366; boutonniers, vitriers et étaminiers, II, 961; chapeliers, II, 695; charpentiers et menuisiers, II, 366; cordiers, II, 958; cordonniers, II, 367; corroyeurs, II, 957; couvreurs d'ardoise, II, 258; épiciers, II, 956; greffiers, II, 958; huissiers et sergents, II, 703; jacobins, II, 257; juges de la cour royale, II, 231; lanterniers et plombiers, II, 957; maçons, II, 958; marchands de soie et de laine, II, 967;

marchands de toile, II, 959; marchands de vin, II, 956; orfèvres, II, 957; prieuré St-Mathieu, II, 257; prieuré St-Melaine, II, 257; procureurs, II, 956; selliers et maréchaux, II, 366; tailleurs, II, 366; tissiers et emballeurs, II, 366; tonneliers, II, 957; ursulines, I, 833.

Moulin-Henriet (le), juridiction, I, 183.

Muzillac, ursulines, II, 738.

Nantes, I, 162; apothicaires, II, 468; armuriers, II, 470; blanconniers, II, 467; bonnetiers, II, 479; bouchers, II, 467; boulangers, II, 469; carmélites déchaussées, II, 317; carmes, II, 1101; chapeliers, II, 470; chapitre N.-D., I, 177; chapitre St-Pierre, I, 178; charpentiers, II, 493; chartreuse, II, 307; chirurgiens, II, 169; ciergiers, II, 482; cloutiers, II, 471; cordiers, II, 467; cordonniers, II, 470; corroyeurs, II, 466; couteliers, II, 1102; couvreurs d'ardoise, II, 486; experts, priseurs, arpenteurs et greffiers de l'écritoire, II, 1118; gabarriers, II, 488; horlogers, II, 1102; huissiers de l'amirauté, II, 1119; huissiers de la Chambre des comptes, II, 1120; huissiers au présidial, II, 1102; jacobins, II, 1119; jésuites, II, 1174; libraires, imprimeurs et relieurs, II, 465; marchands de draps et de soie, II, 37;

marchands de toile, II, 479; maréchaux, II, 469; médecins, II, 1100; menuisiers, II, 479; minimes, II, 1119; officiers de l'amirauté, II, 1120; officiers de la monnaie, II, 1102; officiers des traites foraines, II, 1119; orfèvres, II, 466; pâtissiers, II, 1066; pelletiers, II, 466; perruquiers, II, 488; potiers, II, 471; potiers d'étain et plombiers, II, 477; prieuré de Ste-Croix, II, 322; procureurs en la Chambre des comptes, II, 1120; procureurs au présidial, II, 1078; quincailliers, II, 479; religieuses du Calvaire, II, 1106; religieuses de Ste-Élisabeth, II, 1067; selliers, II, 470; sergents royaux, II, 1121; serruriers, II, 467; taillandiers, II, 467; tailleurs, II, 479; tanneurs, II, 469; tissiers, II, 469, et II, 1076; tonneliers, II, 479; Université, I, 164; ursulines, II, 316; Visitation, I, 177; vitriers, II, 470.

Notre-Dame-de-Toutejoie, prieuré, I, 168.

Noyal-sur-Vilaine, prieuré, II, 743.

Paimpol, bouchers, II, 528; boulangers, II, 528; cordonniers et corroyeurs, I, 971; couvreurs et maréchaux, II, 528; filandiers, cordiers et tessiers, II, 528; marchands, I, 971; meuniers, II, 1132.

Painpont, abbaye, II, 611.

Pallet (le), prieuré St-Étienne, II, 1070.

Parc (le), prieuré, II, 783.

Peaulle, doyenné, I, 529.

Penbré-en-Arserac, prieuré N.-D., II, 1042.

Pérouse, juridiction, I, 764.

Pertre (le), prieuré, II, 649.

Pirmil, prieuré St-Jacques, I, 168.

Plessis-Gaultron (le), juridiction, I, 753.

Pleubihan, prieuré, II, 895.

Ploermel, I, 21; apothicaires, II, 628; armuriers, cloutiers et chaudronniers, II, 628; arpenteurs et greffiers de l'écritoire, II, 291; avocats et procureurs, II, 627; bouchers, pâtissiers et boulangers, II, 629; carmes, II, 260; cordonniers, II, 630; couvreurs et maçons, II, 629; huissiers et sergents, II, 628; marchands de draps, de serge et quincailliers, II, 628; maréchaux et serruriers, II, 630; menuisiers, charpentiers et tonneliers, II, 629; notaires, II, 627; officiers de la juridiction, II, 1007; potiers d'étain, II, 628; prieuré St-Nicolas, II, 995; tailleurs, II, 630; tanneurs, corroyeurs et blanconniers, II, 629; tisserands, II, 630; ursulines, II, 995.

Ploudalmezeau, paroisse, II, 1164.

Plougasnou, prieuré, II, 896.

Plouguenoal, prieuré, II, 953.

Plouharzel, prieuré, II, 262.

Plouzané, paroisse, II, 1164.

Pont, prieuré, II, 755.

Pont-l'Abbé, apothicaires, II,

523; boulangers et bouchers, II, 523; carmes, II, 778; cordonniers, II, 523; maçons, serruriers et cloutiers, II, 523; marchands de blé et de vin, II, 523.

Pontchâteau, prieuré, II, 1058.

Pontivy, I, 641; apothicaires, II, 625; avocats, II, 624; bouchers, II, 626; boulangers, II, 626; cordonniers, II, 626; huissiers, II, 624; marchands de draps, II, 624; marchands de poivre, chandelles, beurre et autres marchandises, II, 625; marchands de toile, II, 625; menuisiers et charpentiers, II, 626; merciers, II, 625; notaires, II, 624; plombiers et pintiers, II, 627; procureurs, II, 624; tailleurs, II. 626; tanneurs et sculpteurs, II, 626; ursulines, II, 759.

Ponthou, prieuré, II, 896.

Pontrieux, boulangers et bouchers, II, 531; cordonniers, II, 532; marchands de vin, II, 531.

Pornic, abbaye, II, 1091.

Port-Lambert, juridiction, I, 181.

Port-St-Père, prieuré St-Martin, II, 1123.

Prières, abbaye, I, 315.

Prigné, prieuré, II, 1091.

Quebriac, prieuré, II, 694.

Quelen, juridiction, I, 517.

Quiberon, prieuré St-Clément, II, 736.

Quifistre, I, 171.

Quimper, I, 1; avocats, II, 195;

bénédictins, II, 661; bouchers, II, 362; boulangers, II, 521; chapitre, I, 359; charpentiers, II, 194; chirurgiens, II, 868; cordonniers, I, 980; couvreurs, II, 522; huissiers, II, 686; jésuites, II, 197; maçons, II, 522; marchands de blé et de vin, II, 193; marchands chandeliers, épiciers, ciriers, droguistes, libraires et vitriers, II, 194; marchands de draps, II, 521; maréchaux, cloutiers, serruriers, arquebusiers, couteliers et grossiers, II, 362; médecins, II, 274; menuisiers, II, 865; notaires de la sénéchaussée, II, 875; officiers de l'amirauté, II, 686; officiers du siège présidial, II, 869; orfèvres et pintiers, II, 521; priseurs, arpenteurs et greffiers de l'écritoire, II, 865; procureurs de l'amirauté, II, 865; procureurs du siège présidial, II, 199; tailleurs d'habits, II, 362; tanneurs et blanconniers, II, 521; tissiers, II, 362; ursulines, I, 817.

Quimperlé, I, 687; abbaye Ste-Croix, II, 651; armuriers, selliers et cloutiers, II, 610; arpenteurs et greffiers de l'écritoire, II, 607; avocats et procureurs, II, 1134; boulangers, II, 608; chirurgiens et apothicaires, I, 975; cordonniers, II, 608; huissiers, II, 611; marchands de draps, I, 975; merciers et chapeliers, I, 975; notaires, II, 607; officiers de la juridiction, II, 1134; perru-

quiers et barbiers, II, 1134;
prévôté, II, 783; taillandiers
et charpentiers, II, 608; ursulines, II, 734.

Quintin, II, 112; apothicaires,
II, 585; avocats, II, 582; bouchers, II, 567; carmes, II, 920;
chapitre de la collégiale, II,
931; cordonniers, II, 567, et
II, 573; couvreurs, II, 567;
huissiers et sergents, II, 578;
juges, II, 582; maréchaux, II,
567; merciers, II, 567; notaires, II, 579; potiers d'étain,
chaudronniers et cloutiers,
II, 568; procureurs, II, 570;
tailleurs, II, 568; tanneurs, II,
567; tisserands, II, 567.

Ramée (la), juridiction, I, 488.

Redon, I, 863; abbaye, I, 362; apothicaires, II, 449; bouchers,
II, 451; boulangers, II, 451;
chapeliers, boutonniers et
ceinturiers, II, 451; cordonniers, II, 450; huissiers, II,
452; jardiniers, II, 451; marchands de draps, de soie,
serge, laine et de toile, II,
450; marchands en gros, II,
449; mesureurs et porteurs
de blé, II, 450; notaires, II,
453; porteurs et mesureurs de
sel, II, 450; prieuré de Claus-
treal, II, 658; prieuré St-Nicolas, II, 1011; procureurs, II,
452; quincailliers, merciers,
faïenciers et droguistes, II,
452; religieuses du Calvaire,
II, 368; sergers, II, 451; tailleurs, II, 452; tanneurs, corroyeurs, gantiers et blancon-

niers, II, 450; tissiers, II, 451;
tonneliers, tourneurs, menuisiers et charpentiers, II, 450;
ursulines, I, 864; vitriers et
selliers, II, 451.

Regrippière (la), couvent, II,
182.

Rellec, abbaye N.-D., I, 550.

Rennes, I, 3; abbaye St-Georges, I, 375; abbaye St-Melaine,
I, 760; apothicaires, II, 376;
augustins, I, 766; bâtiers et
bourreliers, I, 763; bouchers,
I, 749; boulangers, I, 478, et I,
765; boulangers forains, I, 763;
carmélites, II, 356; carmes, I,
761; chapitre de la cathédrale,
I, 38; charpentiers, I, 770;
chirurgiens, I, 479; ciergiers
et ciriers, I, 762; communauté des dix-huit généraux, II,
744; cordeliers, I, 481; cordiers et filassiers, I, 765; cordonniers, I, 750; corroyeurs
et tanneurs, I, 752; couteliers
et éperonniers, I, 764; couvent N.-D., de la Charité, I,
391; couvreurs, I, 767; dominicains de Bonnenouvelle, I,
760; épiciers et droguistes, I,
765; experts, arpenteurs, priseurs et greffiers de l'écritoire, II, 422; fourbisseurs et
armuriers, I, 759; tripiers, I,
762; gantiers, I, 748; horlogers et graveurs, I, 768; huissiers du présidial, II, 417; imprimeurs, I, 759; jésuites, I,
749; maçons et entrepreneurs,
II, 376; maîtres à danser, I,
769; marchands de draps, I,
5; marchands merciers et
quincailliers, I, 769; mar-

chands de poisson, I, 767; marchands de vin en gros, I, 758; maréchaux, I, 751; médecins, II, 620; menuisiers, I, 750; minimes, II, 716; notaires, II, 415; officiers de la monnaie, II, 620; officiers de l'officialité, II, 621; officiers du présidial, II, 789; orfèvres, II, 105; pâtissiers et traiteurs, I, 178; peintres, vitriers, sculpteurs et doreurs, I, 764; perruquiers, I, 770; poêliers et fondeurs, I, 767; potiers d'étain, II, 375; prieuré St-Sauveur, II, 726; procureurs du présidial, II, 415; religieuses du Calvaire, II, 746; religieuses hospitalières de St-Yves, I, 389; selliers et carrossiers, I, 761; sergents du présidial, II, 420; sergers, I, 754; serruriers, I, 771; taillandiers, I, 761; tailleurs, I, 745; tapissiers, I, 768; teinturiers, I, 748; tourneurs, I, 766; ursulines, I, 389; Visitation, I, 198.

Rieux, prieuré, II, 661.

Rillé, abbaye, I, 486.

Rive, abbaye St-Pierre, II, 277.

Roche-Bernard (la), I, 4; bouchers, II, 463; chapeliers, II, 463; chirurgiens, apothicaires et perruquiers, II, 463; corroyeurs, selliers et cordiers, II, 463; couvreurs et maçons, II, 461; marchands de draps, droguistes et épiciers, II, 461; notaires, II, 464; procureurs, II, 464; sergents, II, 464.

Rochederien (la), cordonniers, II, 532; couvreurs, maçons et

autres, II, 532; marchands, II, 532; prieuré St-Jean, II, 889.

Romazy, prieuré, I, 845.

Roslandrieu, prieuré, II, 752.

Rouans, prieuré, II, 1091.

Rougoul, juridiction, I, 517.

Rufflac, prieuré, II, 652.

Ruys, huissiers et sergents, II, 989.

Saillé, prieuré, II, 1114.

Saint-Agathon, prieuré, II, 1015.

Saint-Aubin - des - Bois, abbaye N.-D., I, 613.

Saint-Brevin, prieuré, II, 1002.

Saint-Brieuc, I, 248; avocats, II, 915; bénédictines du Calvaire, II, 1038; bouchers, I, 827; boulangers, II, 562; chapitre, I, 129; cordonniers, II, 562; évêché, II, 954; huissiers audienciers, II, 917; imprimeurs, libraires, apothicaires et marchands filotiers, II, 563; marchands épiciers et de monues denrées, II, 562; menuisiers, charpentiers et maçons, II, 562; notaires, II, 566; officiers de l'amirauté, II, 925; officiers de la juridiction, II, 918; orfèvres, II, 563; potiers d'étain, teinturiers et boutonniers, II, 563; procureurs, II, 566; sergers, corroyeurs et tanneurs, II, 563; serruriers, maréchaux et selliers, II, 562; tailleurs d'habits et tisserands, II, 562; ursulines, II, 922; vitriers, chapeliers, maîtres d'école et joueurs d'instruments, II, 563.

Saint-Broladre, prieuré, II, 752.

Saint-Cado, prieuré, II, 765.

Saint - Christophe - des - Bois, prieuré, II, 712.

Saint-Cyr, prieuré, II, 756.

Saint-Georges-en-Nort, prieuré, II, 1126.

Saint-Germain-en-Vay, prieuré, II, 1097.

Saint-Gildas, abbaye, II, 185.

Saint-Gildas-des-Bois, abbaye, I, 735.

Saint-Gilles, prieuré, II, 790.

Saint-Gilles-en-Moigné, prieuré, II, 645.

Saint-Girou, prieuré, II, 1092.

Saint-Guen, prieuré, II, 761.

Saint-Guenel, prieuré, II, 767.

Saint-Jacut, abbaye, I, 761.

Saint-Jean-des-Prés, abbaye, II, 278.

Saint-Lazare, prieuré, II, 1094.

Saint-Malo, amirauté, II, 439; apothicaires, II, 503; avocats, II, 438; bénédictines, II, 728; bénédictins, II, 728; bouchers, II, 439; boulangers, II, 24; chapitre, I, 96; chirurgiens, II, 438; consulat, II, 439; cordiers, II, 439; évêché, II, 1010; experts, priseurs et greffiers de l'écritoire, II, 110; grossiers de fer, II, 110; horlogers, II, 732; huissiers de l'amirauté, II, 438, et II, 731; lardiers et poulaillers, II, 24; maçons et architectes, II, 25; marchands de toile, de draps, de soie, merciers, quincailliers, chapeliers, droguistes, épiciers et chandeliers, II, 109; menuisiers, soudeurs, tourneurs, poulayeurs, toiliers, II, 503;

notaires, II, 438; officiers de la juridiction, II, 731; perruquiers, II, 438; piutiers et plombiers, II, 503; potiers d'étain, II, 731; procureurs de la juridiction, II, 438, et II, 731; religieuses du Calvaire, II, 728; serruriers, II, 109; tanneurs, II, 438; tissiers, II, 439; ursulines, II, 512.

Saint-Mars, justice de la seigneurie, I, 162; paroisse, II, 1164.

Saint-Martin, prieuré, II, 775; autre, II, 952; autre, II, 1094.

Saint-Mathieu près Brest, abbaye, I, 277.

Saint-Maurice, abbaye, I, 974.

Saint-Meen, abbaye, II, 728.

Saint-Melaine, prieuré, II, 952.

Saint-Michel, prieuré, II, 952.

Saint - Michel - en - Machecou, prieuré, II, 1066.

Saint - Michel - des - Montagnes, prieuré, II, 1000.

Saint - Nicolas - sur - Blouet, II, 759.

Saint-Ouen, prieuré, II, 1008.

Saint-Pedreuc, II, 753.

Saint-Philbert, prieuré, II, 340.

Saint-Pol-de-Léon, I, 3; avocats, II, 995; carmes, II, 651; chapitre, II, 162; minimes, II, 265; notaires, II, 264.

Saint-Remy-du-Plan, prieuré, I, 844.

Saint-Renan, prieuré, II, 723.

Saint-Sulpice, abbaye, II, 748.

Saint-Symphorien, prieuré, II, 306, et II, 735.

Saint-Thomas-de-Montigny, juridiction, I, 170.

Saint-Tremeur, prieuré, I, 850.

Saint-Viau, prieuré, II, 1081.
Sainte-Anne-en-Auray, carmes, II, 738.
Sainte-Catherine, prieuré, II, 991.
Saints (les), prieuré, II, 767.
Sala-en-St-Herblin (la), juridiction, I, 183.
Savarière et le Chesne-Cottreau (la), juridiction, I, 173.
Savenay, cordelières, II, 1113.
Sens, prieuré, I, 814.
Septsains, paroisse, II, 1161.
Suaudais (la), juridiction, I, 180.

Taron, Limar et Bougon, I, 174.
Taupont, prieuré, II, 260.
Teillé, prieuré, II, 1097.
Templière-Bourdinière (la), juridiction, I, 873.
Tinteniac, prieuré, II, 639.
Trédias, prieuré St-Georges, II, 694.
Trédion, prieuré, II, 737.
Tréguier, I, 261; apothicaires, II, 538; avocats, II, 533; bouchers, II, 893; boulangers, II, 534; chapitre, I, 260; cordonniers, II, 534; corroyeurs, II, 533; évêché, II, 896; hospitalières, II, 890; jardiniers, II, 533; marchands de draps, II, 530; marchands de savon, chaussetiers et merciers, II, 533; marchands de vin, II, 533; maréchaux, II, 534; menuisiers et charpentiers, II, 534; missionnaires, II, 894; notaires, II, 533; officiers de la ville, II, 532; procureurs, II, 533; tailleurs, II, 534; tessiers, II, 534; ursulines, II, 536.

Trinité (la), prieuré, II, 515.
Tronchet (le), abbaye, II, 750.

Val (le), juridiction, I, 506.
Val-de-Morière (le), couvent, II, 314.
Vannes, I, 118; apothicaires, II, 835; armuriers, II, 499; arpenteurs, II, 844; avocats, II, 502; barbiers et perruquiers, II, 494; bouchers, II, 184; boulangers et pâtissiers, II, 498; carmes du Bondon, I, 530; chandeliers et vendeurs de petite marchandise, II, 500; chapitre, I, 316; charpentiers, II, 499; chirurgiens, I, 783; cordeliers, II, 746; cordonniers, I, 784; corroyeurs, drapiers, sergers et teinturiers, II, 495; couvent de Nazareth, I, 530; couvent N.-D. de Charité, I, 530; couvreurs, II, 835; faïenciers, sculpteurs et horlogers, II, 500; hospitalières, II, 357; huissiers audienciers du présidial, II, 853; huissiers du bureau des finances, II, 851; imprimeurs et libraires, II, 496; jacobins, II, 737; jésuites, II, 736; juges de l'amirauté, II, 499; juridiction, II, 852; maîtrise des eaux et forêts, II, 502; marchands de blé, de vin et de fer, II, 496; marchands de draps, II, 857; marchands de toile, II, 497; maréchaux, II, 498; menuisiers, II, 494; notaires, II, 502; officiers du bureau des finances, II, 851; orfèvres, II, 496; poêliers, potiers d'étain et

couteliers, II, 496 ; présidial, II, 498 ; procureurs de l'amirauté, II, 855 ; procureurs des finances, II, 502 ; procureurs du présidial, II, 502 ; tailleurs, II, 357 ; tanneurs et gantiers, II, 495 ; tapissiers, boutonniers et chapeliers, II, 499 ; terrassiers et paveurs, II, 857 ; tessiers, II, 857 ; tourneurs, II, 834 ; ursulines, I, 531 ; Visitation, I, 528 ; vitriers, I, 895.

Varades, prieuré, II, 1092.

Vieille-Tour, prieuré, II, 277.

Vieuville (la), abbaye, I, 208.

Vigneux (le), juridiction, I, 176.

Vileartiers, officiers de la maîtrise, II, 589.

Villamée, prieuré, II, 727.

Villeneuve, abbaye, I, 781.

Vincent, prieuré, II, 768.

Vitré, I, 183 ; apothicaires, II, 554 ; augustins, II, 647 ; bénédictines, I, 729 ; bouchers, II, 363 ; boulangers, II, 363 ; chandeliers et marchands de menues denrées, II, 552 ; chapitre de la Magdeleine, II, 362 ; charpentiers, I, 857 ; cloutiers, II, 363 ; confrérie des marchands d'outre-mer, I, 987 ; confrérie du St-Sacrement, I, 857 ; cordonniers, II, 363 ; gantiers, ceinturiers et chapiers, I, 986 ; huissiers et sergents, II, 911 ; jacobins, II, 743 ; manouvriers, II, 365 ; marchands de draps, merciers et quincailliers, II, 364 ; maréchaux, II, 364 ; menuisiers, II, 365 ; officiers de la juridiction, II, 908 ; potiers et chaudronniers, II, 553 ; prieuré Ste-Croix, II, 789 ; procureurs de la juridiction, II, 551 ; religieuses de la Miséricorde, I, 731 ; sergers, II, 364 ; scruriers, II, 365 ; tailleurs, II, 364 ; tanneurs et corroyeurs, II, 364 ; tissiers, II, 365 ; ursulines, II, 551.

Vrotou, chapitre St-Martin, I, 503 ; juridiction de la prévôté, I, 503 ; prieuré St-Pierre, II, 1089.

CHAMPAGNE

Amour-Dieu (l'), abbaye, 793.

Andecy, abbaye, 423.

Argensolles, abbaye, 792.

Arivour (l'), abbaye, 476.

Avenay, abbaye, 572.

Bar-sur-Aube, 552; chapitre St-Maclou, 553; ursulines, 557.

Beaulieu, abbaye, 779; religieux, 524.

Belval, abbaye N.-D., 442; prieuré N.-D., 96.

Benoitevaux, abbaye, 801.

Bonnefontaine, couvent, 443.

Boulancourt, couvent, 392.

Brieulle-sur-Meuse, couvent N.-D., 443.

Broyes, chapitre, 898.

Châlons, 313; apothicaires et épiciers, 837; bouchers et charcutiers, 852; boulangers, 655; chapeliers, bonnetiers, pelletiers et manchonniers, 847; chapitre N.-D., 415; chaudronniers, maréchaux et mégissiers, 846; chirurgiens, barbiers et perruquiers, 838; ciriers, corroyeurs, vitriers et chandeliers, 852; cordonniers et savetiers, 847; couvent de la Trinité, 361; cuisiniers, traiteurs, rôtisseurs, tonneliers, gourmets et vinaigriers, 848; drapiers et merciers, 669; drapiers et sergers, 850; jésuites, 405; libraires et imprimeurs, 849; maçons, couvreurs, tortheurs et renduiseurs, 857; marchands de fer et teinturiers par eau, 852; menuisiers et tourneurs, 851; officiers de l'élection, 423; officiers du grenier à sel, 853; officiers du présidial, 424; orfèvres et potiers d'étain, 849; pannetiers, vanniers, charrons et cordiers, 849; pâtissiers et paindépiciers, 848; religieuses de la congrégation Ste-Marie, 406; religieuses de N.-D. de Vinay, 405; religieuses de St-Joseph, 410; retondeurs et charpentiers, 857; selliers, bourreliers et tisserands, 848; grand séminaire, 841; serruriers, arquebusiers, taillandiers et cloutiers, 854; tail-

leurs et couturiers, 851; tanneurs, 845; ursulines, 407.

Charmoie (la), abbaye, 792.

Châteauporcien, 441; officiers du grenier à sel, 864.

Châtrices, couvent, 523.

Chaumont, 584; abbaye St-Bertault, 387; collège des jésuites, 624; officiers du bailliage et siége présidial, 903; officiers de l'élection, 802; officiers du grenier à sel, 622; officiers de la maîtrise du bailliage, 802; officiers de la prévôté, 803; officiers des traites foraines, 803; ursulines, 611.

Cheminon, abbaye, 221.

Chéry, couvent, 691.

Clairvaux, abbaye, 555 et 556.

Cormicy, officiers du grenier à sel, 867.

Courtisols, prieuré de la Magdeleine, 834.

Creste (la), couvent, 776 et 885.

Donchery, 157.

Épernay, abbaye St-Martin, 573 et 894; apothicaires et chirurgiens, 895; boulangers, 895; cordonniers, 897; officiers de l'élection, 571; tanneurs, 896; tisserands, menuisiers, charpentiers et savetiers, 898; ursulines, 792.

Escouvrolle, prieuré, 762.

Fismes, 387; merciers, bouchers et boulangers, 878.

Foissy, religieuses, 497.

Grave, prieuré, 851.

Hautvillers, abbaye, 793.

Huiron, abbaye, 315.

Igny, abbaye, 429.

Joinville, annonciades, 314; bouchers, 517; boulangers et pâtissiers, 516; chapitre St-Laurent, 344; confrérie St-Éloi, 515; couvreurs, 514; maçons, 513; marchands, 517; menuisiers et charpentiers, 512; prieuré N.-D. de la Pitié, 344; tailleurs et couturiers, 515; tanneurs et cordonniers, 511; tisserands, 513; ursulines, 344.

Landeul, couvent, 442.

Langres, 317; chapitre de la cathédrale, 316; officiers de l'élection, 528; officiers du présidial, 525; officiers des traites foraines, 532; religieuses du tiers-ordre de St-Dominique, 763; ursulines, 755; Visitation, 763.

Longuay, couvent, 783.

Longué, couvent, 448.

Longueau, abbaye N.-D., 435.

Lugny, chartreuse, 538.

Mazarin. Voy. Rethel.

Mézières, 28; annonciades, 724;

chapitre St-Pierre, 343; confrérie de la Magdeleine, 722; confrérie de St-Crespin, 722; confrérie de St-Éloi, 723; confrérie de St-Sébastien, 723.

Moncets, abbaye, 668.

Montdieu, chartreuse, 694.

Montfaucon, chapitre St-Germain, 340.

Montier-en-Der, abbaye, 512.

Montier-la-Celle, abbaye, 469.

Morimond, abbaye, 760; religieux, 524.

Mouy, couvent, 506.

Mouzon, 317.

Mureaux, couvent, 621.

Mussy-l'Évêque, chapitre, 780.

Notre-Dame-en-l'Isle, couvent, 480.

Notre-Dame-des-Rosiers, prieuré, 450.

Plancy, chapitre St-Laurent, 901.

Plez (le), couvent N.-D., 716.

Poulangis, abbaye, 613.

Prix-les-Mézières, prieuré, 721.

Reims, abbaye St-Denis, 693; abbaye St-Étienne, 437; abbaye St-Nicaise, 690; abbaye St-Pierre, 314; abbaye St-Remi, 432; abbaye St-Thierry, 78; bonnetiers, 436; boulangers et pâtissiers, 438; carmélites, 341; chanoines réguliers de l'ordre de St-Antoine, II, 55; chapeliers, 433; chapitre St-Balsami, 386; chapitre de la cathédrale, 313; chapitre St-Symphorien, 690; chapitre St-Timothée, 339; charcutiers, 434; conseil de la ville, 313 et 457; cordelières de Ste-Claire, 386; cordonniers, 433; drapiers et merciers, 876; épiciers, 689; jardiniers, 440; jésuites, 433; merciers, 340; officialité, 688; officiers du présidial, 858; orfèvres, 443; pain-d'épiciers, 437; pelletiers, 436; religieuses de la congrégation N.-D., 436; savetiers, 434; séminaire, 687; teinturiers, 439; Université, 438; vinaigriers, 435.

Renel, chapitre, 902.

Rethel ou Mazarin, 157; boulangers et paindépiciers, 390; charpentiers, 391; charrons, 391; chirurgiens, 390; cordiers, 389; couvreurs, 391; drapiers et sergers, 389; épiciers, 389; greffiers, 389; maçons, 390; marchands de fer, 389; menuisiers, 390; merciers, 716; minimes, 508; religieuses de la congrégation N.-D., 506; serruriers, armuriers et éperonniers, 717; tailleurs, 505.

Saint-Basle, abbaye, 433.

Saint-Dizier, 295; abbaye, 317; ursulines, 901.

Saint-Pierre-au-Mont, abbaye, 666.

Saint-Sauveur-les-Vertus, abbaye, 407.

Saint-Urbain, abbaye, 517.

Sainte-Germe, abbaye, 532.

Sainte-Gemme, abbaye, 532.

Sainte-Menehould, 521; religieuses de la congrégation N.-D., 523.

Sainte-Vaubourg, prieuré, 451.

Sedan, 257; cordonniers, 548; jésuites, 548; prêtres de la Mission, 548; religieuses de la propagation de la foi, 548.

Septfontaines, abbaye, 625.

Sézanne, 795; abbaye N.-D., 900; chapitre St-Nicolas, 900; couvent St-Julien, 658; officiers du bailliage, 902; officiers de l'élection, 900; officiers de la maîtrise des eaux et forêts, 900.

Signy, abbaye, 692.

Tour-sur-Marne. prieuré, 851.

Toussaints-en-l'Ile, abbaye, 668; religieux, 666.

Troyes. 315; bouchers, 478; boulangers, 481; carmélites, 488 et 499; chapitre St-Étienne, 466; chapitre St-Pierre. 468; chartreuse, 474; couvent St-Antoine-St-Martin, 477; couvent St-Loup, 476; couvent S-Martin-ès-Aires, 474; pâtissiers, 473; religieuses de la Congrégation, 498; religieux de la Mission, 711; religieux de la Trinité du faubourg St-Jacques, 479; ursulines, 498; Visitation, 491.

Val-des-Écoliers (le), abbaye, 610.

Valdosne (le), prieuré, 344.

Valroi (la), abbaye, 447.

Vaucouleurs, 660; annonciades grises, 635; chapitre, 638.

Vertus, 650.

Vouve (la), ministrerie, 853.

Vitry, 315; abbaye St-Jacques, 371; apothicaires et épiciers, 222; avocats et procureurs, 314; bailliage et siége présidial, 369; barbiers et perruquiers, 370; chapitre N.-D., 311; couvent N.-D., 219; élection, 370; médecins, 228; minimes, 521; officiers du grenier à sel, 370; officiers de la maréchaussée, 372; officiers de la prévôté, 733; officiers des traites foraines, 315; religieux de la Trinité, 521; tanneurs, 223.

Vraux, chapitre St-Pierre, 456.

DAUPHINÉ

Allez, prieuré, 312.
Aspres, prieuré, 502.
Ayes (les), abbaye, 412.

Bardonnenche, 538.
Beaurepaire, augustins, 589.
Boscaudon, abbaye N.-D., 522;
　religieux, 567.
Briançons, 569; dominicains,
　570; frères mineurs, 540.
Buix (le), 471; frères prêcheurs,
　559; ursulines, 559.

Cézanne, 570.
Chabeuil, viguerie, 285.
Chartreuse (la grande), couvent,
　181.
Chaumont, 569.
Coste-St-André (la), ursulines,
　371.
Cremieu, ursulines, 589.
Crest, chapitre St-Sauveur, 558;
　ursulines, 359.

Die, chapitre de la cathédrale,
　490.
Durbon, chartreuse, 373.

Embrun, 521; chapitre de la ca-
　thédrale, 520; jésuites, 599;
　religieux de St - François,
　567; Visitation, 524.

Fenestrelle, 601.

Gap, chapitre de la cathédrale,
　514; frères prêcheurs, 515;
　Pères de la doctrine chrétien-
　ne du séminaire, 563; ursu-
　lines, 515.
Grenoble, 81; apothicaires, 132;
　chapitre de la cathédrale, 119;
　chapitre St-André, 120; col-
　lége des jésuites, 177; confré-
　rie des pénitents blancs de
　N.-D. du Confalon, 105; con-
　frérie des pénitents blancs du
　St-Sacrement, 170; congréga-
　tion des artisans érigée sous
　le titre de l'Assomption chez
　les jésuites, 173; frères prê-
　cheurs, 181; minimes, 182;
　religieuses bernardines, 171;
　religieuses du Verbe incarné,
　197; séminaire de l'Oratoire,
　197; Visitation, 155 et 156.

Jurié, minimes, 182.

Montélimar, chapitre Ste-Croix, 325; ursulines, 348; Visitation, 346.
Montfleury, dominicaines, 175.

Oulx, 538; chapitre des chanoines réguliers, 510.

Pierrelate, 338.
Pisançon, minimes, 555.
Prémol, chartreuse, 25.

Queyras, 601.

Romans, 264; chapitre St-Barnard, 262; ursulines, 270; Visitation, 277.
Romette, prieuré, 502.

Saint-Antoine, abbaye, 252.
Saint-Apollinaire, chapitre, 297.
Saint-Chef, chapitre, 165.
Saint-Marcellin, ursulines, 449; Visitation, 259.
Saint-Paul-Trois-Châteaux, 345; chapitre de la cathédrale, 375.

Saint-Pierre - du - Bourg - les - Valence, chapitre, 317.
Saint - Robert - de - Cornillon, prieuré, 371.
Saint-Ruf, abbaye, 292; chapitre conventuel de l'abbaye, 292.
Saint-Thiers - de-Saou, abbaye, 291.
Salettes, chartreuse, 178.
Silvebeniste, chartreuse, 49.

Tain, prieuré, 593.
Tallard, 508.
Thulins, convent N.-D. de Grâce, 118; ursulines, 444.

Valence, 305; prieuré St-Félix, 307; séminaire et collége, 315; Université, 287; ursulines, 316; Visitation, 160.
Val-Ste-Marie-de-Bouvant, chartreuse, 261.
Vienne, 203; carmes, 238; chapitre St-André - le - Bas, 443; chapitre St-Maurice, 205; chapitre St-Pierre, 208; collége des jésuites, 236; confrérie des pénitents, 229; jacobins, 551; minimes, 443; Oratoire, 211; religieux de St-Antoine, 588; Visitation, 445.
Vif, ursulines, 413.

FLANDRE

Agimont, officiers de la prévôté et du comté, 1480.

Antoing, chapitre N.-D., 584.

Armentières, 161; arbalétriers, 566; archers, 567; augustines, 376; brigittins, 371; canonniers, 566; collége des jésuites, 561; couvent des Bleuettes, 576; pénitentes capucines, 374; sœurs grises, 949; sœurs de la Présentation Ste-Marie, 949; tireurs d'armes, 565.

Arnasse, seigneurie, 706.

Artvic, couvent, 582.

Avesnes, 1316; chapitre St-Nicolas, 1402.

Bailleul, 204; châtellenie, 206; cour féodale, 673; justice, 936.

Bassée (la), 348; arbalétriers, 554; archers, 555; augustins, 948; sœurs grises, 949.

Bavay, oratoriens, 1341.

Beaumont-en-Hainaut, 1327.

Beaupré-sur-la-Lys, abbaye, 339; et 549.

Beaurepaire, prieuré, 1030.

Belincour, seigneurie, 1241.

Bergues, 212; abbaye St-Victor, 937; annonciades, 476; bouchers, 705; boulangers, 704; brasseurs, 938; cabaretiers, 1224; châtellenie, 1178; confrérie de la rhétorique, 479; confrérie de St-Éloi, 479; confrérie de St-Érasme, 480; confrérie de St-Georges, 475; confrérie de St-Sébastien, 475 et 478; confrérie de Ste-Barbe, 481; cordiers, gantiers et potiers, 938; cordonniers, 480; cour de la vicomté, 485; dominicains, 1225; drapiers, 708; épiciers, 482; grossiers, 691; jésuites, 487; meuniers, 695; prévôté de St-Donat, 475; tailleurs, 689; tanneurs, 481; tonneliers, 1177.

Bergues - St - Vinocq, abbaye, 214.

Bleutour, seigneurie, 1237.

Boesinghe, seigneurie, 667.

Boore, seigneurie, 1245.

Bourbourg, 472; abbaye, 183; châtellenie, 472; confrérie de

St-Sébastien, 487; confrérie de Ste-Barbe, 488.

Bouvines, 1463.

Brouckerque, cour, 709.

Cambrai, 17; abbaye St-Aubert, 276; abbaye du St-Sépulcre, 294; apothicaires, 965; béguines, 826; bouchers, 299; boulangers, 608; chapeliers, 610; chapitre métropolitain, 18; chapitre St-Géry, 274; chapitre Ste-Croix, 18; charpentiers, 609; chirurgiens, 612; communauté de Ste-Agnès, 819; cordiers, 950; cordonniers et corroyeurs, 613; couvent St-Lazare, 611; couvreurs, 613; États, 275; ferronniers, 965; hôpital St-Jean, 961; hôpital St-Julien, 960; menuisiers, 609; mulquiniers, 605; orfèvres, 611; peintres, vitriers, sculpteurs et brodeurs, 922; savetiers, 612; selliers, 610; sœurs noires, 824; tailleurs d'habits, 606; tonneliers, 606.

Cassel, 720; chapitre N.-D., 728; chapitre St-Pierre, 717; cour, 721; échoppiers, 1179; franc de Cassel (le), seigneurie, 939; jésuites, 718; religieuses de l'hôpital, 1240.

Casteau, marquisat, 411.

Castre, 459; commanderie, 460.

Charlemont, 1324.

Charleroy, 1355.

Chimay, chapitre, 1486.

Chisoin, abbaye, 164, et 919; baronnie, 338.

Commines, 364; arbalétriers,

534; archers, 545; chapitre St-Pierre, 167; communauté des Torriques, 919; hôpital N.-D., 359; sœurs grises, 505.

Condé, 253; bâteliers, 874; chapitre N.-D., 255; collége de la Trinité, 1009; cordonniers, 873; tailleurs, 875.

Coninckdaele, couvent, 1083.

Coudekerque, seigneurie, 1227.

Courtrai, 31; abbaye de Groning, 32; chapitre N.-D., 30, et 129; châtellenie, 928; couvent de Sion-les-Dames, 655; orfèvres, 654.

Crespin, abbaye, 258, et 1210.

Crombecke, seigneurie, 686.

Denain, chapitre, 1029.

Deullemont, 670.

Dinan-sur-Meuse, 1457; tanneurs, 1463; ursulines, 1471.

Douai, 19; abbaye des Prés, 926, et 950; abbaye de Sains, 416; annonciades, 610; apothicaires, graissiers, ciriers, épiciers et sucriers, 632; arbalétriers, 1204; archers, 630; augustins, 1206; bouchers, 638; boulangers, 1126; brigittines, 629; brigittins, 641; cabaretiers, 640; carioteuses, 633; carmes déchaussés, 830; chapeliers, 635; chapitre St-Amé, 926; chapitre St-Pierre, 389; charpentiers, 637; charrons, 637; chartreux, 628; châtellenies de Lille, Douai, Orchies, du pays de la Leu et du bourg de la Gorgue, 360; chirurgiens, 628; collége de l'abbaye de St-Vast, 409; collége

des jésuites, 644; collége des PP. Écossais, 646; cordonniers, 633; cuisiniers, 645; cure de l'oratoire St-Jacques, 811; dominicains, 641; dominicains de St-Thomas-d'Aquin, 642; drapiers, 635; ferronniers, chaudronniers et marchands de fer, 634; fripiers, 630; gantiers, 641; maçons, 638; menuisiers, 1128; meuniers, 639; minimes, 975; mulquiniers, 637; orfèvres, 1127; peintres, 840; perruquiers, 1127; potiers, 831; religieuses de St-Julien, 1270; religieuses de St-Thomas, 828; religieuses de Ste-Catherine de Sienne, 842; savetiers, 640; sculpteurs, 850; selliers et gorliers, 1127; séminaire de Hennin, 1278; séminaire Moullart, 1279; séminaire N.-D., 1279; tailleurs d'habits, 1126; tanneurs, 1206; toiliers, 635; tonneliers, 646; trinitaires, 1206; Université, 974; vitriers et plombiers, 636.

Douve (la), seigneurie, 674.

Dresnoustre, paroisse, 669.

Druicame, juridiction, 184.

Dunkerque, 177; apothicaires, 1063; bellandriers, 451; bénédictines anglaises, 140; bouchers, 1062; boulangers, 449; brasseurs, 1059; cabaretiers, 1056; charpentiers, menuisiers, tourneurs, charrons et poulieurs, 458; chirurgiens, 446; confrérie de St-Georges, 438; confrérie de St-Michel, 447; confrérie de St-Sébastien, 194; confrérie de Ste-Barbe, 1063; cordonniers, 446, et 447; cuisiniers, 1056; jésuites, 411; maçons, 1056; marchands en gros, 1064; maréchaux, serruriers, vitriers, plombiers, fourbisseurs et chaudronniers, 452; meuniers, 450; orfèvres, 453; poissonniers, 1059; religieuses de la Conception, 439; religieuses pénitentes, 438; tailleurs, gantiers, pelletiers, voiliers. boutiequliers (sic) et chapeliers, 449; tonneliers, 448.

Ekelbecke, confrérie de la rhétorique, 481; confrérie de St-Sébastien, 486.

Engelshof, seigneurie, 1225.

Entrebuche, seigneurie, 1075.

Escendamme, seigneurie, 687.

Esklebeck, baronnie, 219.

Estaires, 715; franciscaines, 1233.

Esteenvoorde, justice, 721; seigneurie, 1230.

Eversem, 939.

Félixpré, abbaye, 1325.

Fletre, seigneurie, 1237.

Flines, abbaye, 410.

Florennes, chapitre, 1485.

Fontaine-l'Évêque, 1308.

Fontenelle, abbaye, 247, et 1029.

Fumay, 1367.

Furneambach, paroisse, 202.

Furnes, ville et châtellenie, 226; abbaye St-Nicolas, 225; cellebroures (?), 683; chapitre, 459; chapitre Ste-Walburge,

222; fief du bourg, 493.

Gorgue (la), 342; archers, 762.
Gravelines, 473.
Guadripres, confrérie de S¹-Sébastien, 478.
Guillemain-les-Valincourt, couvent, 922.
Guyetz-S¹-Hilaire, 1180.

Harlebeck, 427; chapitre, 651.
Hasnon, abbaye S¹-Pierre, 345; seigneurie, 1227.
Haspre, prévôté, 1029.
Hautbourdin, archers, 1112; vicomté, 563.
Hautmont, abbaye, 1308.
Hazebrouck, 718; augustins, 733; boulangers, 743; brasseurs, 744; charpentiers, 744; confrérie de S¹-Georges, 742; confrérie de S¹-Sébastien, 742; confrérie de S¹ᵉ-Anne, 745; confrérie de S¹ᵉ-Barbe, 747; cordonniers, 745; graissiers et échoppiers, 940; justice, 749; maréchaux, 743; sœurs grises du tiers-ordre de S¹-François, 747; tisserands, 746.
Hervisse, seigneurie, 701.
Hofflende, seigneurie, 1242.
Houdschoote, 478; confrérie de S¹-Sébastien, 482; confrérie de S¹ᵉ-Barbe, 487; seigneurie, 1178; trinitaires, 486.
Honkeregue, seigneurie, 483.
Hostien, prieuré, 1426.

Ipre, 207; abbaye S¹-Jean, 201; apothicaires, 1079; augustins, 1167; bâteliers, 1151; béguines, 1164; bouchers, 1078; boulangers, 1153; brasseurs, 1150; cabaretiers, 1152; carmélites, 1092; chapitre S¹-Martin, 457; charcutiers, 1166; charpentiers, 1151; charrons, 1076; châtellenie, 205; chirurgiens, 1150; cordiers, 1151; cordonniers, 1076; dominicains, 1088; drapiers, 1155; fripiers, 1162; graissiers, 1150; hôpital S¹-Jean, 1171; jésuites, 667; maréchaux, fourbisseurs et serruriers, 1079; meuniers, 1152; orfèvres, 1075; peintres, vitriers et sculpteurs, 1082; potiers d'étain, 1166; quincailliers, 1151; sœurs grises, 1164; sœurs noires, 1165; tailleurs, 1078; tanneurs, 1152; tonneliers, 1152.

Jurnelle, seigneurie, 1241.

Kerkove, seigneurie, 1241.
Kouestowe, seigneurie, 1231.

Landrecies, 1501.
Lardier (le), seigneurie, 1228.
Lannoy, arbalétriers, 531; arbalétriers, 531; archers, 532; canonniers et confrérie de S¹ᵉ-Barbe, 529; croisiers, 340; hautelisseurs, 532.
Ledrecelle, seigneurie, 1245.
Leffe, abbaye, 1459.
Lesdenighen, seigneurie, 219.
Libarsbrughe, seigneurie, 1249.

Liessies, abbaye, 1308.

Lignières, seigneurie, 1245.

Lille, 350; annonciades, 369; apothicaires et épiciers, 503; arbalétriers, 557; archers, 551; augustins, 948; bailliage, 352; béguines, 780; bouchers, 560; boulangers, 524; bourgeteurs, 514; brodeurs, 555; brouetteurs, 542; cabaretiers à bière, 508; cabaretiers à vins, 550; canonniers, 558; carmélites, 370; chapeliers, 506; charpentiers, 523; charretiers, 521; charrons, 522; chaudronniers, 515; chaussetiers, 568; chirurgiens, 545; ciriers, 515; clarisses urbanistes, 353; collége des jésuites, 379; collégiale St-Pierre, 347, et 377; cordiers, 521; cordonniers, 539; corps de la seiterie, 508; couvent N.-D. de la Miséricorde, dit Ste-Brigitte, 949; couvreurs, 539, et 558; cuisiniers, 564; dames de la Biette, 338, et 920; dominicaines, 948; épingliers, 541; étainiers et plombiers, 556; ferblantiers, 540; filletiers, 518; foulons, 521; fourbisseurs, 528; fripiers, 520; fruitiers, 513; gantiers, 521; gorliers et selliers, 515; graissiers, 514; hôpital de la Conception, 357; hôpital N.-D. de la Charité, 356; hôpital N.-D., dit Comtesse, 338; hôpital St-Jean-Baptiste, dit Gantois, 375; hôpital St-Jean-l'Évangéliste - les - Sauveurs, 148; jacobins, 948; maçons, manneliers, 771; menuisiers,

552; merciers, joailliers, buffetiers, quincailliers, tassetiers et grossiers, 536; minimes, 948; orfèvres, 559; passementiers, 527; peigneurs de laine, 526; peintres et vitriers, 534; pelletiers, 511; pénitentes capucines, 367; poissonniers de mer, 543; porteurs au sac, 758; potiers de terre, 537; religieuses du St-Esprit, 502; savetiers, 537; seigneurie, 1068; seigneurie du Franc, 1106; serruriers, maréchaux, taillandiers, couteliers et cloutiers, 538; sœurs noires, 775; tailleurs d'habits, 553; tailleurs d'images et tailleurs de pierre, 512; tanneurs, 510; teinturiers, 536; tireurs d'armes, 554; tisserands, 530; tondeurs, 513; tonneliers, 527; ursulines, 364.

Linden, seigneurie, 1242.

Locre, baronnie, 670.

Loos, 1098; abbaye, 229, et 948.

Mallenberg, seigneurie, 1062.

Marchiennes, 390; abbaye, 21, et 950.

Maroilles, abbaye, 1304.

Marquette, abbaye, 133, et 948.

Maruis, couvent et hôpital, 585.

Maubeuge, chanoinesses, 1186; chapitre St-Quentin, 1187; Pères de l'Oratoire, 1450.

Menin, 425; arbalétriers, 906; archers, 1018; bouchers, 903; boulangers, 901 bis; brasseurs, 1214; cabaretiers, 903;

canonniers, 907; chapeliers, 902; charpentiers et menuisiers, 908; charretiers, 908; collége des humanités, 901; cordonniers et corroyeurs, 901 bis; drapiers, 1048; hôpital, 909; hôpital St-Georges, 901; maçons et couvreurs, 902; tailleurs et fripiers, 902; tonneliers, 901 bis.

Meres, seigneurie, 202.

Merville, seigneurie, 936 et 1159.

Me-sen, seigneurie, 1234.

Messines, 671; abbaye, 936; chapitre, 1136; cour de l'abbaye, 671; paroisse, 672.

Meteren, 460.

Mevelghem, abbaye, 1049.

Mieurles, comté, 1240.

Milanzennegaem, seigneurie, 488.

Morbeck, seigneurie, 671, et 1231.

Morlagne, 602.

Mortsestich, seigneurie, 700.

Motte-aux-Bois (la), justice du château, 721.

Moulins, abbaye, 1460.

Mousty, prieuré, 1448. ▶

Neuféglise, juridiction, 200.

Nieppeéglise, juridiction, 202.

Nieucapelle, seigneurie, 939.

Nombusghe, abbaye, 464; religieuses, 1089.

Noortpen, couvent N.-D. de Nazareth, 721.

Noortvieschaere, justice, 716.

Nortschotte, seigneurie, 682.

Notre-Dame-du-Mont-d'Or-les-Veuelghem, abbaye, 900.

Oflande, seigneurie, 684, et 1248.

Oignies, abbaye, 1334, et 1486.

Olebecq, paroisse, 670.

Orchies, 645; sœurs grises, 643.

Ost et West Vieschaere, seigneurie, 1073.

Oudenhowe, seigneurie, 1227.

Paix, abbaye, 413.

Pellac, seigneurie, 1233.

Penhof, seigneurie, 1226.

Petgam, confrérie de St-Sébastien, 706; paroisse et seigneurie, 473.

Phalempin, abbaye, 343.

Philippeville, 1335.

Plancq. seigneurie, 698.

Plancq et Simpleton, seigneuries, 1248.

Poperinghe, 1085; sœurs grises, 1168.

Préavin, couvent, 718, et 1237.

Prémy, abbaye, 950.

Quesnoy (le), 1335; abbaye Ste-Elisabeth, 1191; maîtrise des eaux et forêts, 1491; officiers du bailliage, 1490; officiers du magistrat, 1492; sœurs noires, 1490.

Ravensberghe, abbaye, 472; seigneurie, 1227.

Renaix, baronnie et bourg, 320; chapitre, 319.

Renin, 1479.

Reningfelt, seigneurie, 207.

Reninghe, seigneurie, 685.

Riches-Claires, religieuses urbanistes, 466.

Rosbercqghe, abbaye, 462.

Roubaix, arbalétriers, 782; archers. 780; canonniers. 781; hôpital Ste-Elisabeth, 949; marquisat, 109.

Rousselare, seigneurie, 1073.

Rousselas, 456.

Sailly, prévôté, 506.

Saint-Amand. 601; abbaye de la Paix N.-D., 591.

Saint-Amand-en-Tournaisis. abbaye, 925.

Saint-Donat, seigneurie, 205.

Saint-Gérard, abbaye, 1463.

Saint-Sauve, abbaye, 927.

Scelin, 161; chapitre, 146.

Sox, confrérie de St-Sébastien. 477.

Stienburg, seigneurie, 1228.

Stienne, seigneurie, 1246.

Steenfort, augustines, 732.

Strazelle, seigneurie, 1240.

Templeuve. seigneurie, 957.

Terdeghem, seigneurie, 1241.

Teremdermeken, seigneurie, 1179.

Théomolin, hôpital, 166.

Thérouanne, 458.

Tourcoing. 361; arbalétriers, 568; archers, 564; canonniers, 565.

Tournai, 923; abbaye St-Martin, 71; abbaye St-Nicolas-des-Prés. 69; arbalétriers, 988; boursiers de la chambre des arts et métiers, 1271; cabaretiers. 984; canonniers, 987;

carmélites. 925; célestines, 924; chapitre de la cathédrale, 925; chirurgiens, 981; communauté des religieuses de St-Sauveur, dite de Campeaux, 324; couvent des Prés-Porchains, 593; dominicaines, 923; dominicains, 583; États du bailliage, 330; Filles-Dieu, 1005; hôpital N.-D., 924; hôpital N.-D. de Plancq, 582; jésuites, 592, et 593; marchands, 980; religieuses de St-André, 583; religieuses de Ste-Croix, 584; ursulines. 597.

Trevelande, seigneurie, 1226.

Valenciennes, 214; abbaye St-Jean, 246. et 1023; amidonniers, 893; apothicaires et ciriers, 261; arbalétriers, 858; aubergistes, cabaretiers et rôtisseurs, 263; augustins, 1022; bateliers, 1212; bouchers, 266, et 863; boulangers, 262; brasseurs, 265; brigittines, 260; carmélites, 882; carmes de Bonne-Espérance, 253; carmes chaussés, 253; chapeliers, 261; charpentiers et maçons, 263; charrons et tonneliers, 897; chartreux, 896; chaudronniers, 855; chirurgiens, 886; communauté des Bon-Vouloirs, 890; confrérie de St-Sébastien. 889; congrégation de la Ste-Famille, 266; cordiers, 266; cordonniers, 262; corroyeurs, 862; et 892; couvreurs, 892; dominicains, 887; drapiers, 260; étainiers et plombiers, 265;

fripiers, 264; fruitiers, 863; gantiers, 856; gladiateurs et joueurs d'épée, 858; gorliers, 1021; graissiers, 262; grossiers et merciers, 869; Hôtel-Dieu, 1037; jésuites, 1016; lainiers, 267; maréchaux, 861; médecins, 1211; menuisiers, 859; mesureurs de grains, 860; murquiniers, 261; orfèvres, 265; pelletiers, 887; peintres, sculpteurs et vitriers, 267; poissonniers, 265; porte-sacs, 888; religieuses de Beaumont, 888; religieuses de la congrégation de N.-D. des Anges, 1046; religieuses urbanistes de Ste-Claire, 1024; sayeteurs, 862; selliers, 894; serruriers, cloteurs et arquebusiers, 262; taillandiers et couteliers, 891; tailleurs, 859; tanneurs, 861; teinturiers, 1011; tessiers, 857; toiliers, 261; ursulines, 263.

Varneton, 209; abbaye, 208.

Vaucelle, abbaye, 16.

Vervick, 459; seigneurie, 459.

Vicogne, abbaye, 256, et 1034.

Vicoulier de Walscaphe, seigneurie, 1248.

Vietretin, seigneurie, 1226.

Vliet, seigneurie, 676.

Vormezel, abbaye, 470.

Vraylande, seigneurie, 1226.

Walheelt, seigneurie, 1217.

Waren, confrérie de St-Sébastien, 481.

Waton, 1246; jésuites, 1248.

Wausoor, abbaye, 1479.

Weerschelst, seigneurie, 1245.

Westvierschaere, justice, 722.

Wick, seigneurie, 707.

Wiilande, seigneurie, 1097.

Winzelle, seigneurie, 1249.

Wlaerdinghe, seigneurie, 1246.

Woesten, paroisse, 669.

Woestine (la), abbaye, 718; seigneurie, 1245.

Zenneghen, seigneurie, 1227.

Zonnebecke, 456; seigneurie,

Zuilande, seigneurie, 1178.

Zuitowers, seigneurie, 1241.

Zuydschotte, seigneurie, 682.

GUYENNE

Agen, 398; chapitre St-Caprasi,
  927; chapitre St-Étienne, 927;
  évêché, 349.
Aiguillon, 398.
Aire, chapitre, 346.
Astaffort, 1069; clarisses, 207.

Bayonne, 961 ; augustins, 1143 ;
  carmes, 1143 ; chapitre de la
  cathédrale, 929 ; chapitre de
  l'église du St-Esprit, 597 ;
  charpentiers de maisons, 963;
  charpentiers de navires, 965;
  cordonniers, 961; couvent de
  la Foi, 1148; forgerons, 961;
  maçons, 961; marchands, 965 ;
  monastère Ste-Claire, 213; na-
  tion judaïque, 965; tailleurs,
  961; tonneliers, 963; ursulines,
  929 ; Visitation, 378.
Bazas, 933; chapitre de la cathédrale, 386.
Beaumont, 224.
Belvès, 706.
Bergerac, 590.
Blaye, 585; minimes, 511.
Bordeaux, 584; abbaye Ste-Croix,
  578; annonciades, 540; apo-

thicaires, 204 ; archevêché,
  61; augustins, 239; bénédictines, 900; bénéficiers de St-
  Michel, 66; boulangers, 1030 ;
  boutonniers, bonnetiers et
  garnisseurs de chapeaux, 840;
  carmélites de l'Assomption,
  66 ; carmélites du couvent St-
  Joseph, 65; carmes, 238; chapitre St-André, 577; chapitre
  St-Séverin, 61; chartreuse
  N.-D. de Miséricorde, 62 ;
  chaudronniers, 1025; chirurgiens, 913; cloutiers, 842;
  collége des jésuites, 343; congrégation de la Mission, 900;
  cordiers, 1028; cordonniers,
  841; couvent du Chapelet,
  900; couvent de la Merci, 190;
  couvent N.-D., 191; couvreurs
  et plombiers, 1061; écrivains,
  840; feuillants, 899; fourbisseurs, 1062; gantiers, pelletiers et fourreurs, 1039; libraires et imprimeurs, 1025;
  maîtres de danse et joueurs
  d'instruments, 202 ; maréchaux, 1031; menuisiers, 636;
  minimes, 540; orfèvres, 844;

pâtissiers, 1029; perruquiers, 844; potiers d'étain, 1022; religieuses de la Magdeleine, 796; religieuses de Ste-Catherine de Sienne de l'ordre de St-Dominique, 239; savetiers, 1028; selliers, 843; sergers et bonnetiers, 1061; serruriers, 631; tailleurs, 1029; tanneurs et parcheminiers, 988; tapissiers, 845; teinturiers, 1063; tisserands, 1062; tourneurs, 638; Université, 898; ursulines, 66; Visitation, 343; vitriers, 202.

Bourdeille, 860.

Bourg, 585; ursulines, 1004.

Brantôme, 859.

Buzet, 106 '8

Cadillac, chapitre St-Blaise, 899; collége, 899.

Cagnotte, couvent, 1192.

Casteljaloux, 910.

Castelle, abbaye St-Jean, 599.

Castelmoron, 1134.

Casterets, prieuré, 541.

Castillon, carmes, 541.

Castillonez, 1137.

Chamadelle, prieuré, 797.

Chancelade, abbaye, 649.

Châtre, abbaye, 435.

Clairac, abbaye, 342.

Colle, prieuré St-Jean, 456.

Condom, 407; carmes, 208; chapitre, 495; clarisses, 639; collége, 496; jacobins, 639; ursulines, 1034.

Damazan, 1068.

Dax, 508, et 1190; barnabites, 734; carmes, 492; clarisses, 733; évêché, 783; ursulines, 218.

Doazit, 1202.

Domme, 721.

Dunes, 855.

Exideuil, 507 et 859; clarisses, 659.

Guitres, communauté et manse abbatiale, 797.

Guyenne, province, 1246.

Issigeac, 707.

Lalinde, 859.

Laromieu, chapitre, 914; couvent des religieuses, 1061.

Lauch, prieuré, 653.

Libourne, 585; confrérie de St-Crespin, 1058; confrérie de St-Maur, 1058.

Ligaux, abbaye, 442.

Marmande, 593.

Mas d'Agenois (le), chapitre, 914.

Mezin, 917; augustins, 495.

Monclar, 1134.

Monflanquin, 1134.

Mont-de-Marsan, 408; clarisses, 703; ursulines, 1150.

Montrabeau, 587.

Montréal, 855; chapitre, 849.

Mussidan, 859.

Nérac, 406.
Nontron, 860.

Orrogne, 593.

Périgueux, 508; chapitre de la cathédrale, 421; ursulines, 508.
Pont-Ste-Marie, 928.
Puch-de-Gontant, 1068.
Puimirol, 1137.

Réole (la), 912; chapitre, 503; prieuré St-Pierre, 589.
Ribérac, 859.
Roquefort-de-Marsan, 409.

Sablou, prieuré, 797.
Saint-Astier, chapitre, 421.
Saint-Bernard-les-Bayonne, abbaye, 596.
Saint-Émilion, chapitre, 899; dominicains, 489; ursulines, 490.
Saint-Giron, chapitre, 565.
Saint-Jean-de-Luz, ursulines, 379.
Saint-Loubouer, chapitre, 347.

Saint-Macaire, 586.
Saint-Pardoux-la-Rivière, 860.
Saint-Sever, 601; abbaye, 347; dominicains, 261; ursulines, 262.
Sainte-Foi-en-Agenais, 590.
Sainte-Livrade-en-Agenais, chapitre, 927.
Sarlat, 223; évêché, 380.
Sauve (la), abbaye, 240.

Tarbes, évêché, 382.
Tartas, 931.
Thiviers, 860.
Tonneins-Dessous, 1133.
Tonneins-Dessus, 1134.
Tournon, 957.
Tourtoiras, abbaye, 432.

Uzerte, chapitre, 799.

Vauclair, chartreuse N.-D., 342.
Verdelay, célestins, 578.
Verteuil, 1136; abbaye, 60; religieux, 1004.
Villandrault, 799.
Villefranche, 1068.
Villeneuve, 1137.
Villcreal, 1136.
Yopillon, couvent, 1001.

LANGUEDOC

Abeillan, II, 1461.

Adissan, II, 1466.

Agde, chapitre, II, 556; laboureurs et ménagers, II, 513.

Agonnez, II, 899.

Agusan, II, 840.

Agutz, I, 751.

Aigalliez, II, 1388.

Aignan, I, 1380.

Aiguefonde, I, 771.

Aiguesvives, I, 683; autre, I, 796.

Aimargues, II, 1305.

Ajac, I, 786.

Alais, II, 192; chapitre de la cathédrale, II, 666.

Albarède, I, 740.

Albi, I, 50; chapitre métropolitain, I, 219; chapitre de St-Salvy, I, 57; chirurgiens, I, 617; confrérie de N.-D., I, 669; confrérie de St-Crespin, I, 657; confrérie de St-Éloi, I, 656; confrérie de St-Eutrope, I, 651; confrérie de St-Michel, I, 650; confrérie de St-Quiterice, I, 652; confrérie de Ste-Catherine, I, 651; frères prêcheurs, I, 508; jésuites, I, 505; Visitation, I, 57.

Albières, II, 1490.

Albon, I, 796.

Alet, I, 831; diocèse, I, 818.

Algans, I, 759.

Albonne, I, 693.

Alignan-du-Vent, II, 1461.

Allairac, I, 658.

Allan, II, 1026.

Allègre, Alzon et Boisson, II, 1410.

Alsou, II, 840.

Ambres, I, 735.

Ambriallet, I, 644.

Amiatte, I, 736.

Anduse, II, 201.

Angles (les), II, 1400.

Auiane, abbaye, II, 902.

Antignac, II, 1173.

Antuguac, I, 832.

Appelle, I, 755.

Aragon, I, 690.

Aramon, II, 1537.

Arfons, I, 564.

Argelès, I, 1445.

Argeliers, II, 1398.

Argellès, II, 978.

Argelliès, II, 1506.

Argens, II, 1500.

Argut, I, 807.

Arigas, II, 851.

Arques, I, 826.

Arquettes, I, 681.

Arre, II, 853.

Arreau, I, 1338.

Arsy, II, 853.

Arthès, I, 642.

Artigues, I, 824.

Arzens, I, 681.

Aspet, I, 1333; chapelains, I, 1355.

Aspiran, II, 1466.

Assac, I, 653.

Aubaix, II, 1317.

Aubiet, I, 1225.

Aubussargues, II, 1400.

Auch, II, 1135; chapitre de la cathédrale, II, 1020; chapitre St-Orens, II, 1121; collége des jésuites, I, 360; ursulines, I, 357.

Aucheville, I, 609.

Augan, II, 1384.

Augmontel, I, 721.

Aujaguet, II, 378.

Aulas, II, 852.

Aumelas, II, 1463.

Aumessas, II, 839.

Aunat, I, 831.

Aureville, II, 1463.

Auriac, I, 477.

Auriac et Lachégues, II, 1490.

Aurignac, I, 1337.

Ausigna, I, 832.

Auterive, I, 851.

Auvillar, I, 1200; jacobins, I, 1203; ursulines, I, 1206.

Auxillon, I, 558.

Auzac, I, 617.

Auzielle, II, 614.

Avène, II, 1470.

Avezac, I, 756.

Ax, II, 1073.

Axat, I, 823.

Ayguèze, II, 1398.

Ayrout, I, 775.

Azas, I, 622.

Azillan, abbaye Ste-Claire, I, 1297.

Badens, I, 680.

Bagars, II, 960.

Bages, II, 1493.

Bagnères, I, 621.

Bagnols, prêtres, II, 1436.

Baignols, I, 676; autre, II, 475.

Baillargues-et-Colombiers, II, 1558.

Bains (les), I, 828.

Baixas, I, 1466.

Balaruc, II, 979.

Baldesrousses (la), I, 775.

Balmels, Aydon et le Chambon, II, 1382.

Barbaira, I, 684.

Barcelonne, I, 343.

Barjac, II, 1426.

Barran, I, 1225; chapitre, II, 1123.

Barrou, II, 1436.

Barte-de-Neste (la), I, 1350.

Barthe, I, 795.

Bassan, 2, 1160.

Bassède (la), I, 777.

Basside, I, 827.

Bassoues, chapitre, I, 379.

Bastide (la), I, 615, feuillants, II, 1209.

Bastide-d'Anjou (la), I, 773.

Bastide-en-Armagnac (la), I, 1227.

Bastide-de-Beauvoir (la), I, 621.

Bastide-Cabarsse (la), I, 642.

Bastide-d'Engras (la), II, 1404.

Bastide-Esparbairenque (la), I, 695.

Bastide-de-Garderenous (la), I, 796.

Bastide-de-Laval (la), I, 682.

Bastide-St-Georges (la), I, 736.

Bastide-St-Pierre (la), I, 749.

Bastide-St-Sernin (la), I, 630.

Bastide-de-Saux (la), II, 1170.

Bastide-de-Serou (la), II, 1172.

Bastide-du-Temple (la), I, 750.

Bastic-St-Amans, I, 558.

Baume (la), II, 1376.

Bauteville, I, 794; autre I, 803.

Bauzelle, I, 620.

Bazièges, I. 612.

Bazus, I, 632.

Beaucaire, I, 827; autre, II, 819; chapitre, II, 1340; hospitalières, II, 819; religieux de la Doctrine chrétienne, II, 1514; religieuses de St-Sauveur, II, 1341; ursulines, II, 828.

Beaulieu, II, 817.

Beaulieu, couvent, II, 1074.

Beaumarchez, II, 1030; chapitre, I, 1339.

Beaumont, II, 1022; autre, II, 1050; clarisses, II, 1283.

Beaumont de Lezat, I, 609.

Beaupuy-en-Rouais, I, 629.

Beauvais, I, 747.

Becdejan, II, 1391

Bédarrieux, II, 1467.

Bedoues, chapitre, II, 385.

Bègue (la), I, 614.

Belargua, II, 1460.

Belbezes-les-Toulouse, I, 491.

Belbiane, I, 828.

Belcastel, I, 772.

Beldour, I, 665.

Belesta, I, 614; autre, I, 832.

Belfort, I, 798.

Bellecombes, II, 1560.

Bellegarde, I, 787.

Belleperche, abbaye N.-D., II, 1160.

Belleserre, I, 761.

Belmont, chapitre, I, 310.

Belvis, I, 827.

Belvezet, II, 1387.

Bencoque, I, 612.

Béneisson-Dieu, II, 1090.

Berlats, I, 727.

Berriac, I, 684.

Berrias, II, 1384.

Bertré, I, 562.

Bès-de-Belfourtez, I, 725.

Besplas, I, 581.

Bessan, II, 146.

Bessens, I, 745.

Bessière (la), I, 741.

Bessières, I, 608.

Bessure (la), I, 645.

Bez, II, 851.

Béziers, II, 558; apothicaires, II, 1451; arquebusiers, sculpteurs, fourbisseurs et couteliers, II, 1455; barraliers, charrons et bâtiers, II, 1454; blanchers, gantiers, marchands de cuirs, corroyeurs et tanneurs, II, 1452; boulangers et fourniers, II, 1453; chapeliers, garnisseurs et brodeurs, II, 1450; chapitre St-Aphrodise, II, 272; chirurgiens, II, 1451; collège des jésuites, II, 1276; cordiers, II, 1455; cordonniers, II, 1452; drapiers et quincailliers, II, 1450; droguistes et épiciers, II, 1450; hôtes et cabaretiers, II, 1455; mangonniers, II, 1450; menuisiers et charpentiers, II, 1453; orfèvres et joailliers, II, 1450; pénitents

blancs, II, 1455; pénitents bleus, II, 1455; pénitents noirs, II, 1456; plâtriers, maçons et tailleurs de pierre, II, 1453; potiers, tuiliers, verriers et vitriers, II, 1454; savetiers, II, 1453; selliers, bridiers, bourreliers, éperonniers, fondeurs, maréchaux et chaudronniers, II, 1451; serruriers, II, 1452; tailleurs d'habits, II, 1452; tourneurs, mouleurs et peigneurs, II, 1449.

Bezmont, I, 825.

Bieulle, I, 945.

Bilfort, I, 830,

Bizannet, II, 1508.

Blagnac, I, 610.

Blannavès, II, 937.

Blanzat, II, 1238.

Blau, I, 772.

Blaye, I, 643.

Bocairan, II, 1387.

Boicesson-d'Augmontel, I, 718.

Boicesson-de-Masviel, I, 721.

Boisseron (la), II, 812.

Boisset, II, 849.

Boissière, II, 1558.

Bologne, I, 1346.

Bonnefont, couvent, II, 1210.

Bonnefoy, chartreux, II, 1253.

Bonnemalle, I, 655.

Bonneval, abbaye, II, 1090.

Bonnevaux, II, 1378.

Bonnieu, I, 609.

Bonrepos, I, 610; autre, I, 749.

Bordes (les), II, 1177.

Boubées, II, 1028.

Bouillonnac, I, 682.

Bouisse, II, 1511.

Boujan, II, 1460; autre, II, 1471.

Boule-Tarrauers, I, 1415.

Bouleau, couvent, II, 1022.

Boulou (le), I, 1446.

Bouquet, II, 1419.

Bourdic, II, 1409.

Bourg-St-Andéol, II, 357; Visitation, II, 1239.

Bourg-St-Bernard, I, 622.

Bourgue, I, 566.

Bouriège, I, 828.

Bourigeole, I, 825.

Bourniquel, I, 930.

Bourret, I, 1282.

Boussac, I, 691.

Boussagues, II, 1469.

Bouttenac, II, 1510.

Bouttes, I, 795.

Bragasargues, II, 1336.

Brassac-de-Belfourtès, I, 726.

Brassac-de-Castelnau, I, 726.

Brazies, I, 736.

Bréau, II, 843.

Brenac, I, 828.

Brens, I, 668.

Bresilha, I, 780.

Bressols, I, 751.

Breuil (le), couvent, II, 1130.

Brezis, II, 1376.

Brignon, II, 1379.

Briquemont, II, 1027.

Brissac, II, 801.

Brive, chartreux, II, 697.

Brousses, I, 686.

Brouzet, II, 1323.

Brugières, I, 470.

Bruguière (la), I, 568; autre, I, 619; autre, II, 1402.

Bugarac, I, 828.

Bugnac, I, 622.

Buzet, I, 630.

Buziniargues, II, 980.

Cabannes, I, 736.

Cabannes et Barre, I, 725.

Cabrairolles, II, 1472.

Cabrespine, I, 690.

Cabrières, II, 1466.

Cadalen, I, 663.

Cadière (la), II, 841.

Cahors, II, 1216; chanoines réguliers, I, 248; chapitre de la cathédrale, II, 1181; chartreuse, II, 1106; collège des jésuites, II, 1099; collège de Rodez, II, 1215; collège de St-Nicolas, II, 1215; Filles des écoles chrétiennes, I, 1023; religieuses de la Daurade, I, 1022; séminaire, I, 1023; Université, II, 1181; ursulines, I, 1025.

Cahuzac, I, 656; autre, I, 760; autre, I, 797.

Caignac, I, 798.

Cailard (le), II, 1316.

Cailla, I, 822.

Caillabel, I, 775; autre, I, 779.

Cailleau, I, 779.

Cajarc, II, 1203.

Calmette (la), II, 1393.

Calmont, I, 797.

Calzan, I, 802.

Cambienne, I, 784.

Cambo, II, 854.

Cambon, I, 565; autre, I, 666.

Cambonnez, I, 757.

Cambonnez et la Valette, I, 722.

Camon, I, 800.

Campagnac, I, 667.

Campagne, I, 822.

Campagnian, II, 1463.

Campaigne, I, 828.

Campedou, I, 683.

Campestre, II, 838.

Campoury, I, 825.

Camps, II, 1489.

Camron, II, 850.

Camuzac, I, 828.

Canals, I, 550.

Cananas, I, 676.

Candel, abbaye, I, 68.

Candies, I, 827.

Caneraude, I, 684.

Canes, II, 1391.

Canet, II, 1508.

Canourgues, II, 556.

Capelle près Grenade (la), abbaye, II, 1023.

Capelle-Lievron (la), commanderie, I, 986.

Capelle-Marival (la), I, 1059.

Capestang, II, 1504.

Capmazes-de-Roquefort, I, 758.

Capras, I, 621.

Carbes, I, 742.

Carbonne, I, 872.

Carcassonne, I, 871; apothicaires, I, 700; augustins, I, 698; boulangers et fourniers, I, 673; cardeurs et escardasseurs, I, 674; carmes, I, 698; chapitre, I, 521; charpentiers, tourneurs, scieurs, menuisiers, sculpteurs et charrons, I, 677; chaudronniers, fourbissours, couteliers et lanterniers, I, 673; chausseliers, I, 672; chirurgiens, I, 679; cordonniers, I, 674; diocèse, I, 696; drapiers, I, 672; maçons, I, 677; marchands de toile, I, 678; maréchaux, serruriers, bridiers, bâtiers et selliers, I, 675; officiers, I, 673; parours, I, 521; pâtissiers et hôtes, I, 677; peigneurs, I, 676; pénitents, I, 678; Pères de la Merci, I, 698; tailleurs, I, 674;

tanneurs, I, 677; tisserands, I, 674; ursulines, I, 698.

Cardot, II, 1350.

Carennac, I, 1059; prieuré, I, 1061.

Carla, II, 1178.

Carla-de-Moussentibaud, I, 798.

Carla-de-Roquefort, I, 795.

Carlencas, II, 1475.

Carlipa, I, 690.

Carlus, I, 648.

Carmain, I, 338; chapitre St-Félix, I, 476.

Carmeaux, I, 506.

Cascastel, II, 1505.

Casers, I, 868.

Cassagnolle, II, 1320.

Cassaignabère, I, 1352.

Cassaigne (la), I, 796.

Cassaignes, I, 822; autre, I, 828.

Castagniol, II, 1381.

Castanet, I, 733.

Castelginest, I, 608.

Castelmaure et Embres, II, 1508.

Castelmoron, I, 630.

Castelnau, II, 979.

Castelnau-d'Aude, II, 1509.

Castelnau-de-Barbarons, I, 1248.

Castelnau-de-Brassac, I, 719.

Castelnau-de-Bretenous, I, 1050.

Castelnau-d'Eausan, I, 1226.

Castelnau-d'Etrefons, I, 624.

Castelnau-de-Guers, II, 551.

Castelnau-de-Luus, I, 642.

Castelnau-de-Maignoue, II, 1131; chapitre, II, 1126; clarisses, II, 1126.

Castelnau-de-Monratié, I, 247.

Castelnau-de-Rivière-Basse, II, 1136.

Castelnaudary, I, 577; chapitre

St-Michel. I, 90; clarisses, I, 752; marchands, I, 776.

Castelreu, I, 787.

Castillon, I, 430.

Castillon-de-Courri, II, 1387.

Castillon-du-Gard, II, 1408.

Castres, I, 876; apothicaires, I, 714; boulangers, I, 705; chapeliers et garnisseurs, I, 705; chapitre de la cathédrale, I, 531; chartreux, I, 710; chirurgiens, I, 712; cordonniers, I, 898; diocèse, I, 713; jésuites, I, 531; marchands, I, 705; marchands de laine, I, 705; notaires, I, 715; orfèvres, maréchaux, selliers, bridiers et peyrolliers, I, 714; tanneurs et corroyeurs, I, 705.

Castries, II, 1558.

Catus, prieuré, II, 1217.

Caubarède, I, 724.

Caucallières, I, 721.

Caudebronde, I, 681.

Caudecoste, I, 1199.

Caudeval, I, 800.

Caune (la), I, 721.

Caunes, II, 1500; abbaye, II, 1513.

Caunettes-de-Laval, I, 683.

Caunettes-les-Moussoulens, I, 693.

Causé, II, 1029.

Caussade, I, 1372.

Causse-Begon, II, 835.

Causse-de-la-Figarède, II, 811.

Caussès et Valran, II, 1474.

Caussidière, I, 607.

Caussiniozouls, II, 1473.

Caux, I, 688; autre, II, 1464.

Caux (le), I, 742.

Cavaliers, I, 772.

Caviliargues, II, 1049.

Caylus, prêtres obituaires, I, 981.

Caylux, II, 1162.

Cayrac, I, 1008.

Caze-de-Senegats (la), I, 729.

Caze-Dieu (la), monastère, II, 1030.

Cazillac, I, 691; autre, II, 811.

Cazouls-les-Béziers, II, 1458.

Cazouls-d'Hérault, II, 1461.

Ceginguam, II, 1491.

Ceille et Roquerels, II, 1470.

Cendras, II. 850.

Cenne, I, 689.

Ceret, I, 1443.

Cers, II, 1459.

Cestairols, I, 656.

Ceyrac, II, 841.

Cezas, II, 851.

Chambon, couvent, II, 356.

Chambonas, II. 1385.

Charnes, II, 1444.

Chasagnes, II, 1385.

Chaudoulas, II, 1383.

Chauses et Chambergues, II, 1426.

Chausonaresses et Chasteljan, II, 1384

Cheizelan, II, 1426.

Cier, I, 897.

Clairan, II, 1391.

Clat, I, 831.

Claverie (la), commanderie, I, 1243.

Clavet, II, 1324.

Clermont, I, 787; autre, II, 1556.

Colcas, II, 1403.

Collioure, I, 1456.

Colognac, II, 852.

Cologne, II, 1205.

Colombière - la - Gaillarde, II, 1468.

Colombrès, II, 1457.

Colomiès, I, 628.

Colorgues, II, 1397.

Combalioux, II, 979.

Combas, II, 1381.

Combelonge, couvent, I, 782.

Combret, II, 1382.

Comminges, chapitre St-Bertrand, II, 1187.

Compeyre, II, 1054.

Comuot, I, 824.

Conas, II, 1405.

Concoules, II, 1381.

Condom, I, 828.

Condoulet, II, 1383.

Confoulens, I, 671; autre, I, 681.

Conniers, II, 1379.

Connilhac, I, 830.

Conqueirac, II, 841.

Conques, I, 527; autre, I, 1081; chapitre, I, 1076.

Conserans, chapitre de la cathédrale, I, 425; évêché, I, 1357.

Contrast (la), I, 743.

Corbarrieu, I, 750.

Corbes, II, 961.

Corcour, II, 1331.

Cordes, I, 651; chapitre, I, 662.

Cornavel, I, 825.

Cornebon, I, 665.

Cornilion, II, 1382.

Cornobarieu, I, 610.

Costejean-de-St-Antonin, religieuses, I, 1505.

Couzotte-Cadoul (la), I, 759.

Couillac, II, 1504.

Coulobrès, II, 461.

Coulombiers-le-Cardinal, célestins, II, 561.

Couisa, I, 830.

Cour-St-Pierre (la), I, 749.

Cournaudrie, I, 474.

Cournazols, I, 826.
Courneille, I, 486.
Courn ze, I, 681.
Cournonsec, II, 1367.
Cournonteral, II, 1371.
Courousac, I, 632.
Courres, I, 644.
Courtade, I, 667.
Courtauly, I, 704.
Courtete (la), I, 793.
Courtouge, II, 1503.
Coustenssa, I, 830.
Crespian, II, 1392.
Creyssan, II, 1490.
Cros, II, 854.
Croussette (la), I, 727.
Crozille, I, 756.
Cubières, 11, 1491.
Cunires, I, 797.
Cuq, I, 741.
Cuq Tolza, I, 564.
Curvalle, I, 667.
Cuxa, monastère St-Michel, I, 1455.
Cuxac, I, 685; autre, II, 1502.

Daivant, II, 1559.
Damevillette, II, 1489.
Danazac, I, 788.
Darnissan, II, 1498.
Daumazan, I, 1304.
Daureliac, II, 1409.
Daux, II, 1168 bis.
Davejan, II, 1507.
Deaux, II, 1427.
Delpouget, clarisses, I, 246.
Denai, I, 661.
Devise (la), I, 344.
Dieupentalle, I, 750.
Digue-Damon (la), I, 786.
Dio et Valguière, II, 1409.
Dions, II, 1393.

Displans, II, 1, 374.
Domazan, II, 1389.
Domenargues, I, 1391 6.
Donneville, I, 627.
Dourbies, 11, 835.
Dournes, I, 761.
Dreuil, I, 483.
Dun, I, 804.
Duravel, I, 250.
Durban, II, 1510.
Durfort, I, 564; autre, II, 851.

Eauze, couvent, I, 1237.
Elbruc, I, 668.
Elfoussat, I, 492.
Elne, I, 1456; prêtres, I, 1477.
Elpradal, II, 1469.
Elzes, Salas et Pourcharesces, II, 1382.
Enages, I, 724.
Entraigues, prêtres, I, 1174.
Escalquens, I, 634.
Escaranaques, I, 755.
Escasses, I, 774.
Escatalens, I, 744.
Escaupont, I, 571.
Escoubre, I, 828.
Escoussens, I, 557.
Escuillens, I, 791.
Espalion, II, 1054.
Espanhiac, religieuses, I, 1044.
Esparazac, I, 831.
Esperausses, I, 720.
Espèze, I, 827.
Espoudeillan, II, 1461.
Estagel, I, 1443.
Eslap (l'), I, 757.
Estezargues, II, 1404.
Euzet, II, 1399.
Exoroux et Roquefere, I, 726.

Fa, I, 823.

Fabas, monastère, II, 1030.

Fabrègues, II, 811.

Fage (la), I, 799.

Faget, I, 478; abbaye, I, 1381; chapitre, I, 1266.

Falgarde, I, 628.

Falguerat, I, 627.

Fanjaux, I, 863.

Fauch, I, 643.

Faugères, II, 1472.

Fausergues, I, 662.

Favas, I, 744.

Felines, II, 1445; autre, II, 1491.

Fenouillac, I, 660.

Fenouillèdes, chapitre St-Paul, I, 810.

Fenouillet, I, 608; autre, I, 792.

Ferières, II, 846.

Ferralt, II, 1502.

Ferté-St-André (la), I, 805.

Fertiers, I, 727.

Feuillens, I, 826.

Feurlet, I, 645.

Figeac, II, 1168; bernardines, I, 1068; chapitre St-Sauveur, II, 1204; fourniers, I, 1049; hôtes, I, 1049; meuniers, I, 1058; religieuses de St-Jean de Jérusalem, I, 1064; séminaire, I, 1069; tisserands, I, 1058.

Finham, I, 744.

Fittou, II, 1501.

Flaran, abbaye, I, 350.

Flaux, II, 1405.

Fleurence, I, 1199.

Floure, I, 682.

Foissac, II, 1400.

Foix, II, 1070; province, I, 410; chapitre, I, 1385.

Fondeille, I, 776.

Fons-outre-Gardon, II, 1394.

Fons-sur-Lussan, II, 1402.

Fonsorbes, II, 1022.

Fontanes, I, 829.

Fontanez, II, 1425.

Fontarèche, II, 1390.

Fontès, II, 1465.

Fontfroide, abbaye, II, 78.

Fontiers-Cabardiers, I, 689.

Fontiers-Rivedaude, I, 685.

Force (la), I, 773.

Fos, II, 1471.

Fosse, I, 826.

Fosseret, I, 873.

Fouille, I, 777.

Four (le), couvent, I, 1047.

Fournes, I, 699.

Fournez, II, 1401.

Fourques, II, 1516.

Fourquevaux, I, 617.

Fouzillon, II, 1412.

Fraisiners, I, 666.

Fraisse, I, 695.

Françoise (la), I, 943.

Francon, I, 963.

Franconlles, prieuré, I, 253.

Frogerolles, I, 643.

Frejeville, I, 741.

Fressac, II, 851.

Fronton, I, 613.

Gabian, II, 1470.

Gaillac, I, 852; chapitre St-Michel, I, 517.

Gaillac-Tolzan, I, 874.

Gaja, I, 788.

Gajan, II, 1390.

Galan, I, 423.

Galarguer, II, 912.

Galinargues, I, 823.

Galuzières, II, 853.

Gandelz, I, 759.

Gange, II, 803.

Ganiac, I, 471.

Garaison, chapelle N.-D., II, 1118.

Gard (le), II, 1406.

Garde-Dieu (la), abbaye, I, 975.

Garde-de-Lauragais (la), I, 798.

Garde-de-Mirepoix (la), I, 801.

Gardies, I, 672.

Gardiole (la), I, 757.

Gardouch, I, 606.

Garganvilla, I, 1301.

Gargas, I, 611.

Garridech, I, 631.

Garrigues, I, 772; autre, II, 1401.

Gartigue (la), I, 743.

Gaujac, II, 961; autre, II, 1407.

Gaulme, I, 645.

Gavre, I, 621.

Gebex, I, 831.

Generargues, II, 836.

Genolhac, II, 1402.

Gibrondes, I, 741.

Gigean, II, 909.

Gigniac, II, 1461; religieuses, II, 1275.

Gimont, II, 1022; abbaye, I, 1383; chirurgiens, I, 1300; ursulines, II, 1021, et 1026.

Ginella, I, 827.

Ginelle (la), I, 774.

Ginestas, II, 1197.

Giroussens, I, 672.

Giscar, II, 1026.

Gondrin, I, 344.

Goudargues, II, 1396.

Gourdon, I, 1038.

Grabelez, II, 812.

Grace-Dieu (la), couvent, I, 553.

Graize (la), I, 655.

Gramat, I, 265.

Gramazic, I, 791.

Granague, I, 474.

Granairac, clarisses, I, 1072.

Grandselve, I, 1290; abbaye, II, 1160.

Grange-de-Vic (la), I, 1230.

Grasse (la), I, 525; abbaye, I, 172.

Gratentour, I, 635.

Graulet, I, 776.

Graulhet, I, 734.

Grave (la), I, 664.

Graves, I, 830.

Grefel, I, 789.

Grenade, II, 1024; ursulines, II, 1024.

Grisolles, I, 605.

Gruissan, II, 1499.

Guepie (la), I, 645.

Guitalent, I, 755.

Guyonnet, I, 727.

Herepian, II, 1468.

Henga, I, 1226.

Hounoux, I, 789.

Huos, I, 897.

Ilhe, I, 1461.

Isle (l'), augustins, I, 513; religieuses de Ste-Croix, I, 61.

Isle-Arbechan, I, 1251.

Isle-en-Dodon (l'), I, 388.

Isle-Jourdain (l'), II, 1036; chapitre St-Martin, II, 1206.

Isles (les), I, 699.

Issel, I, 583.

Issingeaux, religieuses, II, 1252.

Issirac, II, 1397.

Issus, I, 612.

Iverne, II, 1377.

Jaussels, II, 1470.

Jeannès, I, 728.

Jegun, I, 1225; chapitre I, 1246.

Jonquière, II, 1335.

Joucaruel, I, 644.

Joucou, I, 831.

Jul, I, 762.

Junies, dominicaines, I, 1038.

Juses, I, 613.

Juvignac, II, 1372.

Lac et Villefalse, II, 1499.

Ladern, I, 681.

Lahas, II, 1028.

Lalbenque, I, 930.

Lami, I, 1199.

Lanet, II, 1500.

Langlade, II, 1349.

Languedoc, province, II, 1.

Lansac, I, 832.

Lansargues, II, 903.

Lanta, I, 627.

Lantourville, I, 614.

Lasbartas, I, 750.

Lasserpent, I, 823.

Lastours, I, 698.

Lastouzeilles, I, 758.

Lattes, II, 900.

Laucatte, II, 1492.

Laudun, II, 1415.

Launaguet, I, 609.

Laurabuc, I, 774.

Lauragais, officiers de la sénéchaussée et présidial, I, 577.

Lauragueil, I, 786.

Lauron, II, 1509.

Lauras-le-Grand, I, 799.

Laurens, II, 1472.

Laurès, I, 792.

Lauret, II, 980.

Lautrec, I, 710; chapitre, I,
879; officiers de la juridiction,
I, 730.

Lauzerte, II, 1160.

Lauzerville, I, 620.

Laval, I, 821.

Laval-des-Cagnals, I, 773.

Lavaur, chapitre de la cathédrale, I, 555; officiers de
l'Hôtel-de-Ville, I, 853.

Layrac, I, 701; autre, I, 746;
couvent, I, 1203.

Leberu, I, 747.

Lectour, II, 1219; chapitre de la
cathédrale, II, 1220; clarisses,
I, 1210; officiers du présidial,
I, 1213; Pères de la doctrine
chrétienne, I, 1210.

Leirac, II, 978; autre, II, 1145.

Lempeau, I, 758.

Lesan, II, 1567.

Lescout, I, 770.

Lesignan-la-Cebe, II, 1464.

Lespignan, II, 1456.

Lespinassière, II, 1488.

Lesquerde, I, 823.

Leuc, I, 680.

Levas, II, 1472.

Levignac, I, 1220; clarisses, I,
1380.

Lezat, II, 1178; chapitre, II,
1174.

Lieurac, I, 800.

Lieuran-les-Béziers, II, 1459.

Lieuran-Cabraires, II, 1466.

Lignairolles, I, 802.

Lignan, II, 1460.

Ligue-de-Bas (la), I, 781.

Limbrassac, I, 797.

Limoni, II, 1444.

Limoux, boulangers, I, 783;
chirurgiens, I, 793; cordonniers, I, 785; corps des officiers, I, 793; drapiers, I, 791;
hôtes et cabaretiers, I, 790;
menuisiers, I, 784; pareurs de

draps, I, 791; serruriers et
bâtiers, I, 788; tailleurs, I,
781; tanneurs, I, 791.
Liou, II, 1337.
Lirac, II, 1511.
Livernon, prieuré, I, 1044.
Lisle, I, 851.
Locdieu, I, 1072.
Lodève, II, 303; chapitre, II,
306.
Lombers, I, 654.
Lombez, I, 1269; chapitre, I,
1278; évêché, I, 1279; reli-
gieuses, I, 1269.
Loupia, I, 785.
Loupiac, I, 1017.
Louvière (la), I, 800.
Luc-de-Caunes, II, 1509.
Ludiez, I, 802.
Lugan, I, 574.
Lunas et Caunas, II, 1469.
Lunel, II, 1236.
Lunel-Viel, II, 978.
Lussan, II, 1373.
Lux, I, 616.

Madescours. I, 681.
Magalas, II, 1474.
Magrie, I, 785.
Magrin, I, 756.
Mairac, I, 683.
Maireville, I, 791.
Maisons, II, 1490.
Malleville, couvent de la Merci,
II, 1013.
Malons, II, 1375.
Malves, I, 681.
Malvies, I, 782.
Mancier, I, 1226.
Mandagoust, II, 851; autre, II,
853.
Marceillette. I, 685.

Maraussan, II, 1457.
Marciac, I, 1335; augustins, I,
1389; chapitre, I, 1336; jaco
bins, I, 1353.
Marcillac, I, 1059; autre, II,
139; autre, II, 1090; couvent,
I, 1056; prêtres obituaires, I,
1176.
Marcil, I, 619.
Margon, II, 1473.
Marguerites (les), II, 243.
Marlas, I, 779.
Marmorière, I, 685.
Marmouzie, I, 650.
Marquefaur, augustins, I, 552.
Mars, II, 810.
Marsa, I, 824.
Marsal, I, 666.
Marsilliargues, II, 1306.
Martignargues, II, 1399.
Martinière (la), I, 712.
Martourignan, II, 1507.
Martres, I, 422; autre, I, 897.
Marvejols, II, 1321; chapitre
N.-D., II, 1569.
Mascabardes, I, 680.
Mas-d'Azil, II, 1177; chapitre,
II, 1177.
Mas-Dieu (le), II, 1386.
Mas-Grenier, II, 1205; bénédic-
tins, II, 1021.
Masmolême et la Capelle, II,
1381.
Massac, I, 766.
Massaguel, I, 754.
Massanes, II, 1324.
Massals, I, 667.
Massillargues et Atuech, II,
847.
Massugues, I, 644.
Mateles, II, 907.
Maubourguet, II, 1136.
Mauduel, II, 1516.

Maugio, II, 912.

Mauraillan, II, 1457.

Maurens, I, 631; autre, I, 772; autre, II, 1027.

Maury, I, 824.

Mauvesin, II, 1219; jacobins, I, 1233.

Mauzac, I, 746.

Mauzas, I, 650.

Mayronnes, II, 1490.

Mazamet, I, 570.

Mazères, II, 1175.

Mazerettes, I, 897.

Mazet, I, 791.

Mazuby, I, 827.

Méjanes, II, 1104.

Méjanes et Leclat, II, 1408.

Méjue, II, 1516.

Melagues, prieuré, I, 292.

Melos, I, 897.

Mende, II, 426; chapitre, II, 325; collège de Tous-les-Saints, II, 557; évêché, II, 321; prêtres de la cathédrale, II, 379.

Merans, I, 1316.

Mervilla, I, 620.

Mervillat, I, 469.

Merville, II, 1026.

Meudazon, II, 1371.

Meyrueys, II, 312.

Mèze, II, 542.

Mezens, I, 746.

Mezerville, I, 799.

Miallet, II, 957.

Michairie, I, 643.

Miclan, I, 1335.

Milhas. I, 659.

Milhau, II, 1037.

Milhau, près Nîmes, II, 1517.

Milhavet, I, 664.

Millas, I, 1446.

Mioles, I, 666.

Mirabel, I, 952.

Miradou, II, 1145.

Miraval, I, 684; autre, I, 775 autre, II, 1557.

Mirepeysset, II, 1505.

Mirepoix, I, 747; autre, II, 407; chapitre, II, 407.

Mirondol, I, 644.

Missigré, I, 786.

Missule, I, 735.

Moirax, religieux de N.-D., II, 1143.

Moissac, II, 1461; Pères de la Doctrine chrétienne, I, 933.

Molandier, I, 799.

Molezan, II, 1395.

Molières, I, 951; autre, II, 840.

Molleville, I, 577.

Monchat, augustins, II, 1355.

Moncla, I, 804.

Monclar, I, 973.

Mondurausse, I, 786.

Monestiers, I, 506; autre, I, 689.

Monestrol, I, 795.

Mongeard, I, 474.

Mongiscard, I, 471.

Monistrol, chapitre de St-Marcellin, II, 1252.

Monlaur, I, 620.

Monoblet, II, 840.

Monricoux, I, 983.

Mons, I, 621.

Monsaunes, I, 897.

Montagnac, II, 1386.

Montagut, I, 611.

Montaigu et Carsan, II, 1383.

Montalban, I, 824.

Montalet et Meiranes, II, 1385.

Montans, I, 666.

Montaragon, I, 802.

Montaren, II, 1394.

Montarnaud, II, 815.

Montauban, apothicaires, I, 938; augustins, II, 1167; blanchers et gantiers, I, 937; bonnetiers, I, 969; boulangers, I, 964; chapeliers, I, 1004; chapitre de la cathédrale, II, 1157; charpentiers, I, 995; chirurgiens, I, 1001; clarisses, I, 932; cordonniers, I, 931; corroyeurs, I, 934; jacobins, II, 1167; maréchaux, I, 992; menuisiers, I, 1002; Mission, I, 949 ; orfèvres, I, 985; perruquiers, I, 939; selliers, bâtiers et bourreliers, I, 956; tailleurs, I, 1004; tailleurs de pierre, I, 937; teinturiers, I, 985; tondeurs, I, 970; ursulines, I, 952.

Montauriol, I, 621; autre, I, 795.

Montaut, I, 781; autre, I, 1225.

Montazet, I, 825.

Montbartier, I, 551.

Montbazin, II, 908.

Montbel, I, 796.

Montbeton, I, 745; autre, I, 750.

Montblanc, II, 1467.

Montbrun, I, 617.

Montcauzel, I, 611.

Montclar, I, 679.

Montdardier, II, 817.

Montdragon, I, 721.

Montcabrie, I, 621.

Montech, I, 865.

Montedy, II, 1457.

Monteils, II, 1507.

Montels, II, 1425.

Montelus, II, 1405.

Montespieu, I, 771.

Montesquieu, I, 466; autre, I, 1226; autre, II, 1471.

Montesquieu-Volvestre, I, 866.

Montfaucon, I, 252; autre, II, 1377.

Montferrand, I, 579.

Montferrier, I, 799; autre, II, 912.

Montfoin, II, 1427.

Montfort, I, 827.

Montgaillard, I, 746.

Montgey, I, 755.

Montgradail, I, 793.

Monthoumet, II, 1500.

Montirat, I, 642; autre, I, 676.

Montiron, II, 1027.

Montjoy, II, 1488.

Montlaur, I, 676.

Montlaur et Montaud, II, 902.

Montlaures, I, 646.

Montléon, II, 1127.

Montmaur, I, 776.

Montmirat, II, 1392.

Montmoure, I, 771.

Montolieu, I, 690; autre, II, 859; abbaye, I, 520.

Montpellier, II, 1, apothicaires, II, 627; boulangers, II, 658; bourreliers, selliers, bridiers et éperonniers, II, 672; chapitre St-Pierre, II, 57; cordonniers et savetiers, II, 657; fontainiers, II, 871; fripiers, II, 669; juridiction consulaire des marchands, II, 41; maçons, II, 871; marchands, II, 873; menuisiers, charpentiers et barilleurs, II, 872; orfèvres, II, 663; pâtissiers et rotisseurs, II, 637; paveurs et plâtriers, II, 871; peintres, doreurs, sculpteurs, horlogers, graveurs, batteurs d'or et ébénistes, II, 666; potiers d'étain, II, 625; religieux de

St-Ruf, II, 594; serruriers, arquebusiers et fourbisseurs, II, 647; tailleurs d'habits, II, 651; tisserands et drapiers, II, 976; ursulines, II, 420; Visitation, II, 593.

Montpeyroux, II, 1547.

Montpezat, I, 1372; autre, II, 1323; chapitre, II, 1203; ursulines, I, 955.

Montpinier, I, 742.

Montpitol, I, 626.

Montrabé, I, 630.

Montréal, II, 170; carmes, I, 691; chapitre, II, 190; officiers, I, 702.

Montredon, I, 728.

Monts, II, 1394.

Montze, I, 676.

Moremont, I, 627.

Moressargues, II, 1379.

Mortier, I, 801.

Moucairol, II, 1468.

Moulles et Beausselz, II, 853.

Mouloyrees, I, 743.

Mourvilles, I, 613.

Moussac, II, 1401.

Moussan, II, 1504.

Moussoulens, I, 693.

Moux, II, 1505.

Mouzens, I, 751.

Munes, I, 832.

Mur-de-Barrez (le), I, 1150.

Muret, II, 1061.

Murviel, II, 1557.

Murviel et Mus, II, 1458.

Nages et Solorgies, II, 1317.

Naillous, I, 607.

Najac, I, 279.

Nant, I, 1178; chapitre, I, 1197.

Narbonne, II, 553; blanchers, tanneurs, gantiers, corroyeurs et bouchers, I, 1485; chapitre de l'église métropolitaine, II, 73; chapitre St-Paul, II, 553; collége des Pères de la Doctrine chrétienne, II, 1497; confrérie de St-Éloi, II, 1482; cordonniers, II, 1486; maçons, gypsiers et tailleurs de pierre, II, 1480; menuisiers, charpentiers, tonneliers, sculpteurs et marchands de bois, II, 1485; pâtissiers, boulangers et fourniers, II, 1479; religieuses de Ste-Marie, II, 1495; serruriers, maréchaux, arquebusiers, potiers d'étain, lanterniers et vitriers, II, 1479; tailleurs, II, 1479.

Navacelle, II, 1374.

Naves, II, 1385.

Nebousan, États, I, 1355.

Neffiès, II, 1491.

Negrepelisse, I, 1373.

Ners, II, 1388.

Nevian, II, 1507.

Nîmes, II, 246; canabassiers, II, 1336; chapitre de la cathédrale, II, 472; drapiers, II, 743; jésuites, II, 1566; lainiers et cardeurs, II, 1329; mangonniers, II, 1328; marchands de soie, II, 249; religieux de la Doctrine chrétienne, II, 1514; tondeurs de draps, II, 1327; ursulines, II, 1316.

Niolle, I, 822.

Niort, I, 829.

Nissan, II, 544.

Nizor, bernardins, II, 1025.

Nogaret, I, 612.

Nogaro, II, 1136; chapitre St-
Nicolas, II, 1125.

Nohic, I, 752.

Notre-Dame-de-Laval, II, 1386.

Notre-Dame-de-Loudres, II, 907.

Nouvelle, abbaye, I, 1012.

Noziéres, II, 1379.

Odars, I, 621.

Ondes, I, 635.

Orban, I, 650.

Orgueil, I, 615.

Orniac, II, 1405.

Orsan, II, 1377.

Ouzens, I, 685.

Padern, II, 1505.

Pailhes, II, 1458.

Pairoles, I, 805.

Palagrac, II, 1511.

Palamier, I, 660.

Palaza, I, 699.

Palesville, I, 760.

Palières, II, 851.

Palme (la), II, 1506.

Pamiers, II, 1211; boulangers,
I, 1325; carmélites, I, 1318;
chapitre, II, 1211; chapitre de
la collégiale, I, 407; clarisses,
I, 1320; collège des jésuites,
I, 414; cordonniers, I, 1326;
menuisiers et charpentiers,
I, 1327; officiers du présidial,
I, 414; serruriers, I, 1326;
tailleurs, I, 1331; ursulines,
II, 1173.

Paraou, I, 832.

Paraza, II, 1503.

Pariguargues, II, 1351.

Paullan, II, 1466.

Paullanc, I, 785.

Pavie, I, 1256.

Pechabou, I, 631.

Pechbusque, I, 610; autre, I,
776.

Pechoudier, I, 758.

Pechoursy, I, 560.

Pech-St-Pierre, I, 781.

Pechsalamon, I, 785.

Pechsuire, I, 583.

Peiremalle, II, 935.

Peirens, I, 627.

Peirouze (la), I, 612.

Pennes, I, 503.

Pepieux, II, 1510.

Peraud et Verlieu, II, 1445.

Peret, II, 1465.

Perignan, II, 1510.

Perols, II, 1559.

Perpignan, apothicaires, I, 1469;
aubergistes et cabaretiers, I,
1485; bâtiers, I, 1480; blan-
quiers, I, 1472; bouchers, I,
1473; boulangers, I, 1472;
briquetiers, I, 1469; charpentiers et menuisiers, I, 1468;
chirurgiens, I, 1468; cordiers,
I, 1473; cordonniers, I, 1468;
droguistes, I, 1469; faiseurs
de peignes et passementiers,
I, 1485; hôtes, I, 1473; jardiniers, I, 1453; maçons, I,
1469; marchands de draps, I,
1468; marchands de soie,
I, 1483; maréchaux, I, 1469;
meuniers, I, 1468; perru-
quiers, I, 1478; poissonniers,
I, 1451; potiers, I, 1483; prêtres de la collégiale St-Jean-
Baptiste, I, 1457; procureurs,
I, 1469; revendeurs, I, 1468;
rotisseurs, I, 1485; tailleurs,
I, 1473; tisserands de lin, I,
1468.

Pessan, abbaye, I, 1260.

Peyrefltte, I, 786.

Peyrens, I, 776.

Peyreons, I, 742.

Peyriac-de-Mer, II, 1509.

Peyriac-de-Minerbois, II, 1509.

Peyrière (la), I, 745.

Peyrolles, II, 846.

Peyrusse, I, 1089.

Pézenas, II, 554; chapitre, II. 129.

Pezeur, II, 1472.

Pezilla, I, 830; autre, I, 1446.

Pia, I, 1467.

Pibrac, I, 619.

Pigol, I, 498; autre, I, 741.

Pigouzan, I, 659.

Pijaud, II, 539.

Pin, II, 1411.

Pincalvel, I, 741.

Plaigne (la), I, 801.

Plaine (la), I, 321.

Plaisance, I, 343.

Plaisian, II, 1462.

Planezes, I, 826.

Planques (les), I, 643.

Poilhes, II, 1493.

Pointis-de-Rivière, I, 897.

Pomerols, II, 136.

Pommas, I, 679.

Pommiers, II, 838.

Pompignan, II, 850.

Pont-de-Camarez, II, 1407.

Portel, II, 1495.

Portes, II, 1407.

Portels, II, 607.

Portiragues, II, 1460.

Poudier, I, 759.

Pouget, II, 1462.

Pougnadoresse, II, 1397.

Poujols, II, 1462.

Poulan, I, 647.

Poumei, I, 788.

Poupian, II, 1461.

Poupignan, I, 627.

Pousols, I, 650.

Poussan, II, 1234.

Poutelières, comté, II, 521.

Pouzillac, II, 1389.

Pouzolles, II, 1474.

Pouzols, II, 1511.

Prade, II, 819.

Prade (la), I, 832.

Pradelles-Cabardes, I, 690.

Pradelles-en-Val, I, 676.

Prades, I, 756; autre, II, 1178.

Pratinel, I, 759.

Prats, I, 1447.

Prax, I, 830.

Preissan, I, 699.

Preman, I, 754.

Prunigues, I, 823.

Puechflavard, II, 1516.

Puginier, I, 773.

Puiceluy, I, 850.

Puichabou, II, 1588.

Puilacher, II, 1461.

Puilaurens, I, 822; prieuré, I, 862.

Puissalicon, II, 1475.

Puissirguier, II, 1501.

Pujol, II, 1468.

Puy (le), II, 676; apothicaires, II. 1447; bonnetiers, II, 1560; canabassiers, II, 1261; cardeurs, tondeurs, tailleurs, tisserands et chapeliers, II, 1416; chapitre collégial, II, 697; chapitre N.-D., II, 367; collège des jésuites, II. 1560; congrégation de St-Joseph, II. 1261; drapiers, II, 1260; procureurs de la sénéchaussée, II, 1264; religieuses de N.-D., II, 685; ursulines, II, 1251; Visitation, II, 682.

Puy-Daniel. I, 606.

Puylagarde, Vialars et la Ba-
tude, I, 930.
Puylaroque, I, 930; chapelains
de N.-D., I, 990.
Puylévesque, I, 1017.
Puymisson, II, 1459.

Quarante, II, 1500.
Quatre-Vallées, États, I, 1348.
Quezac, chapitre N.-D., II, 325.
Quilbajou, I, 825.
Quilian, II, 1392.
Quillan, I, 831.
Quissac, II, 1334.

Rabastens, I, 671; chapitre, I,
657.
Ramejan, II, 1457.
Rayssac, I, 686; autre, II, 1502.
Razeguières, I, 832.
Réalmont, I, 642.
Redon (la), II, 1503.
Réalville, II, 1146; bernardins,
I, 963.
Regat, I, 796.
Remolin, II, 1402.
Reneville, I, 586.
Rennes, I, 829.
Revel, I, 559.
Reven, II, 840.
Revet, II, 819.
Reynies, I, 748.
Ribault, II, 1460.
Ribaute, II, 954.
Ribouisse, I, 791.
Ricaud, I, 775.
Rieulos, I, 796.
Rieume, I, 1282.
Rieux, I, 682; autre, II, 1510;
chapitre de la cathédrale, I,
866; officiers de l'Hôtel-de-
Ville, I, 868; séminaire, I, 555.
Riscle, I, 343.
Rochefort, II, 1410; bénédic-
tins, II, 529.
Rochegude, II, 1395.
Rode (la), religieuses, I, 542.
Rodessant, II, 1321.
Rodez, II, 1085; annonciades, II,
1086; apothicaires, I, 1168;
chapitre N.-D., II, 1089; char-
treux, II, 1086; collége, II,
1213; confrérie de St-Éloi, I,
1139; confrérie de Ste-Croix,
I, 1137; dominicaines, II,
1086; religieuses de N.-D., II,
1086; tisserands, I, 290.
Rogles, I, 798.
Romans, I, 473.
Romiguières, II, 1475.
Roquassel, II, 1472.
Roque (la), I, 643; autre, II,
802; autre, II, 1407.
Roquebrun, II, 1475.
Roquecourbe, I, 717; autre, II,
1488.
Roqueduc, II, 838.
Roquefère, I, 680.
Roquefeuil, I, 828.
Roquefort, I, 829; autre, II,
1504.
Roquefort et Ilhat, I, 794.
Roquemadour, I, 1047; chapitre,
I, 1051.
Roquemaure, I, 747.
Roquemore, II, 561; chapitre,
II, 470.
Roque-Roucazel (la), I, 667.
Roques, II, 838.
Roquetaillade, I, 831.
Roquevidal, I, 757.
Roqueville, chapelle N.-D., I,
848.

Roquidefa, II, 1501.

Rosary, I, 748.

Roubenac, I, 825.

Roubia, II, 1504.

Roubiac, II, 1408.

Roudoumé, I, 820.

Rouffiat, I, 629.

Roullens, I, 679.

Roumegoux, I, 641.

Roumegoux et Tels, I, 666.

Roupeyroux, I, 1075; la frater-
nité, I, 1076.

Rouqairoux, I, 724.

Rousson, II, 1390.

Routier, I, 783.

Rouvière (la), II, 1390.

Rouvière (la), et Puechsigal, II,
846.

Rustiques, I. 675.

Sabarat, I, 1327.

Sablelles, I, 685.

Sabran, II, 1378.

Saillies, I, 1332.

Saint-Affrique, I, 772; autre, II,
1308.

Saint-Aignan, religieuses, II
1028.

Saint-Alby, I, 569.

Saint-Alexandre, II, 1389.

Saint-Amadon, I. 800.

Saint-Amancet, I, 761.

Saint-Amans, I, 722: autre, II,
1462.

Saint-Amant, I, 571.

Saint-Ambroise, II, 498.

Saint-Andiol, II, 936.

Saint-André-de-Capceze, II, 1381.

Saint-André-de-Crujère, II, 1391.

Saint-André-d'Oleylargues, II,
1396.

Saint-André-de - Roquepertuis,
II, 1410.

Saint-André-de-Valborgne, II,
952.

Saint-André-de-Villeneuve-les-
Avignon, chartreuse, II, 563.

Saint-Andreau, II, 1027.

Saint-Antonin, I, 643; autre, I,
1378; chapitre, I, 1090.

Saint-Arcisse, I, 743.

Saint-Auban, I, 610; autre, II,
1385.

Saint-Bauzeli, II, 1386.

Saint-Bauzille, I, 643; autre, II,
1463.

Saint-Bauzille-de-Montmelle, II,
976.

Saint-Bauzille-de-Putris, II, 809.

Saint-Béat, I, 898; autre, II,
1187.

Saint-Benezet, II, 1322.

Saint-Benoît, I, 797.

Saint-Benoît-de-Crameaux, I,
644.

Saint-Benoît-de-Fredefont, I,
657.

Saint-Bertrand, I, 1334.

Saint-Blandas, II, 839.

Saint Bonnet, II, 846; autre, II,
1348.

Saint-Bres, II. 1372; autre, II,
1557.

Saint-Bresson, II, 839.

Saint-Césaire, II, 1390.

Saint-Chattes, II, 1406.

Saint-Christol-de-Rozières, II,
1393.

Saint-Christophe, II, 909; chapitre, I, 143; prieuré, I, 306.

Saint-Clair, prieuré, II, 1539.

Saint-Clar, I, 1199.

Saint-Cosme, prêtres, I, 1195.

Saint-Couat, I, 691; autre, 1826.

Saint-Dauins, II, 519.

Saint-Denis, I, 691.

Saint-Désir, II, 1378.

Saint-Dionisi, II, 1316.

Saint-Dresery, II, 978.

Saint-Esprit, II, 561; minimes, II, 1430; ursulines, II, 512; Visitation, II, 517.

Saint-Estèphe, I, 801.

Saint-Étienne-de-Lons, II, 937.

Saint-Étienne-de-Sors, II, 1404.

Saint-Ferriol, I, 831.

Saint-Firmin, II, 1403.

Saint-Florens, II, 1408.

Saint-Florentin, I, 652.

Saint-Gaudens, II, 1188; chapitre, II, 1187.

Saint-Gauzens, I, 734.

Saint-Gelly-du-Fère, II, 812.

Saint-Goniès, I, 641; autre, II, 1180.

Saint-Geniès-de-Comolus, II, 1377.

Saint-Geniès-de-Mourgues, II, 976.

Saint-Germa, I, 559.

Saint-Germier, I, 772.

Saint-Gervais, I, 732; autre, II, 1400; juridiction, I, 896.

Saint-Gilles, chapitre, II, 256.

Saint-Giniès, II, 1459; abbaye, II, 834.

Saint-Girons, I, 430; prêtres de la Doctrine chrétienne, I, 431.

Saint-Grégoire, I, 666.

Saint-Guilhem, II, 1302.

Saint-Guyées-de-Balançat, I, 733.

Saint-Hilaire, I, 676; autre, II, 556; abbaye, II, 166.

Saint-Hilaire-de-Beauvoir, II, 978.

Saint-Hilaire-d'Ozilian, II, 1398.

Saint-Hippolyte, II, 211.

Saint-Hippolyte-de-Caton, II, 1399.

Saint-Hippolyte-de-Montaigu, II, 1388.

Saint-Ibars, II, 1174; chapitre, II, 1179.

Saint-Jacques et Brossen, II, 1444.

Saint-Jean-du-Breuil, I, 297.

Saint-Jean-de-Bueges, II, 803.

Saint-Jean-de-Ceyrargues, II, 1399.

Saint-Jean-de-Cocules, II, 906.

Saint-Jean-de-Corny, II, 979.

Saint-Jean-de-Fos, II, 1513.

Saint-Jean-de-Lherm, I, 624.

Saint-Jean-de-Marvejols, II, 1387.

Saint-Jean-de-Rieumajou, I, 580.

Saint-Jean-de-Rives, I, 754.

Saint-Jean-de-Roque, II, 1515.

Saint-Jean-de-Valeiriscle, II, 923.

Saint-Jean-de-Vals, I, 742.

Saint-Jean-de-Vedas, II, 809.

Saint-Jory, I, 615.

Saint-Julia, I, 822.

Saint-Julia-de-Briola, I, 802.

Saint-Julia-de-Grassaport, I, 470.

Saint-Julien, I, 665.

Saint-Julien-de-Casagnas, II, 1389.

Saint-Julien-de-la-Nef, II, 836.

Saint-Julien-de-Peyroles, II, 1395.

Saint-Julien-du-Puy, I, 742.

Saint-Julien-de-Valgagne, II, 1386.

Saint-Just, II, 1559.

Saint-Just-de-Belengard, I, 789.

Saint-Just et Vaquière, II, 1375.

Saint-Justin, chapitre, I, 1260.

Saint-Laurens, II, 1502.

Saint-Laurent-d'Aigouze, II, 1345.

Saint-Laurent-des-Arbres, II, 1510.

Saint-Laurent-de-Carnol, II, 1407.

Saint-Laurent-de-la-Vernède, II, 1375.

Saint-Laurent-le-Vivier, II, 852.

Saint-Léons, couvent, II, 1045.

Saint-Lezier, I, 430.

Saint-Lieux, I, 513; autre, I, 768.

Saint-Lis, I, 396.

Saint-Loup, I, 635.

Saint-Mamet, II. 938.

Saint-Marcel, II, 1508.

Saint-Marcel-de-Carciret, II, 1389.

Saint-Marcel-de-Fontfouliouse, II, 853.

Saint-Martial, II, 843.

Saint-Martin, I, 681; autre, I, 777; autre, I, 781.

Saint-Martin-de-Campagne, II, 1558.

Saint-Martin-de-Corconnat, II, 842.

Saint Martin-de-Londres, II, 977.

Saint-Martin-de-la-Rivière, I, 616.

Saint-Martin-de-Valgagne, II. 1380.

Saint-Martory, I, 1317.

Saint-Maurice-de-Cazerville, II, 1398.

Saint-Maurice-de-Ventalon, II, 1380.

Saint-Maximin. II. 1388.

Saint-Mediez, II, 1427.

Saint-Michel-de-la-Badic, I, 653.

Saint-Michel-d'Euzet, II, 1401.

Saint-Michel-de-Lavez, I, 798.

Saint-Mont, I, 344; monastère, I, 1237; prieuré de St-Jean, I, 365.

Saint-Nazaire, II, 1388; autre, II. 1498.

Saint-Nazaire-de-Ladarez, II, 1474.

Saint-Nicolas, I, 394.

Saint-Orens-de-Gameville, I, 612.

Saint-Pardoul-de-Lastemps, I, 757.

Saint-Pargoire, II, 1462.

Saint-Paul, I, 823; autre, II, 977.

Saint-Paul-de-Capdejoux, I, 561.

Saint-Paulet, I, 775.

Saint-Pé, I, 896.

Saint-Pierre-des-Champs, II, 1506.

Saint-Pierre-de-la-Serre, I, 666.

Saint-Pierre-de-Valmaselle, II, 1474.

Saint-Plancat, I, 421.

Saint-Polycarpe, I, 786; cha-pitre des bénédictins, I, 790.

Saint-Pons, chapitre de la ca-thédrale, II, 1561.

Saint-Pons-de-Lacamp, II, 1404.

Saint-Porquier, officiers, I, 497.

Saint-Poulet-de-Caysson, II, 1398.

Saint-Privat-de-Champceaux, II, 1408.

Saint-Privat-de-Ribière, II, 1391.

Saint-Privat-des-Vieux, II, 1392.

Saint-Puy, I, 1200.

Saint-Quentin, II, 1403.

Saint-Roman-de-Codiercy, II, 842.

Saint-Rome-de-Tarn, I. 295.

Saint-Salvy-de-Carcaves, I, 611.

Saint-Sardos, II, 1024.

Saint-Sauveur, I, 608.

Saint-Sauveur-de-Crugères, II, 1409.

Saint-Sauveur-des-Pourcis, II, 842.

Saint-Sébastien, II, 981.

Saint Series, II, 911.

Saint-Sernin, I, 656; autre, I, 821; autre, II, 1052; chapitre collégial, I, 1190.

Saint - Sernin - de - Montlong, I, 758.

Saint-Sever, couvent, I, 378.

Saint-Siral-de-Lissert, I, 801.

Saint-Sirgue-d'Argou, I, 667.

Saint-Sufret, II, 1376.

Saint-Sulpice, officiers de l'Hôtel-de-Ville, I, 554.

Saint-Sulpice-de-la-Pointe, I, 487; religieuses, I, 498.

Saint-Théodorite, II, 1397.

Saint-Tibéri, abbaye, II, 131.

Saint-Valier, II, 1498.

Saint-Victor-de-la-Coste, II, 1383.

Saint-Victor-de-Gravière, II, 1385.

Saint-Victor-de-Malcap, II, 521.

Saint-Victor-des-Oules, II, 1403.

Saint-Vincent, I. 477; autre, II, 812.

Saint-Volusien, abbaye, I, 1319.

Sainte-Anastasie. II, 1396.

Sainte - Cécile - d'Endorge, II, 1394.

Sainte-Colombe, II, 1556.

Sainte-Croix, religieuses, I, 554.

Sainte-Croix-de-Caderles, II, 857.

Sainte - Croix - de - Fontanes, II, 810.

Sainte-Eulalie, I, 690.

Sainte-Foy, I, 390.

Sainte-Gemme, I, 643.

Saissac (la), I, 518.

Sainte-Ouille, II, 1402.

Saix, I, 754.

Salazac, II, 1393.

Salces, II, 1454.

Salcgorses, II, 870.

Sales, I, 856.

Salespieussou, I, 770.

Salindres, II, 1380.

Salle (la), II, 850.

Salles. II, 1493.

Salles-Curan, II, 1048.

Salsa, II, 1489.

Salsigne, I, 698.

Salurargues, II, 910.

Salvetat-Peyralles (la), I, 1081.

Salvetat-St-Gillis (la), I, 493; abbaye St-Pierre, I, 541.

Salviac, I, 1038.

Samatan, II, 1064; minimes, II, 1012.

Saramont, I, 1248; abbaye, I, 1248, et II, 1059.

Sarrancolin, I, 1338.

Sarrant, II, 1024.

Sau, couvent, I, 893.

Saumane, II, 964.

Sauriac, I. 652.

Sausenar, I, 642.

Saussan, II, 1559.

Saussines, II, 977.

Sautel, I, 800.

Sauve (la), II, 210.

Sauveterre, I, 278; autre I, 724; autre, I, 1084 bis.

Sauvian, II, 1456.

Sauzens, I, 690.

Sauzet, II, 1427.

Saverdun, II, 1211.

Sazo, II, 1378.

Scere (la), I, 779.

Segura, 1, 797.

Seignalens, I, 797.

Seines, II, 1393.

Seissan, I, 1264.

Semalens, I, 563.

Senegat et Trevesy, I, 720.

Senilhac, II, 1391.

Sepie, I, 782.

Septfons, I, 1372.

Seran, I, 761.

Serières, II, 1115.

Sérignan, II, 1456.

Sermées, I, 740.

Sermes, I, 681.

Serran, I, 779.

Serrant et Poumardelle, I, 727.

Serres, I, 825.

Servas et la Sorbière, II, 1380.

Servian, II, 1467.

Serviez, II, 1376.

Seuil, I, 571.

Severac-le-Castel, II, 1017.

Sevignac, I, 1200.

Sigean, II, 781.

Signac, II, 1346.

Siguer, II, 1178.

Silvanez, chapitre, I, 305.

Simorre, I, 1287; bénédictins, II, 1028.

Sommières, II, 734.

Sorene, I, 665.

Sorèze, I, 561; bénédictins, I, 855.

Soual, I, 557.

Soubeyros, II, 1367.

Soudorgues, II, 835.

Sougraigne, I, 826.

Souillac, I, 1047; autre, I, 1059; abbaye, I, 1048.

Soula, I, 801.

Soulade, I, 626.

Soupets, I, 777.

Sournia, I, 831.

Sumène, II, 859.

Sussargues, II, 817; autre, II, 978.

Taissac, I. 826.

Taix, I, 642.

Tarabel, I, 622.

Tarascon, II, 1072.

Taraux, II, 1396.

Tarbe, Eclaignes et Pradettes, I, 797.

Tarraube, I, 1199.

Tasque, abbaye, I, 1239.

Tauriac, I, 549.

Taurize, I, 682.

Tauxac, II, 1469.

Tavel, II, 1375.

Teissodé, I, 757.

Tence, couvent des sœurs de St-Joseph, II, 1262.

Termes, II, 1503; autre, II, 1506.

Terou, I, 664.

Terroles, I, 805.

Tersac, I, 666.

Teziers, II, 1391.

Thesan, II, 1458.

Thoiras, II, 850.

Thouy, I, 1483.

Touget, monastère St-Martin, II, 1121.

Toulouse, I, 841; Antonins, I, 850; apothicaires, I, 615; augustins, I, 33; bénédictins de la Daurade, I, 170; blanchers, I, 615; boulangers, I, 611; bourreliers et bâtiers, I, 615; carmélites, I, 32; chandeliers, I, 623; chanoinesses de St-Sernin. I, 41; chapitre St-Étienne, I, 168; chapitre St-Jean de l'ordre de Malte, I, 183; cha-

pitre St-Sernin, I, 846; charpentiers et menuisiers, I, 629; chartreux, I, 20; chaudronniers, I, 640; clarisses. I, 889; collége de Foix, I, 182; collége de Périgord, I, 166; collége St-Bernard, I, 890; collége St-Martial, I, 156; collége St-Raymond, I, 603; communauté des habitants, I, 635; cordonniers, I, 616; couteliers, I, 626; dominicains, I, 888; feuillantines, I, 892; feuillants, I, 187; gantiers et pelletiers, I, 640; horlogers et graveurs, I, 631; hospitalières, I, 35; jésuites, I, 173; noviciat des jésuites, I, 503; marchands, I, 463; marchands de bois, I, 616; maréchaux, I, 633; minimes, I, 32; moulin du Château-Narbonnois, I, 851; notaires, I, 626; orfèvres, I, 612; ouvriers en soie, I, 609; papetiers et cartiers, I, 619; pâtissiers, I, 613; pénitents blancs, I, 616; pénitents gris, I, 623; pénitents noirs, I, 484; Pères de la Doctrine chrétienne, I, 181; potiers d'étain, I, 611; prêtres de l'Oratoire, II, 406; procureurs du Parlement, I, 611; procureurs de la sénéchaussée, I, 628; religieuses du tiers ordre de St-François, I, 503; religieuses de St-Jean de l'ordre de Malte, I, 190; religieuses de St-Pantaléon, I, 26; religieuses de Ste-Catherine, I, 160; religieux de la Merci, I, 41; selliers, I, 618; tanneurs, I, 615; tapissiers, I, 621; tonneliers, I,

490; tourneurs, I, 625; trinitaires, I, 850; Université, I, 215; ursulines, I, 406; Visitation, I, 33; vitriers et peintres, I, 488.

Tour (la), I, 832.
Tourbès, II, 1467.
Tourcilles, I, 791.
Tournac, II, 850.
Tournay, I, 1248; minimes, I. 381.
Tournebouis, I, 829.
Tournefeuille, I, 479.
Tournens, I, 779.
Toutons, I, 485.
Traisancl, I, 686.
Traussan, II, 1488.
Trebas, I, 665.
Trebillac, I, 824.
Tremoulet, I, 795.
Tresbas, I, 524.
Tresque, II, 1387.
Tressan, II, 1463.
Trèves, II, 842.
Treviers, II, 1557.
Treville, I, 585.
Treziers, I, 800.
Triadou, II, 819.
Troupiac, I, 762.
Troye, I, 800.
Truilhas, II, 1502.
Trye, chapitre, I, 1356.

Uzclas, II, 1465.
Uzès, II, 561; cardeurs, II, 1373; chapeliers, II, 939; chapitre II, 1536; chapitre St-Nicolas, II, 539; cordonniers et tanneurs, II, 1375; détaillers, II, 1373; drapiers, II, 1374; droguistes et teinturiers, II, 1373; menuisiers, broquiers

et charrons, II, 1411; pâtissiers, II, 939; revendeurs et
mangonniers, II, 1371; serruriers, maréchaux, faiseurs de
peignes, chaudronniers, couteliers et potiers, II, 1416; tailleurs, gantiers et blanchers,
II, 1379.

Vabre, I, 730.
Vabres, II, 846; autre, II, 1041;
chapitre, II, 1041.
Vacquerie, II, 1333.
Vailhan, II, 1471.
Valabrègue, II, 1383.
Valabris, II, 1403.
Valbonne, II, 923.
Valcournouze, I, 762.
Valderies, I, 642.
Valdurenque, I, 721.
Valeiguléra, II, 1427.
Valence, I, 644; autre, II, 1400.
Valentine, I, 896.
Valerargue, II, 840; autre, II,
1405.
Valergues, II, 817.
Valette (la), I, 623; autre, I, 681.
Valflanne, II, 1233.
Valjausquet, II, 980.
Vallegue, I, 621.
Valmiger, II, 1489.
Valros, II, 1467.
Valz-le-Puy, couvent, II, 688.
Vans (les), II, 926.
Vaour, I, 664.
Vaquier, I, 610.
Varague, I, 582.
Vareilles, I, 1331.
Varen, I, 1091; chapitre, I, 1083.
Varenes, I, 747.
Varennes, I, 628.
Vauvert, II, 1345.

Veaux, I, 475.
Vedillan, II, 1501.
Vendargue, II, 1557.
Vendemian, II, 1463.
Vendres, II, 1456.
Venejan, II, 1407.
Venes et Chefouls, I, 729.
Ventenac, I, 675; autre, I, 796;
autre, II, 1494.
Ventillat et Villeneuve, I, 745.
Verargues, II, 977.
Verdale, I, 754.
Verdun, I, 399; autre, I, 771;
augustines, I, 400; chirur-
giens, I, 1300; confrérie des
Prés, I, 1301.
Verfeuil, I, 471; autre, I, 1087;
autre, II, 1406.
Velhac, I, 746.
Vernet, I, 639.
Vers, II, 1397.
Verune (la), II, 878.
Venzin, II, 1444.
Vezenobre, II, 851.
Viane, I, 720.
Vic, II, 980; grange, I, 1230.
Vic et Lefez, II, 1392.
Vic-Fezensac, chapitre, I, 1240.
Viodisses, II, 1173.
Vieil-Toulouse, I, 618.
Vieilles, I, 757.
Vieillevigne, I, 606.
Vielmur, I, 865; abbaye, I, 547.
Vicussan, II, 1475.
Vieux, I, 894.
Vigan (le), II, 837; chapitre, II,
1099.
Vignevielle et Durfort, II, 1507.
Vignogoul, abbaye, II, 792.
Vignouet, I, 777.
Vilanien, I, 699.
Vilarzel, I, 690.
Vilegly, I, 686.

Vilhac, 1, 795.

Villantou, I, 794.

Villardebelle, I, 787.

Villardonnel, I, 685.

Villaret, I, 689.

Villarzel, I, 783.

Villebrumer, I, 551.

Villedaigue, II, 1503.

Villedieu (la), I, 701; autre, I, 791.

Villedubert, I, 704.

Villeflour, I, 682.

Villefort, II, 1382.

Villefranche, I, 269; autre, I, 667; chapitre, I, 1073; chartreuse St-Sauveur, I, 271; chirurgiens, I, 1108; confrérie de St-Crespin, I, 1107; confrérie de St-Eutrope, I, 1107; prêtres, I, 1100; séminaire N.-D., I, 1084; ursulines, I, 1095; Visitation, I, 278.

Villefranche-en-Conflent, I, 1446.

Villegaillenc, I, 874.

Villelier, I, 703.

Villelongue, I, 781.

Villemagne, II, 899; autre, II, 1469; bénédictins, II, 1276.

Villemeur, I, 741; officiers de la juridiction, I, 740; officiers de la maîtrise des eaux et forêts, I, 745.

Villenasi, I, 690.

Villeneuve, I, 660; autre, I, 775; autre, I, 1074; autre, II, 1459; prêtres obituaires, I, 1107.

Villeneuve-les-Avignon, II, 562; chartreux, II, 1414.

Villeneuve-les-Lavaur, I, 762.

Villeneuve-les-Maguelonne, II, 976.

Villeneuve-de-Montréal, I, 689.

Villeneuve-dOlmez, I, 801.

Villenouvelle, I, 609; autre, I, 775; autre, II, 1458.

Villenullier, II, 1351.

Villepinte, I, 862.

Villerouge, II, 1504.

Villesavany, I, 777.

Villesequelande, I, 693.

Villetritoulz, I, 682.

Vinassan, II, 1493.

Vinça, prêtres, 1465.

Vinsac, I, 1444.

Vintrou, I, 722.

Vira, I, 795; autre, I, 832.

Vissec, II, 838.

Viterbe, I, 759.

Vivez-le-Fort, II, 979.

Vivier, II, 822.

Viviers, I, 801; autre, II, 1515; chapitre, II, 559.

Viviers-les-Lavaur, I, 762.

Viviers-les-Montaignes, I, 567.

Viviès, I, 647.

Voisins, I, 704.

LIMOUSIN

Aixe, prêtres, 313.

Allassac, 442.

Allois (les), abbaye, 324.

Angoulême, 203; apothicaires, 351; avocats et médecins, 352; bouchers et marchands graisseurs, 349; boulangers et fourniers, 348; chapeliers, selliers, bâtiers, bonnetiers et perruquiers, 349; carmélites, 92; chapitre de la cathédrale, 92; chirurgiens, 350; cordonniers, 351; évêché, 269; fondeurs, maréchaux, blanconniers et gantiers, 352; horlogers, orfèvres et pintiers, 350; jésuites; 93; marchands de draps, 351; marchands quincailliers, vitriers, imprimeurs, confiseurs et marchands de sel, 353; menuisiers, charpentiers, charrons et chaisiers, 350; officiers du présidial, 358; pâtissiers et aubergistes, 348; prieurés de St-André d'Angoulême et de

St-Pierre de Chuslen, 387; procureurs du présidial, 348; religieuses du tiers-ordre de St-François, 348; sergiers, tisserands, cardeurs et passementiers, 349; serruriers, arquebusiers, fourbisseurs et couteliers, 352; tailleurs d'habits et chaussetiers, 350; ursulines, 353.

Angoumois, province, 432.

Auberre, 432.

Auriac, prieuré, 398.

Autoir, prieuré, 398.

Beaulieu, prieuré, 386.

Beauregard, 204.

Bellac, 201; doctrinaires, 202; prêtres, 292.

Benevant, 317.

Beuil, couvent, 220.

Bonnaigue, abbaye, 398.

Bonnesaigne, abbaye, 176.

Bort, 398; hôteliers, cabaretiers

et artisans, 476; marchands, 476; prêtres, 479.
Bourganeuf, 404.

Cellefrouin, abbaye, 388.
Chaslard, prieuré, 416.
Chasteau-Poinsat, prêtres, 343.
Chastenet, prieuré, 121.
Cléjoux, prieuré, 399.
Courrèze, 396; prieuré, 398.

Dajon, couvent, 401.
Donzenac, 441.
Dorat (le), 202; chapitre, 311; prêtres, 414; religieuses de la Trinité, 267.
Droullil-Blanche (la), prieuré, 327.

Enbournet, abbaye, 357.
Esglettons, 170; artisans, 475; bourgeois, 475.
Esterp (l'), communauté de l'ordre de Sᵗᵉ Geneviève, 294.

Fage (la), prieuré, 397.

Glandiéres, couvent, 440.
Grobosc, abbaye, 235.

Limoges, abbaye Sᵗ-Augustin, 111; abbaye Sᵗ-Martin des Feuillants, 116; avocats, 292; boulangers, 313; carmélites, 14; ceinturiers, fourbisseurs, gantiers, pelletiers et poliers d'étain, 311; chapitre de la cathédrale, 202; chapitre Sᵗ-Martial, 203; chirurgiens et perruquiers, 313; collége des jésuites, 12; cordonniers et savetiers, 313; couvent Sᵗ-Joseph de la Providence, 19; grand couvent de Sᵗᵉ-Claire, 16; petit couvent de Sᵗᵉ-Claire, 23; libraires, imprimeurs, selliers, bâtiers, peintres et éperonniers, 312; maison de ville, 220; marchands, 310; médecins et apothicaires, 293; notaires, 292; officiers de l'élection, 203; officiers des finances de la généralité, 202; officiers de la justice royale, 325; officiers du présidial, 202; prêtres de la Mission, 115; prêtres de l'Oratoire, 8; procureurs, 293; religieuses de N.-D., 106; sémi, naire, 266; serruriers, armuriers, couteliers, taillandiers et maréchaux, 312; tailleurs, tapissiers, fripiers et chaussetiers, 312; tanneurs, 314; ursulines, 107; Visitation, 16.
Limousin, province, 419.

Magnac, 336; prêtres, 342.
Magontier, prieuré, 399.
Mauzanes, prieuré, 303.
Meymac, 391; avocats, procureurs et notaires, 478; hôteliers et artisans, 479; marchands, 479; prêtres, 467.
Montbron, 432; prieuré, 386.
Moustiers, église Sᵗ-Étienne, 6.

Neuvic, 396; artisans, 476; avocats, procureurs et notaires 475.

Palais, abbaye, 188 et 399.
Peyrat, 404.
Portdieu, prieuré, 399.

Rochefoucault (la), chapitre, 374; Visitation, 389.
Ruffec, 432; prieuré, 390.

Saint-Angel, bénédictins, 395.
Saint-Ausony, abbaye, 275.
Saint-Cybar, abbaye, 275.
Saint-Germain, 320; chapitre, 149.
Saint-Junien, 107; chapitre, 111; gantiers, 293; religieuses de N.-D., 110.
Saint-Léonard, 286; cabaretiers et pâtissiers, 294; chapitre, 266; prêtres, 293; prieuré, 334; religieuses de N.-D., 140.
Saint-Yrieix, 339; chapitre 285; religieuses, 319.
Solignac, abbaye, 311 et 325.
Souterraine (la), 344; prêtres, 343.

Treignac, 397; artisans, 474; avocats, procureurs et notaires, 472; hôteliers et cabaretiers, 474; marchands, 474; prêtres, 462.

Tulle, 158; chapitre de la cathédrale, 395; clarisses, 437; évêché, 436; jésuites, 252, marchands épiciers, huiliers; chirurgiens, apothicaires, barbiers et perruquiers, 480; maréchaussée, 471; orfèvres, potiers d'étain, chaudronniers, teinturiers et chapeliers, 436; officiers de l'élection, 249; pâtissiers, hôteliers et cabaretiers, 434; prêtres de St-Julien, 252; prêtres de St-Pierre, 174; religieuses de St-Bernard, 439; séminaire, 164; ursulines, 466; Visitation, 173.

Ussel, 397; prêtres, 467; procureurs, 399.
Uzerches, avocats et notaires, 476; hôteliers, cabaretiers, pâtissiers, apothicaires, barbiers et perruquiers, 477; marchands de vins fins, grossiers et quincailliers, 477; officiers du sénéchal, 401; officiers de la ville, 442.

Valette (la), couvent, 173; ursulines, 381.
Vedrennes, prieuré, 399.
Ventadour, prieuré, 399.
Vigiras, religieux de St-Benoit, 182.
Vindelle, prieuré, 386.

LORRAINE

Asbourg, maire, échevins et gens de justice, 568.

Autrey, abbaye, 511.

Bar-le-Duc, 153; chapitre de la collégiale; 99; chapitre St-Maxe, 100; chirurgiens, 150; maîtrise des eaux et forêts, 152; marchands, 20; officiers du bailliage, 5; officiers de la prévôté, 6.

Bastogne, maire, échevins et gens de justice, 567.

Benoîtevaux, prémontrés, 566.

Bittebourg, maire, échevins et gens de justice, 269.

Bonnevoye, abbaye, 281.

Bourmont, annonciades, 156; chapitre, 156.

Bouxières, couvent, 145.

Bouzonville, abbaye, 563.

Bric, 418.

Bruyères, 151.

Butgenbach, maire, échevins et gens de justice, 270.

Carignan, 649.

Chauvancy, officiers de la juridiction, 661.

Clairefontaine, abbaye, 263.

Clervaux, haute justice, 177.

Conflans, 623.

Danvillers, 671; bouchers, 671; brasseurs, 632; chapeliers, 632; officiers de la prévôté, 632.

Dieuloart, 624.

Dieuze, 290.

Dompère, abbaye, 119.

Durbuy, justice et franchise, 89; justice et haute cour, 88.

Épinal, 477; abbaye St-Goery, 473.

Esche-sur-l'Alzette, maire et échevins, 87.

Esternach, abbaye, 279; clarisses, 268; maire et échevins, 266.

Estival, abbaye, 58.

Étain, 623.

Flavigny, bénédictins, 149.
Fricourt, prieuré, 647.

Gorze, 623; abbaye, 646; chapitre St-Gorgon, 560.
Grandeville (la), prieuré, 155.

Hattonchal, chapitre St-Maur, 622.
Hauteseille, abbaye, 469.
Hesse, prieuré, 660.
Hombourg, chapitre St-Étienne, 419.
Honfalise, prieuré, 262.
Hossingen, couvent, 567.

Justemont, abbaye, 562.

Lisle-en-Barrois, abbaye, 153.
Longeville, abbaye St-Martin, 399.
Longuyon, chapitre, 156.
Longvy, confrérie St-Blaise des tisserands, 62; confrérie St-Éloi et St-Thomas, 63; confrérie St-Honoré des boulangers, 64; confrérie St-Barbe des tailleurs d'habits, 63.
Lorraine, province, 119.
Louet-St-Pierre, maire, échevins et gens de justice, 567.
Luxembourg, confrérie St-Thibaut, 684; drapiers, 683; magistrat et communautés, 269; maréchaux, 681; merciers, 684; tisserands, 684.

Marienthal, couvent, 683.
Marsal, 290; chapitre, 569; religieuses de la Congrégation, 564.

Marville, 561; bénédictines, 565; bouchers, 632; charpentiers, menuisiers, charrons, maçons et vitriers, 632; drapiers, merciers, tondeurs et teinturiers, 632; officiers de la juridiction et prévôté, 640; prieuré St-Nicolas et St-Hilaire, 561; tanneurs, cordonniers, corroyeurs, savetiers, selliers et tisserands, 672.
Metz, 644; abbaye du petit Clervaux, 388; abbaye de Pontifroy, 606; abbaye de St-Arnould, 391; abbaye de St-Clément, 560; abbaye de St-Pierre, 406; abbaye de St-Pierremont, 607; abbaye de St-Symphorien, 561; abbaye de Ste-Glossinde, 560; apothicaires, 610; arquebusiers et monteurs d'armes, 609; augustins, 627; bénédictins de St-Vincent, 412; bénédictins de Ste-Barbe, 560; bonnetiers, 615; bouchers, 77; boulangers, 398; bourreliers, 610; carmélites, 563; carmes, 416; cartiers, 620; célestins, 77; chandeliers, 608; chanoines réguliers de St-Augustin, 562; chapeliers, 560; chapitre de la cathédrale, 601; chapitre N.-D. de la Ronde, 644; chapitre St-Sauveur, 203; chapitre de St-Thibaut, 560; chapitre Ste-Marie, 560; charpentiers, 620; charrons, 611; chaudronniers, 611; chaussesetiers, 592; chirurgiens, 618; ciriers, 401; clarisses, 564; commanderie de St-Jean, 660; cordiers, 611; couteliers, 562;

distillateurs d'eau-de-vie, 84; drapiers, 614; épingliers et ceinturiers, 610; experts jurés, 640; febvres, 607; fondeurs en cuivre, 614; fourbisseurs, 620; gouvernement, 644; huiliers, 561; huissiers du bailliage et siége présidial, 644; huissiers du Parlement, 647; imprimeurs et libraires, 613; jacobines, 561; jésuites, 408; maçons, 618; menuisiers, 609; merciers, drapiers, épiciers, quincailliers et vendeurs de saline, 559; minimes, 561; notaires, 636; officiers du bailliage de l'évêché, 687; officiers du bailliage et siége présidial, 662; officiers des eaux et forêts, 642; officiers de l'Hôtel-de-Ville, 644; officiers de la maîtrise des eaux et forêts, 687; officiers de la monnaie, 643; officiers de la Table de marbre, 642; orfèvres, 609; pâtissiers, 608; peintres, sculpteurs et graveurs, 610; pelletiers, 610; perruquiers, 619; potiers d'étain, 615; prêcheresses, 561; prêtres de la Mission, 563; procureurs au bailliage et siége présidial, 613; procureurs au Parlement, 619; recouvreurs, 617; religieuses de la congrégation N.-D., 563, et 565; religieuses de la Madeleine, 565; religieuses de la propagation de la foi, 564; rôtisseurs et charcutiers, 562; selliers, 609; serruriers, 562; tailleurs, 561; tanneurs et corroyeurs, 561; tisserands,

393; tondeurs, 616; tonneliers, 243; trinitaires, 188; ursulines, 563; Visitation, 84; vitriers, 561.

Montier-sur-Jarny, officiers du bailliage, 151; officiers de la prévôté, 151.

Montigny-les-Metz, couvent; 563.

Montmédy, 565; bouchers, 633; cabaretiers, 673; cordonniers, 633; marchands, 633; officiers des eaux et forêts, 640; tailleurs, 633.

Moyenmoutier, abbaye, 103.

Moyenvic, 89.

Munster, abbaye, 279.

Nancy, 119; bénédictins, 58; boulangers, 118; carmélites, 116; chapitre primatial, 145; chapitre St-Georges, 464; marchands, 119; officiers des eaux et forêts, 144; prémontrés, 112; religieuses de la Congrégation, 116; religieuses du S-Sacrement, 112.

Nassogne, chapitre, 568.

Neufchâteau, 130; officiers de la prévôté, 130; prévôt et échevins, 88.

Neuvy, prieuré, 112.

Nomeny, 624.

Orval, abbaye, 567.

Pierrefitte, officiers de la prévôté, 26.

Pont-à-Mousson, 146; abbaye Ste-Marie, 58; chanoines ré-

guliers, 97; chapitre collégial, 97; couvent St-Antoine, 97; faculté, 146; médecins, 148; officiers des eaux et forêts, 147; prévôté royale, 98; prieuré des religieux de St-Benoît, 148.

Poursay, abbaye, 477.

Rambervillers, 568; bouchers, 685; boulangers et pâtissiers, 685; chapeliers et bonnetiers, 685; charrons et charpentiers, 686; épiciers, 685; fondeurs d'étain et de cuivre, serruriers et cloutiers, 686; maréchaux et taillandiers, 686; menuisiers, pâtissiers et maçons, 686; merciers, 684; officiers de la justice, 568; religieuses du St-Sacrement, 510; serruriers et cloutiers, 686; tailleurs, selliers et boulangers, 685; tanneurs, 685; tisserands, 686; tonneliers et huiliers, 686.

Rangeval, couvent, 40.

Rembercourt, 670.

Remiremont, abbaye St-Pierre, 472.

Rethel, chartreuse, 691.

Saint-Avold, 610; bénédictines, 563; bénédictins, 563.

Saint-Dié, chapitre, 33.

Saint-Nicolas, 113; bénédictins, 113; officiers de la prévôté, 114.

Saint-Quirin, prieuré, 568.

Saint-Remy, abbaye, 283.

Sainte-Hoïlde, abbaye, 153.

Salival, abbaye, 289.

Sarrebourg, chapitre, 688.

Senones, abbaye, 59.

Sierk, 443.

Stirtzelbronn, abbaye, 390.

Thionville, 517; abbaye du St-Esprit, 543; bouchers, 689; boulangers, 689; chirurgiens, 690; cordonniers et tanneurs, 690; maçons, charpentiers et recouvreurs, 690; maréchaux, 690; merciers, huiliers, rotisseurs et ciriers, 689; officiers du bailliage, 691; procureurs postulans au bailliage, 689; tailleurs, 689; tisserands, 689.

Thomen, maire et échevins, 205.

Toul, 43; blanchers et pelletiers, 101; bonnetiers, brodeurs et passementiers, 105; bouchers, 105; cathédrale, 39; chanoines de St-Léon, 105; chapitre de St-Gengoul, 103; chapitre de St-Maxe, 157; congrégation de la Mission, 103; Maison-Dieu, 104; officiers du bailliage et siège présidial, 104; orfèvres, arquebusiers, armuriers, maréchaux-ferrants, taillandiers, couteliers, émouleurs, cloutiers, éperonniers, fourbisseurs et serruriers, 43; religieuses du St-Sacrement, 104; tisserands, 105.

Trognon, 624.

Verdun, 86; abbaye St-Arry, 525; abbaye St-Nicolas-des-Prés, 569; abbaye St-Paul,

566; abbaye St-Vanne, 367; apothicaires, 669; armuriers, 672; bonnetiers, 672; bouchers, 669, et 670; boulangers, 670; brasseurs, 669; carmélites, 566; chapeliers, 670; chapitre de la cathédrale, 535; chapitre St-Maur, 528; chapitre Sto-Marie-Madeleine, 528; charpentiers, 670; charrons, 669; clarisses, 566; collége des jésuites, 566; cordonniers, 667; couvreurs, 672; crieurs d'enterrement, 672; évêché, 519; experts jurés, 674; hôteliers, 668; huissiers du bailliage et siége présidial, 679; maçons, 669; marchands, 668; marchands de bois, 673; maréchaux, 668; menuisiers, 669; minimes, 672; monastère de la Congrégation N.-D., 566; notaires, 673; officiers du bailliage et siége présidial, 680; orfèvres, 567; pêcheurs, 673; perruquiers, 670; potiers d'étain, 670; procureurs du bailliage et siége présidial, 679; rotisseurs, 668; selliers, 672; serruriers, 669; tailleurs, 668; tisserands, 673; tonneliers, 669.

Vergaville, abbaye St-Eustache, 560.

Verthon, 565.

Vianden, 177.

Vic, 289; bouchers, 569; chapeliers, bonnetiers et pelletiers, 570; chapitre St-Étienne, 569; charrons, tonneliers et couvreurs, 570; cordonniers, 569; dominicaines, 568; huiliers et ciriers, 570; marchands, 297; médecins, apothicaires, chirurgiens et perruquiers, 583; menuisiers et charpentiers, 569; orfèvres, potiers d'étain, fondeurs, chaudronniers, brasseurs et meuniers, 687; pâtissiers et boulangers, 569; prieuré St-Christophe, 585; religieuses de la Congrégation N.-D., 569; serruriers, maréchaux et forgerons, 569; tailleurs, 569; tanneurs, 569; tisserands, cordiers et chanvriers, 570.

Villers-Bethenach, 624.

Viviers, prieuré N.-D., 569.

LYONNAIS

Avenas, juridiction, 9.

Bard, prieuré, 611.
Beaujeu, 973; chapitre, 863.
Beaulieu, religieuses de N.-D., 247.
Belleville, 484.
Bénévent, juridiction, 11.
Bénisson-Dieu, abbaye, 1012.
Bezay en Dauphiné, prieuré, 901.
Bourgargental, 764.

Cervières, 980.
Charlieu, 359; autre, 1014; prieuré, 1016; ursulines, 815.
Chazaut, abbaye, 582.
Chazelles, 979.
Condrieux, 1039; religieuses de Ste-Marie, 764.

Feugerolles, baronnie, 763.
Feurs, ursulines, 1013.

Joux-Dieu, abbaye, 564.

Laubepin, baronnie, 780.
Lyon, 583; abbaye N.-D. de la Déserte, 22; abbaye St-Pierre, 583; annonciades, 602; antonins, 50; apothicaires, 760;

archevêché, 720; augustins de St-Vincent, 35; banquiers, 964; bernardines, 914; bouchers, 678; boulangers, 324; cabaretiers, 678; carmélites, 279; carmes déchaussés, 18; carmes des Terreaux, 721; cartiers, 962; célestins, 582; chandeliers, 679; chapeliers, 677; chapitre de la cathédrale, 36; chapitre de l'Ile-Barbe, 720; chapitre N.-D. de Fourvières, 28; chapitre St-Irénée, 520; chapitre et baronnie de St-Just, 7; chapitre St-Martin d'Ainay, 32; chapitre St-Nizier, 25; chapitre St-Paul, 28; charpentiers, 585; charrons, 561; chartreux, 581; chevaliers du jeu de l'arc, 963; chirurgiens, 761; ciergers, 680; collége des jésuites, 59; collége de médecine, 36; collége N.-D. de Bonsecours, 52; cordonniers, 585; corroyeurs et maroquiniers, 560; couvent du Verbe incarné, 371; douane, 761; drapiers, 761; emballeurs, 681; forgeurs, 681; feuillants, 914; frères prêcheurs, 20; gantiers, 962; gardes pour le roi, 679; horlogers, 679; jésuites, 48; libraires et imprimeurs, 963; libraires et relieurs, 963;

maçons, 962; maison de St-Lazare, 900; marchands de blé, 961; maréchaux, 681; menuisiers, 680; minimes 712; monastère Ste-Marie des Anticailles, 22; 3e monastère de la Visitation, 29; mouleurs de bois, 678; mouliniers, 680; notaires, 457; Oratoire, 28; orfèvres, 585; ouvriers en étoffes d'or, d'argent et de soie, 760; ouvriers en fer blanc, 903; passementiers, 679; pâtissiers, 677; peintres, 457; pénitents blancs, 20; pénitents de la Croix, 611; Pères de l'Oratoire, 54; perruquiers, 962; plieurs de soie, 679; potiers d'étain, 680; poulaillers et marchands de fromage, 964; religieuses de Ste-Élisabeth, 40, et 909; religieuses de Ste-Marie de Bellecour, 9; sceau de la marque d'étain, 890; selliers, 456; séminaire St-Joseph, 8; tailleurs, 560; tanneurs, 678; tapissiers, 681; teinturiers, 560; tireurs et batteurs d'or et d'argent, 760; tonneliers. 678; tourneurs, 680; trinitaires, 831; ursulines, 913.
Lyonnais, Forez et Beaujolais, gouvernement, 281.

Montbrison, 1000; bouchers, 873; boulangers, 890; chapitre N.-D., 258; charpentiers et menuisiers, 1000; cordonniers, 871; maréchaux, 999; tailleurs, 997; ursulines, 797; Visitation, 797.

Montfort, seigneurie, 719.
Mornand, prieuré, 34.

Noially, prieuré, 605.
Noizy, prieuré, 973.

Plattière, prieuré N.-D., 582.
Pommiers, couvent, 880.

Roanne, 1012; collége des jésuites, 251; minimes, 812; officiers du bailliage, 1018; religieuses de Ste-Élisabeth, 812; ursulines, 151.
Rochette-de-St-Victor (la), prieuré, 996.

Saint-Bonnet-le-Chastel, 975; ursulines, 798.
Saint-Chamond, chapitre St-Jean, 467; minimes, 763; ursulines, 763.
Saint-Étienne, 1039; boulangers, 1042; chartreux de Ste-Croix, 761; chirurgiens, 777; cordonniers, 1043; couteliers, 1042; faiseurs de platine, 1042; forgerons et maréchaux, 1042; hôtes, 778; juridiction, 775; minimes, 762; monteurs d'armes, 1043; religieuses de Ste-Catherine, 763; religieuses de Ste-Marie, 794; revendeurs, 1042; serruriers, 1042; teinturiers, 1043; ursulines, 763.
Saint-Galmier, 975; ursulines, 979.
Saint-Genis-l'Argentière, couvent, 721.

Saint-Germain-Laval, 1017.

Saint-Rambert, 978; chapitre, 870.

Saint-Romain, prieuré, 985.

Saint-Saturnin - de - Beaujolais, prieuré, 898.

Saint-Sauveur-en-Rue, jésuites, 325.

Saint - Symphorien - le - Chastel, 902.

Saint - Thomas - la - Garde, couvent, 795.

Salle (la), prieuré, 40.

Savignieux, bénédictins, 798; prieuré, 900.

Savigny, abbaye, 35; comté, 46.

Thizy, 973.

Truys-en-Touraine, prieuré, 714.

Valette (la), 581.

Villefranche, 587; bouchers, 788; boulangers, 232; chapitre, 480; chirurgiens, 863; confrérie de S'-Sébastien, 231; cordonniers, 788; maréchaux, 788; pénitents blancs, 484; pénitents noirs, 690; Pères de l'Oratoire de N.-D. de Grâce, 989; prieuré de N.-D. de la Merci, 983; tailleurs, 232; toiliers, 231; ursulines, 232; Visitation, 232.

NORMANDIE

Alençon, I, 497; apothicaires, droguistes et confiseurs, I, 1112; bouchers, I, 1110; boulangers, I, 1114; chandeliers, I, 1112; chapeliers et bonnetiers, I, 1111; chirurgiens, barbiers et perruquiers, I, 702; cordonniers et carleurs, I, 1111; couteliers, armuriers, fourbisseurs, faiseurs de gaînes et écritoires, poêliers, chaudronniers et cordiers, I. 694; drapiers et tailleurs, I, 1110; drapiers et teinturiers, I, 1113; filles de l'Union chrétienne, I, 427; filottiers, I, 1113; menuisiers, charpentiers et charrons, I, 1111; merciers et joailliers, I, 1112; officiers du bailliage et siége présidial, I, 1277; officiers de l'élection, I, 1153; officiers de la vicomté royale, I, 1272; orfèvres, étamiers et vitriers, I, 1111; pâtissiers, cabaretiers et vendeurs d'eau de-vie, I, 696; potiers, maçons et terrassiers, I, 1113; prieuré, I, 1272; religieuses de N.-D., I, 394; selliers, bourreliers, cordiers et sabotiers, I, 695; serruriers et maréchaux, I, 1113; tailleurs, I, 1110; tanneurs, corroyeurs, mégissiers et parcheminiers, I, 1114; Visitation, I, 394.

Almenesche, abbaye, I, 767.

Amhenoy, Charité, I, 1314.

Andelys, III, 1383; bouchers, III, 1383; boulangers, III, 1377; bourreliers, III, 1378; chandeliers, épiciers, ciriers et merciers, III, 1377; cordonniers, III, 1383; drapiers drapans et couverturiers, III, 1378; maçons, III, 1383; menuisiers, III, 1381; merciers, III, 1381; savetiers, III, 1378.

Angerville, III, 396.

Arcisses, abbaye, I, 661.

Ardenne, abbaye, II, 489.

Argentan, I, 55; apothicaires et chirurgiens, I, 741; bouchers, I, 771; boulangers, I, 742; chapeliers et teinturiers, I, 746; cordonniers, I, 711; corroyeurs, pelletiers et parcheminiers, I, 746; cuisiniers et rotisseurs, I, 745; étamiers, chaudronniers et éperonniers, I, 743; étaminiers, I, 746; maréchaux et serruriers, I, 741; menuisiers, charpentiers et tonneliers, I, 710; officiers du bailliage, I, 767; officiers des eaux et forêts, I, 757; officiers de l'élection, I, 753; officiers du grenier à sel, I, 768; officiers de la vicomté, I, 772; selliers et bourreliers, I, 745; tailleurs, I.; 742 tan-

neurs, I, 749; toiliers, I, 741;
vitriers et peintres, 1, 743.

Asnières, prieuré de St-Jean, I,
862.

Aubervilliers, juridiction, III,
163.

Aubray, Charité, I, 1298.

Aumale, III, 1414; bouchers,
III, 1413; boulangers, III,
1412; carleurs, III, 1413 *bis*;
chapeliers, III, 1413 *bis*;
.chaussetiers, III, 1413 *bis*;
chirurgiens, III, 1413 *bis*;
cordonniers, III, 1413; drapiers, III, 1412; maréchaux,
III, 1412; mégissiers, 1413 *bis*;
merciers, III, 1412; sergers,
III, 1414; tailleurs, III, 1412;
tanneurs, III, 1413; toiliers,
III, 1414; vinaigriers, III,
1413 *bis*.

Aunay, abbaye, II, 183.

Avranches, II, 338; bouchers,
II, 528; boulangers, II, 527;
chapeliers, II, 528; chapitre,
II, 526; cordonniers, II, 527;
évêché, II, 526; maréchaux,
II, 528; menuisiers, II, 528;
officiers de l'élection, II, 528;
officiers des traites foraines,
II, 527; tanneurs, II, 528.

Barbery, abbaye, II, 136.

Barfleur, officiers de l'amirauté,
II, 446; officiers de la vicomté,
II, 703.

Barnavast, prieuré, II, 686.

Barre (la), Charité, I, 896.

Bavan, prieuré, II, 397.

Bayeux, II, 1; bailliage et vicomté, II, 7; bénédictines, II,
9; bouchers, II, 619; bou-

langers, II, 832; bourreliers,
II, 832; cabaretiers, II, 836;
chandeliers, II, 832; chapeliers et teinturiers, II, 616;
chapitre, II, 7; charpentiers
et couvreurs, II, 616; congrégation de la Mission, II, 418;
cordonniers, II, 832; corroyeurs, II, 615; couteliers,
II, 616; drapiers, II, 833; droguistes et apothicaires, II,
618; étamiers, II, 832; hospitalières, II, 661; maréchaux,
II, 616; mégissiers, II, 836;
menuisiers, II, 617; mer-
ciers, II, 617; officiers des
eaux et forêts, II, 671; officiers de l'élection, II, 664; officiers du grenier à sel, II,
668; officiers des traites foraines, II, 619; officiers de la
vicomté, II, 671; orfèvres et
chirurgiens, II, 617; peigneurs de laine, II, 835; religieuses de la Charité, II, 667;
savetiers, II, 833; savetiers et
sabotiers, II, 615; selliers et
éperonniers, II, 616; serruriers et arquebusiers, II, 616;
tailleurs, II, 617; tanneurs, II,
616; tisserands, II, 835; toiliers, II, 833; ursulines, II,
665; vinaigriers, II, 617.

Beaumesnil, Charité, I, 912.

Beaumont, chirurgiens, I, 940;
officiers de la vicomté, I, 952;
prieuré de la Trinité, I, 1316.

Bec (le), abbaye, III, 165.

Belhomer, abbaye, I, 643.

Belle-Étoile, II, 372.

Bellesme, I, 1252; boulangers,
1225; cardeurs, tisserands et
étaminiers, I, 1232; charpen-

tiers, maçons et menuisiers, I, 1226; chirurgiens, perruquiers et apothicaires, I, 1225; cordonniers et chapeliers, I, 1227; drapiers, I, 1286; frères de la Charité, I, 1286; frères de la Charité St-Martin, I, 1289; hôteliers et marchauds de vin, I, 1231; marchands de toile et filottiers, I, 1287; maréchaux, serruriers et bourreliers, I, 1226; officiers du bailliage, I, 1240; officiers des eaux et forêts, I, 1231; officiers de la vicomté, I, 1231; prieuré St-Martin, I, 1252; tanneurs, I, 1231.

Bellozanne, abbaye, III, 185; religieux, III, 185.

Bernay, I, 449; abbaye N.-D., I, 449; bouchers, I, 876; boulangers, I, 877; chandeliers, I, 876; Charité de Ste-Croix, I, 887; charpentiers et menuisiers, I, 877; chirurgiens et perruquiers, I, 879; collége, I, 1136; cordeliers, I, 883; cordonniers, I, 878; la Couture, I, 883; drapiers, I, 1300; Hôtel-Dieu, I, 881; hôteliers, I, 877; marchands de frocs, I, 883; mégissiers, chapeliers et corroyeurs, I, 881; merciers, I, 1300; officiers de la vicomté, I, 1136; religieuses de la congrégation N.-D., I, 449; savetiers, I, 878; serruriers et arquebusiers, I, 877; tailleurs, I, 885; tanneurs, I, 879; tisserands et foulons, I, 876; toiliers, I. 875; tondeurs et cardeurs, I, 883.

Blanche (la), abbaye. II, 529.

Blanchelande, abbaye, II, 81.

Bloutière (la), prieuré, II, 232.

Bolbec, bâtiers et bourreliers, III, 1139; boulangers et pâtissiers, III, 1139; chandeliers, III, 1140; chapeliers, III, 1138; chirurgiens, III, 1140; cordonniers, III, 1139; drapiers, III, 1138; étamiers, III, 1140; marchands de plâtre, III, 1140; maréchaux, III, 1144; mégissiers, gantiers, bâtiers, bourreliers et selliers, III, 1145; tailleurs d'habits, III, 1139; tanneurs, III, 1140; teinturiers, III, 1138; tondeurs de draps, III, 1139; tonneliers, menuisiers et rouetiers, III, 1145.

Bonneville, abbaye, III, 165.

Bonport, abbaye, III, 177.

Bosc (le), prieuré, I, 443.

Boscmorel (le), prieuré, I, 457.

Bosq, couvent de St Michel, II, 719.

Boullay, Charité St-Vincent, I, 891.

Bourg-Achard, chanoines réguliers, III, 173.

Bozay, Charité, I, 1308.

Breouze, officiers de la vicomté, I, 1190; prieuré, I, 1198.

Breteuil, bouchers, I, 1310; boulangers, I, 1310; chandeliers, I, 1310; chirurgiens, I, 1310; cloutiers, I, 1311; cordeliers, I, 913; maréchaux, I. 1311; tailleurs, I. 944.

Bretoncelles, Charité, I, 1289.

Brezolles, Charité, I, 1222.

Broquebeuf, chapelle, II, 761.

Caen, II, 806; abbaye St-Étienne, II, 186; abbaye de la Trinité, II, 472; bénédictines de l'Adoration du Saint Sacrement, II, 556; bouchers, II, 500; boulangers, II, 495; carleurs, II, 555; cartiers, II, 498; chandeliers, II, 495; chapeliers, II, 492; chapitre du Sépulcre, II, 491; chirurgiens, II, 554; cordonniers, II, 502; corroyeurs, II, 553; couteliers, II, 553; croisiers, II, 490; dindandiers, II, 556; drapiers, II, 491; droguistes, confiseurs et ciriers, II, 1596; étamiers et plombiers, II, 555; faiseurs de bas, II, 497; fourbisseurs, II, 499; hospitalières, II, 610; imprimeurs et libraires, II, 557; maçons, chapeliers et couvreurs, II, 555; marchands de bois, II, 561; marchands de mer, II, 556; maréchaux, II, 497; médecins, II, 555; mégissiers, II, 498; menuisiers, II, 495; merciers, II, 491; officiers du grenier à sel, II, 600; officiers de la monnaie, II, 581; officiers des traites foraines, II, 562; officiers de la vicomté, II, 582; orfèvres, II, 493; pâtissiers, II, 581; peigneurs et sergers, II, 492; perruquiers, II, 555; prêtres de la Mission, II, 555; prieuré de St-Gabriel, II, 491; religieuses de la Charité, II, 394; rotisseurs, II, 502; selliers, II, 500; serruriers, II, 497; tailleurs, II, 496; tanneurs, II, 493; teinturiers, II, 553; toiliers, II, 495; trésoriers de

France, II, 611; Université, II, 481; ursulines, II, 178; vinaigriers, II, 498; Visitation, II, 178; vitriers, II, 553.

Cagny, prieuré, II, 583.

Carentan, bouchers, II, 810; boulangers, II, 810; chandeliers, II, 752; chirurgiens, II, 751; cordonniers, II, 810; marchands, II, 751; menuisiers, II, 752; religieuses de la congrégation N.-D., II, 762; savetiers, II, 810; tailleurs, II, 751; tanneurs, II, 810.

Carneille, prieuré, I, 1093.

Carrouge, chapitre, I, 1088.

Carsix, Charité, I, 879.

Caudebec, III, 282; apothicaires, III, 1142; bouchers, III, 1141; boulangers, III, 1141; chandeliers, épiciers et ciriers, III, 1141; cordonniers, III, 1142; étamiers, vitriers et orfèvres, III, 1146; marchands drapiers, III, 1145; marchands de toile, III, 1146; merciers et quincailliers, III, 1142; serruriers, maréchaux, cloutiers et fourbisseurs, III, 1145; tanneurs, III, 1142; vinaigriers, III, 1141.

Cerisy, abbaye, II, 739.

Cervières, Charité St-Pierre, I, 894.

Chaise (la), prieuré, I, 1242.

Chaise-Dieu, couvent N.-D., I, 1079.

Chaisne (la), prieuré, I, 801.

Chambrais, Charité, I, 878.

Champ-du-Boult (le), chapelle Ste-Barbe, II, 452.

Chantelou, chapelle N.-D., II, 624.

Chapelle-Gautier (la), prieuré, I, 454.

Charleval, prieuré, III, 187.

Châteauneuf, I, 972; boulangers, I, 991; charrons, I, 990; chirurgiens I, 992; maçons, I, 991; merciers, I, 990; officiers des eaux et forêts, I, 656; officiers de la maréchaussée, I, 980; prieuré St-Thomas, I, 1149; sergers, I, 989; tailleurs, I, 990; toiliers, I, 990.

Chaumont, III, 1348.

Chemilly, Charité, I, 1289; prieuré, I, 1224.

Cherbourg, II, 241; abbaye N.-D., II, 819; bouchers, II, 822; boulangers, II, 823; chandeliers, II, 825; cordonniers, II, 823; corroyeurs, II, 824; drapiers, II, 822; maçons et couvreurs, II, 440; maréchaux, II, 823; menuisiers et charpentiers, II, 822; merciers, II, 823; officiers de la haute justice, II, 700; officiers des traites foraines, II, 698; taillandiers, II, 825; tailleurs, II, 823; tanneurs, II, 823, et II, 824; tisserands, II, 822; vitriers et teinturiers, II, 440.

Chesnaie (la), prieuré St-Nicolas, II, 418.

Chesne (le), chapelle N.-D., II, 750.

Chesne-Galloy, prieuré N.-D., I, 277.

Clairets (les), abbaye, I, 657.

Conches, I, 1316; alaisniers, I, 917; bonnetiers et chapeliers, I, 917; boulangers, I, 936; bourreliers, I, 938; charpentiers, I, 916; chirurgiens, I, 1309; ciriers et chandeliers, I, 1132; cloutiers, I, 946; cordonniers, I, 949; drapiers, tanneurs et mégissiers, I', 1132; maçons, I, 946; maréchaux, I, 947; menuisiers, I, 948; merciers, I, 947; officiers du bailliage, I, 1131; officiers de l'élection, I, 1131; pâtissiers, I, 1312; savetiers, I, 947; serruriers, I, 948; tailleurs, I, 943; toiliers, I, 941.

Condé, Charité, I, 1315; officiers de l'Hôtel-de-Ville, II, 387.

Cordillon, abbaye, II, 657.

Cormeille, abbaye N.-D., III, 168.

Corneville, abbaye, III, 315; religieux, III, 315.

Courbepine, Charité, I, 983.

Courceveaux, prieuré, I, 1048.

Courgeoust, Charité, I, 1286.

Courteraye, prieuré St-Jean, I, 1053.

Coutances, II, 191; armuriers, couteliers et chaudronniers, II, 628; bouchers et poissonniers, II, 627; cabaretiers, II, 675; chandeliers, II, 625; chapeliers, II, 672; chapitre de la cathédrale, II, 844; chirurgiens, 642; cordonniers, II, 621; cuisiniers et rotisseurs, II, 627; droguistes et apothicaires, II, 634; étaminiers, II, 625; hospitalières, II, 626; maçons et couvreurs, II, 624; maréchaux et taillandiers, II, 625; mégissiers, II, 624; merciers, II, 631; menuisiers et charpentiers, II, 625; officiers du siége présidial, II, 674; of-

ficiers de la vicomté, II, 675 ;
orfévres, libraires, pintiers et
sabotiers, II, 631 ; parcheminiers, II, 624 ; prieuré de l'Hôtel-Dieu, II, 224 ; selliers et
pâtissiers, II, 645 ; tailleurs,
II, 629 ; tanneurs, II, 672 ;
teinturiers, II, 624 ; tisserands, II, 672.

Damville, boulangers, I, 926 ;
chandeliers et ciriers, I, 926 ;
chirurgiens, I, 929 ; cordonniers, I, 944 ; taillandiers et
maréchaux, I, 927 ; tisserands en laine, I, 928.

Dannemarie, prieuré, I, 1240.

Darnetal, boulangers, III, 1040 ;
drapiers, III, 1019.

Désert (le), prieuré, I, 953.

Deux-Amants (les), couvent, III,
170 ; prieuré, III, 1045.

Deux-Jumeaux (les), prieuré, II,
420.

Dieppe, apothicaires et épiciers,
III, 1099 ; barbiers et perruquiers, III, 1099 ; bouchers,
III, 1099 ; boulangers, III, 1098 ;
chandeliers, III, 1097 ; chapeliers, III, 1097 ; chaudronniers, III, 1097 ; cloutiers, III,
1096 ; cordonniers, III, 1095 ;
corroyeurs, III, 1100 ; cuisiniers, III, 1096 ; drapiers et
chaussetiers, III, 1095 ; étamiers, III, 1101 ; maréchaux,
III, 1100 ; menuisiers, III, 1099 ;
Oratoire, III, 1095 ; orfèvres,
III, 1096 ; peigniers et tabletiers, III, 1005 ; peintres et
sculpteurs, III, 1100 ; rouettiers et futaillers, III, 1097 ;

savetiers, III, 1098 ; selliers,
III, 1100 ; serruriers et armuriers, III, 1098 ; taillandiers,
III, 1096 ; tailleurs et fripiers,
III, 1096 ; tanneurs, III, 1098 ;
teinturiers, III, 1098 ; tonneliers, III, 1097 ; vitriers, II,
1099.

Domfront, I, 1165 ; armuriers,
étamiers et charbonniers, I,
1156 ; bénédictins, I, 1170 ;
bouchers, I, 1156 ; boulangers, I, 1156 ; cabaretiers, I,
1166 ; charpentiers, menuisiers et tourneurs de chaises,
I, 1157 ; chirurgiens, apothicaires et perruquiers, I, 1155 ;
cordonniers et tailleurs d'habits, I, 1155 ; drapiers, I, 1324 ;
ferronniers, serruriers et maréchaux, I, 1157 ; merciers,
tanneurs et vendeurs, I, 1157 ;
missionnaires, I, 1166 ; officiers du bailliage, I, 1167 ; officiers de l'élection, I, 1168 ;
officiers de la maîtrise, I,
1324 ; officiers de l'officialité,
I, 1170 ; officiers des traites
foraines, I, 1169 ; officiers de
la vicomté, I, 1159 ; selliers,
bourreliers et tisserands, I,
1156.

Ectomare, Charité, I, 1313.

Elbeuf, bouchers, III, 1052 ;
boulangers, III, 1049 ; chandeliers, ciriers et vinaigriers,
III, 1046 ; chapeliers, III, 1055 ;
cordiers, III, 1055 ; cordonniers, III, 1052 ; crediers, III,
1055 ; drapiers, III, 174 ; drapiers droguetiers, III, 1053 ; gre-

netiers en gros, III, 1053 ; maçons et plâtriers, III, 1052; maréchaux, III, 1055 ; mégissiers, III, 1051; menuisiers et tonneliers, III, 1054; merciers, III, 1053; rouettiers et futailliers, III, 1054; savetiers, III, 1051; selliers et bourreliers, III, 1054; serruriers et arquebusiers, III, 1055; tailleurs d'habits, III, 1053; tapissiers, III, 1052; ursulines, III, 1055.

Ercey, Charité St-Clair, I, 886.

Esbiard, marquisat, II, 809.

Esmanville, Charité, I, 1312.

Essay, abbaye, I, 184; Charité, I, 1280.

Eu, III, 468; abbaye, III, 468; bouchers, III, 1425; boulangers, III, 1426; brasseurs, III, 1419; chapeliers, III, 1425; chaudronniers, III, 1428; chirurgiens, III, 1426; cloutiers, III, 1427; cordonniers, III, 1428; drapiers, III, 1428; étaminiers, III, 1424; marchands de fer, III, 1426; mégissiers, III, 1427; menuisiers, III, 1428; merciers, III, 1426; savetiers, III, 1426; serruriers, III, 1425; tailleurs, III, 1425; tonneliers, III, 1425; tourneurs, III, 1427; vitriers, III, 1427.

Évreux, III, 377; abbaye St-Sauveur, III, 397; abbaye St-Taurin, III, 1310; bonnetiers, III, 1311; boulangers, III, 1313; chapitre N.-D., III, 396; cordonniers et careurs, III, 1312; étamiers, III, 1314; maçons et charrons, III, 1311; menuisiers et sabotiers, III, 1312; merciers, épiciers, chandeliers et apothicaires, III, 1311; merciers, joailliers, manchonniers et gantiers, III, 1311; meuniers, III, 1312; officiers de la ville, III, 377; pâtissiers, rotisseurs et horlogers, III, 1314; selliers, bâtiers et cordiers, III, 1314; serruriers, vitriers et éguilletiers, III, 1313; tailleurs d'habits et corroyeurs, III, 1313; toiliers, III, 1314.

Evrigny, officiers de la vicomté, II, 602.

Exmes, abbaye, I, 780.

Falaise, I, 577; abbaye St-Jean, I, 217; barbiers, I, 802; bouchers, I, 808; boulangers et meuniers, I, 1088; careurs, I, 1090; chapeliers et teinturiers, I, 1088; chirurgiens, I, 1097; ciriers, I, 1090; cordonniers, I, 1089; corroyeurs et bourreliers, I, 1089; cuisiniers, I, 1090; drapiers, I, 1090; drapiers tondeurs, I, 1098; maréchaux et ferronniers, I, 1091; mégissiers, I, 1089; menuisiers, charpentiers, charrons et vitriers, I, 1095; officiers du bailliage et de la vicomté, I, 810; officiers de l'élection, I, 1089; officiers du grenier à sel, I, 813; orfèvres, étamiers et merciers, I, 1089; séminaire, I, 820; serruriers et fourbisseurs, I, 1090; tanneurs, I, 1100; tourneurs-rouettiers, I, 1192; ursulines, I, 796.

Fécamp, abbaye, III, 181; annonciades, III, 1192; bénédictins, III, 163.

Felsois, prieuré, II, 418.

Ferrière (la), bouchers, I, 956; Charité, I, 1315.

Ferté (la), Charité, I, 894.

Folleville, Charité, I, 1298; officiers de la vicomté, I, 873.

Fontaine-Guérard, abbaye, III. 163.

Fontenay, abbaye, II, 587; marquisat, II, 809.

Foucarmont, abbaye, III, 468.

Gisors, III, 1349; bâtiers, III. 1354; bouchers, III, 1353; boulangers, III, 1350; chapeliers, III, 1352; chirurgiens, III, 1351; cordonniers en neuf, III, 1352; cordonniers en vieux, III, 1351; maçons, couvreurs, plâtriers et charpentiers, III, 1350; maréchaux, III, 1353; mégissiers, III, 1349; menuisiers, III, 1352; merciers, III, 1350; pâtissiers et rôtisseurs, III, 1349; serruriers et arquebusiers, III. 1351; taillandiers, cloutiers et chaudronniers, III, 1350; tailleurs d'habits, III, 1351; tanneurs, III, 1349; tonneliers, III, 1353; vanniers, tourneurs en bois et pâtenostriers, III, 1353.

Gomerfontaine, abbaye, III, 1348.

Goupillières, Charité, I, 1312.

Gournay, III, 425.

Grammont, prieuré, I, 451.

Grandmont, prieuré, III, 1041.

Grandville, II, 226; augustins, III, 1193; officiers des traites foraines, II, 613; officiers de la vicomté, II, 646.

Grestain, couvent, III, 316.

Grosleu, prieuré, I, 1220.

Guibray, chapelle St-Lazare, I, 473.

Harfleur, III, 1193; bouchers, III, 1198; boulangers, III, 1202; brasseurs, III, 1205; charpentiers, III, 1203; chirurgiens, III, 1205; cordiers, III, 1205; cordonniers, III, 1202; corroyeurs, III, 1203; couvreurs et plâtriers, III, 1201; menuisiers, III, 1198; merciers, III, 1198; orfèvres, III, 1206; savetiers et carleurs, III, 1200; serruriers et arquebusiers, III, 1206; tailleurs, III, 1198.

Havre (le), III, 1196; apothicaires, III, 1199; bouchers, III, 1191; boulangers, III, 1196; brasseurs, III, 1202; chapeliers, III, 1199; chaudronniers, III, 1197; chirurgiens, III, 1201; cloutiers, III, 1191; cordiers, III, 1195; cordonniers, III, 1191; épiciers, ciriers et graissiers, III, 1195; étamiers, III, 1195; fripiers et revendeurs, III, 1197; lingers et lingères, III, 1198; marchands de dentelles, III, 1193; maréchaux, III, 1198; menuisiers, III, 1197; merciers, III, 1206; orfèvres, III, 1203; plâtriers, III, 1197; rôtisseurs, III, 1193; savetiers,

III, 1194; serruriers, III, 1196; tailleurs, III, 1195; tonneliers, III, 1196; tourneurs, futailliers et pompiers, III, 1195; trainiers et voiliers, III, 1196; ursulines, III, 1193; vitriers, III, 1197.

Honfleur, apothicaires, III, 1272; bouchers, III, 1275; boulangers, III, 1275; carleurs, III, 1274; chandeliers, III, 1270; cordiers, III, 1268; cordonniers, III, 1270; drapiers, III, 1267; droguistes, III, 1274; marchands de dentelles, III, 1268; marchands de grains, III, 1271; marchands de morue, III, 1275; maréchaux, III, 1274; merciers, III, 1266; plâtriers, III, 1280; serruriers, III, 1276; tailleurs d'habits, III, 1271; tanneurs, III, 1271; tisserands, III, 1268; toiliers, III, 1270; toiliers et lingers, III, 1267; tonneliers, III, 1268.

Ile-Dieu (l'), abbaye, III, 181; prémontrés, III, 175.
Islou, prieuré, I, 994.

Jouttière (la), prieuré, I, 938.
Jumièges, abbaye, III, 184; religieux, III, 165.

Laigle, bonneliers, I, 973; bouchers, I, 956; boulangers, I, 975; cabaretiers, I, 974; chapeliers, I, 957; chirurgiens, apothicaires et barbiers, I, 726; cordonniers, I, 974; drapiers, I, 959; épingliers, I.

956; ferronniers, I, 976; marchands, I, 957; menuisiers, I, 976; merciers, I, 973; officiers de la vicomté, I, 1148; tailleurs, I, 975; tanneurs, I, 974.
Lallou, Charité, I, 1273.
Landepereuse, Charité, I, 895.
Lessay, abbaye, II, 811.
Lillebonne, bouchers, III, 1147; boulangers et tanneurs, III, 1148; chandeliers, maréchaux et chirurgiens, III, 1148; marchands de salines, III, 1148.
Lire, abbaye N.-D., I, 433; Charité, I, 1314; tailleurs, I, 945.
Lisieux, apothicaires, I, 857; bouchers, I, 840; boulangers, I, 824; bourreliers, I, 829; carleurs, I, 296; chandeliers, I, 829; chapeliers, I, 840; chapitre de la cathédrale, I, 299; cordonniers, I, 851; corroyeurs, I, 1076; étamiers, I, 833; évêché, I, 866; ferronniers, I, 842; hôteliers, I, 828; jacobins, I, 865; marchands tondeurs, I, 828; maréchaux, I, 823; mégissiers, I, 833; menuisiers et tonneliers, I, 832; merciers, I, 824; officiers de l'élection, I, 824; officiers de l'Hôtel-de-Ville, I, 825; passementiers, I, 842; pâtissiers, I, 857; serruriers et arquebusiers, I, 830; tailleurs, I, 851; tanneurs, I, 829; teinturiers, I, 829; tisserands, I, 823; toiliers, I, 825; trinitaires, I, 676.
Litourp, prieuré, II, 447.
Loigny, bénédictines, I, 1285.
Loisay, Charité de St-Germain, I, 1201.

Longué, abbaye, II, 426.

Longny, prieuré, I, 1236.

Lonlay, abbaye, I, 1320.

Louviers, III, 1019; bouchers, III, 1018; boulangers, III, 1051; chandeliers et ciriers, III, 1047; chirurgiens, III, 1047; cordiers, III, 1050; drapiers, III, 1018; drapiers de draps fins, III, 1047; futailliers, III, 1051; maréchaux, III, 1048; menuisiers, III, 1051; merciers, III, 1048; religieuses de Ste-Élisabeth, III, 171; taillandiers, III, 1048; tailleurs d'habits, III, 1050; tanneurs, III, 1050; toiliers, III, 1047.

Luzerne (la), couvent, II, 527.

Magny, III, 753; cordiers, III, 1322; cordonniers, III, 1323; mégissiers, III, 1322; merciers, III, 1323; pâtissiers, charcutiers et rôtisseurs, III, 1323; serruriers, III, 1323; tailleurs, III, 1323.

Maillebois, I, 1149.

Maneval, Charité, I, 896.

Mantilly, prieuré, I, 1164.

Marchemaisons, Charité, I, 1270.

Marcheroux, abbaye, III, 1348.

Maupas, prieuré, I, 895.

Merlerault, Charité, I, 1280.

Mesnil-Josselin (le), Charité, I, 1299.

Meulle, Charité, I, 1298.

Mondaye, abbaye, II, 621.

Montebourg, abbaye, II, 817; bouchers, II, 434; merciers, II, 440; tanneurs, II, 822.

Montéquot, marquisat, II, 540.

Montfort, prieuré, I, 618.

Montivilliers, III, 183; abbaye, III, 1193; bouchers, III, 1199; boulangers, III, 1204; brasseurs, III, 1206; chapeliers, III, 1201; charrons, III, 1200; chirurgiens, III, 1198; cordonniers, III, 1200; corroyeurs, III, 1203; couvreurs et plâtriers, III, 1204; cuisiniers et rôtisseurs, III, 1205; drapiers, III, 1204; maréchaux, III, 1200; mégissiers, III, 1200; menuisiers, III, 1202; merciers, III, 1203; rouettiers et futailliers, III, 1202; savetiers, III, 1201; tailleurs et chaussetiers, III, 1201; tanneurs, III, 1204; toiliers, III, 1200.

Montmorel, couvent, II, 527.

Montreuil, Charité, I, 454; seigneurie, II, 838.

Mont-St-Michel, abbaye, II, 522.

Mortagne, I, 429; barbiers, perruquiers et couteliers, I, 1006; bouchers, I, 1016; cabaretiers et vendeurs d'eau-de-vie, I, 1008; cardeurs, tireurs d'étain et étaminiers, I, 1011; chapeliers, I, 1006; chapitre de Toussaints, I, 364; Charité, I, 1291; charrons, menuisiers, tourneurs et sabotiers, I, 1007; chaufourniers, maçons, charpentiers et couvreurs, I, 1006; chirurgiens, apothicaires et droguistes, I, 1007; ciriers et chandeliers, I, 1223; cordonniers et savetiers, I, 1006; couvent de St-Éloi, I, 364;] drapiers, I, 1027; filottiers et tisserands, I, 1008

marchands de fils d'étain, I, 1005; officiers du bailliage, I, 1286; officiers des eaux et forêts, I, 1007; officiers de l'élection, I, 1077; selliers, bourreliers, filassiers, cordiers et vitriers, I, 1025; tailleurs et gantiers, I, 1018; tanneurs, corroyeurs et mégissiers, I, 1241.

Mortain, II, 543; apothicaires, II, 793; boulangers, II, 792; cordonniers et carleurs, II, 792; officiers du bailliage, II, 793.

Mortemer, religieux, III, 436.

Moullines, prieuré, I, 708.

Moutons, prieuré, II, 526.

Moyaux, officiers de la vicomté, I, 1208.

Neufbourg (le), abbaye, I, 433; bouchers, I, 929; boulangers, I, 927; ciriers et chandeliers, 934; cordonniers, I, 930; charité St-Pierre et St-Paul, I, 1313; merciers, I, 1316; taillandiers et maréchaux, I, 934.

Neufchâtel, apothicaires, III, 1410; bouchers, III, 1408; boulangers, III, 1408; chapeliers, III, 1409; chaudronniers, III, 1410; chirurgiens, III, 1411; cordonniers, III, 1408; drapiers, III, 1411; drapiers et chaussetiers, III, 1409; faïenciers, vinaigriers et potiers d'étain, III, 1410; marchands de laine, III, 1411; marchands de lard salé, III, 1411; maréchaux, III, 1409;

menuisiers, III, 1410; merciers, III, 1410; serruriers, III, 1409; tanneurs, III, 1408; tuiliers, III, 1409.

Nogent, I, 733; apothicaires, chirurgiens, barbiers et perruquiers, I, 1052; bouchers, tanneurs, corroyeurs, cordonniers et savetiers, I, 1051; boulangers, I, 1051; cabaretiers, I, 1045; chapitre, I, 1052; charpentiers, couvreurs et menuisiers, I, 1046; commissionnaires de serges et d'étamines, I, 1055; drapiers, I, 1053; ferronniers, couteliers et maréchaux, I, 1044; frères de la Charité, I, 1287; maçons et potiers, I, 1045; merciers, ciriers et chandeliers, I, 1235; monastère de N. D. de Nazareth, I, 289; officialité, I, 1057; poulaillers et voituriers, I, 1052; prieuré St-Denis, I, 289; selliers et bourreliers, I, 1044; sergers et étaminiers, I, 1044; tailleurs, I, 1048; telonniers, teinturiers et cardeurs, I, 1045; ursulines, I, 239.

Nonancourt, III, 1204.

Normandie, province, III, 185.

Noron, prieuré, I, 822.

Notre-Dame-sur-l'Eau, prieuré, I, 1321.

Omonville-la-Petite, prieuré, II, 687.

Orbec, I, 872; apothicaires, I, 855; bouchers, I, 855; boulangers, I, 856; cabaretiers, I, 856; carleurs, I, 854; chandeliers, I, 855; chapeliers, I,

854; cordonniers, I, 854; drapiers, I, 852; maçons, I, 856; marchands de laine, I, 854; maréchaux, I, 853; officiers du bailliage, I, 874; officiers de la vicomté, I, 874; religieux de St-Joseph, I, 369; sculpteurs, I, 856; selliers, I, 856; tailleurs, I, 852, et I, 855; tanneurs, I, 855.

Orival, cordiers, III, 1054; drapiers, III, 1054; teinturiers, III, 1054.

Ormes, Charité, I, 1313.

Ourville, chapelle, II, 684.

Pacy, boulangers, bouchers et chirurgiens, III, 1312; serruriers, maréchaux, charpentiers, maçons et tailleurs, III, 1313.

Parc de Harcourt (le), prieuré, I, 633.

Perche (le), officiers de la maréchaussée, I, 1011.

Perrières, prieuré, I, 602.

Pervenchères, prieuré, I, 1060.

Pin (le), Charité, I, 1290.

Planches, prieuré, I, 428.

Plauttes, frères de la Charité, I, 1271.

Plessis-Grimoult (le), prieuré, II, 379.

Pollet-les Dieppe (le), Visitation, III, 748.

Pont-Audemer (le), III, 314; apothicaires, III, 1262; bâtiers, III, 1257; bouchers, III, 1259; boulangers, III, 1258; chandeliers, III, 1263; chapeliers, III, 1257; charpentiers, III, 1258; chirurgiens, III, 1259; cordonniers, III, 1258; corroyeurs, III, 1258; couvreurs, III, 1259; drapiers, III, 1260; droguistes, III, 1263; écrivains, III, 1261; étamiers, III, 1262; ferronniers, III, 1261; maréchaux, III, 1260; mégissiers, III, 1262; menuisiers, III, 1261; merciers, III, 1257; meuniers, III, 1262; pâtissiers, III, 1261; savetiers, III, 1258; serruriers, III, 1260; tailleurs d'habits, III, 1260; tanneurs, III, 1258; teinturiers, III, 1259; toiliers, III, 1262; vendeurs de grains, III, 1260; vinaigriers, III, 1263; vitriers, III, 1261.

Pont-de-l'Arche, III, 185; bouchers et charcutiers, III, 1050; boulangers, III, 1050; chandeliers, III, 1049; chirurgiens, III, 1049; cordonniers, III, 1052; serruriers et taillandiers, III, 1049; toiliers, III, 1049.

Pont-l'Évêque, III, 361; apothicaires, III, 1286; bouchers, III, 1278; boulangers, III, 1285; chandeliers, III, 1273; charpentiers et menuisiers, III, 1272; cordonniers, III, 1270; corroyeurs, III, 1275; cuisiniers, III, 1269; lanterniers, tourneurs et sabotiers, III, 1272; maréchaux, III, 1273.

Pontorson, II, 522; juridiction des traites, II, 521.

Pré (le), prieuré dit de Bonne-Nouvelle, III, 187.

Préaux, abbaye St-Pierre, III, 316; bénédictins, II, 316.

Puisaye (la), prieuré, I, 1150.

Quillebeuf, III, 1257.

Reginallard, frères de la Charité, I, 1289.

Reno (le), Charité, I, 1290; prieuré de la Madeleine, I, 1249.

Rogles, Charité, I, 1314.

Rouen, III, 167; abbaye St-Amand, III, 169; abbaye St-Ouen, III, 166; annonciades, III, 173;apothicaires, épiciers, droguistes et confiseurs, III, 1017; archevêché, III, 1047; arquebusiers, III, 1043; augustins, III, 1046; augustins du Mont-aux-Malades, III, 177, et III, 180; auneurs de toile, III, 1024; balanciers, III, 1035; baleiniers, III, 1035; barbiers et perruquiers, III, 1038; bénédictines de St-Hilaire, III, 181; bénédictins de St-Ouen, III, 165; bouchers du vieux marché et porte Beauvoisine, III, 1036; boulangers, III, 1020; bourreliers et bâtiers, III, 1039; brasseurs, III, 1028; brodeurs chasubliers, III, 1036; brouettiers royaux, III, 1041; carmélites, III, 171; carmes, III, 1015; cartiers, III, 1025; célestins, III, 174; chandeliers, III, 1020; chanoines du prieuré St-Lô, III, 166; chapeliers, III,1020; chapeliers et bonnetiers, III, 1021; chapitre N.-D., III, 176; chapitre N.-D. de la Ronde, III, 178; chapitre du St-Sépulcre, III, 1045; charcutiers, III, 1033; charpentiers, III, 1032; charrons, III,

1034; chartreux, III, 183; chaudronniers, III, 1028; chirurgiens, III, 1038; cloutiers, III, 1024; coffretiers, III, 1031; collège des jésuites, III, 186; compagnie de la Cinquantaine, III, 1043; cordiers, III, 1037; cordonnniers, III, 1022; corroyeurs, III, 1026; courtiers de laine, III, 1042; courtiers de vin et cidre, III, 1030; couteliers, III, 1027; couturiers, III, 1039; couvent des Nouvelles catholiques, III, 189; couvreurs et plâtriers, III, 1034; crediers, III, 1037; cuisiniers, III, 1022; dominicaines du Sang précieux, III, 178; drapiers, III, 1020; drapiers drapans, III, 1023; drapiers et chaussetiers, III, 1023; écrivains, III,1038; éguilletiers, III, 1029; émouleurs, III, 1028; épingliers, III, 1035; étamiers et plombiers, III, 1023; faiseurs d'amidon, III, 1028; faiseurs de bas, III, 1039; faiseurs de boutons et cordons à chapeau, III, 1036; faiseurs de savon, III, 1037; feuillants, III, 178; filassiers, III, 1026; Filles de Dieu, III, 1046; fondeurs, III, 1027; fourbisseurs, III, 1037; tripiers chinchers, III, 1027; futailliers, III, 1025; gaîniers, III, 1031; gardes-bouchers, III, 1018; gardes-cornetiers, III, 1025; garnisseurs en cuivre, III, 1029; graveurs, III, 1033; horlogers, III, 1021; hospitalière de Ste-Elizabeth, III, 176; imprimeurs libraires, III,

1036; jacobines dites amu-
rées, III, 182; jacobins, III,
1045; jaugeurs, III, 1039;
joueurs d'instruments, III,
1010; lingères en neuf, III,
1020; lingères en vieux, III,
1027; maçons et tailleurs de
pierre, III, 1012; marchands
de chevaux, III, 1019; marchands de cidre, III, 1019;
marchands de grains, III, 1031,
et III, 1039; marchands de lin,
III, 1030; marchands de la
place, III, 1018; marchands
de poisson salé, III, 1041;
marchands de vin en gros,
III, 1032; maréchaux, III,
1041; mariniers et voituriers
de la rivière de Seine, III,
1032; mathurins, III, 180;
mégissiers et gantiers, III,
1021; menuisiers, III, 1024;
merciers, III, 1018; mesureurs de grains, III, 1013; mesureurs de sel, III, 1013;
meuliers, III, 1042; minimes,
III, 1045; miroitiers et lune-
tiers, III, 1034; mouleurs de
bois, III, 1038; Oratoire, III,
190; orfèvres, III, 185; pannetiers, vanniers et bouteillers,
III, 1026; papetiers, III, 1041;
parfumeurs et faiseurs de cire
à cacheter, III, 1026; passementiers, III, 1029; pâtissiers, III, 1033; paveurs, III,
1033; peigners, III, 1022;
peintres et sculpteurs, III,
1029; pelletiers et fourreurs,
III, 1036; pénitents, III, 1045;
pipiers, III, 1044; plâtriers et
couvreurs, III, 1040; plumassiers et apprêteurs de plume,
III, 1035; porteurs de charbon
de terre, III, 1041; porteurs
de grains, III, 1033; porteurs
de sel, III, 1013; prieuré de
Bonne-Nouvelle, III, 167;
prieuré de l'Hôtel-Dieu de la
Madeleine, III, 190; prieuré
du Mont-aux-Malades, III,
183; prieuré N.-D. des Anges,
dit Bellefond, III, 190; prieuré
St-Gilles, III, 188; prieuré St-
Lo, III, 181; prieuré St-Louis,
III, 188; quincailliers en fer
blanc, III, 1028; religieuses de
St-Joseph, III, 180; religieuses
du saint Sacrement, III, 179;
religieux de St-Antoine, III,
169; religieux de St-Ouen, III,
178; rubaniers et frangers,
III, 1025; sages-femmes, III,
1034; savetiers et carleurs, III,
1023; selliers et carrossiers,
III, 1032; séminaire archié-
piscopal, III, 181; séminaire
de Joyeuse, III, 186; serruriers
et arquebusiers, III, 1030;
taillandiers, III, 1041; tailleurs d'habits, III, 1025; tanneurs, III, 1021; tapissiers, III,
1018; tapissiers, courtepoin-
tiers et piqueurs, III, 1031;
teinturiers, III, 1022; teinturiers en toile, III, 1026; toiliers, III, 1022; toiliers de St-
Gervais, III, 1028; tondeurs,
III, 1030; tonneliers, III, 1024;
ursulines, III, 176; vergetiers, III, 1038; vinaigriers,
III, 1021; Visitation, III, 168,
et III, 170; vitriers, III, 1010.
Rouvroy, chapelle, II, 724.

Saint-André-en-Gouffern, religieux, I, 106.

Saint-Aubin-des-Fresnes, prieuré, I, 438.

Saint-Bosmer, frères de la Charité, I, 1281.

Saint-Christophe, prieuré, I, 867.

Saint-Étienne, commanderie, I, 935.

Saint-Évroult, abbaye, I, 676.

Saint-Georges-les-Rouen, bénédictins, III, 167.

Saint-Julien-sur-Sarthe, Charité, I, 1289.

Saint-Lambert, prieuré, I, 951.

Saint Lo, II, 838; abbaye, II, 839; apothicaires, II, 731; bâtiers et bourreliers, II, 728; bouchers, II, 727; boulangers, II, 725; carleurs, II, 728; chandeliers, II, 843; chapeliers, II, 729; charpentiers et maçons, II, 728 A; chirurgiens, II, 730; cordonniers, II, 728; corroyeurs, II, 732; couteliers, II, 732; cuisiniers, II, 728; drapiers, II, 731; éguilletiers, II, 727; étamiers, II, 732; horlogers, chaudronniers et couvreurs, II, 732; maréchaux, II, 732; menuisiers, II, 728 B; merciers, II, 728 A; officiers du bailliage, II, 731; officiers de l'élection, II, 740; officiers des traites foraines, II, 733; officiers de la vicomté, II, 731; orfèvres, II, 731; passementiers, II, 728; selliers, serruriers et vitriers, II, 732; tanneurs, II, 728 A; teinturiers, II, 728 B; toiliers, II, 725, et II, 731; tourneurs, futailliers et blanchisseurs, II, 728 A.

Saint-Martin-Alix, prieuré, II, 439.

Saint-Paul-les-Rouen, prieuré, III, 1041.

Saint-Philibert, Charité, I, 1298.

Saint-Pierre-sur-Dive, abbaye, I, 677; bouchers, I, 793; boulangers, I, 793; chandeliers, I, 794; cordonniers, I, 793; officiers de la vicomté, I, 1189; tanneurs, I, 802.

Saint-Remy, prieuré, I, 987.

Saint-Saëns, bouchers, III, 1414; boulangers, III, 1414 bis; chapeliers, III, 1414 bis; cordonniers, III, 1414 bis; merciers, III, 1414 bis; tanneurs, III, 1414.

Saint-Sauveur-les-Évreux, abbaye, III, 397.

Saint-Sauveur-de-Ruonce, II, 819.

Saint-Sever, abbaye, II, 378.

Saint-Sulpice, prieuré, I, 971.

Saint-Ursin, prieuré, I, 1152.

Saint-Vast, officiers de l'amirauté, II, 746.

Saint-Valery, bouchers, III, 1144; boulangers, III, 1146; chandeliers, III, 1147; chapeliers, III, 1143; charpentiers, III, 1143; chirurgiens, III, 1444; cordonniers, III, 1147; corroyeurs, III, 1143; cuisiniers et pâtissiers, III, 1143; drapiers et froquiers, III, 1147; maréchaux, III, 1143; tailleurs d'habits, III, 1144, et III, 1146; tisserands, III, 1146; toiliers, III, 1143; tonneliers, III, 1147.

Saint-Vigor, prieuré, II, 832.

Saint-Vincent-près-Châteauneuf, prieuré, I, 1307.

Sainte-Gauburge, prieuré, I, 1025.

Sainte-Radegonde, prieuré, III, 1044.

Sainte-Scolasse, prieuré, I, 711.

Sainte-Vaubourg, commanderie, III, 1044.

Salle-en-Forest (la), prieuré St-Jean, II, 439.

Sap, officiers de la vicomté, I, 861.

Saussaye (la), chapitre St-Louis, III, 172.

Sausseuse, prieuré N.-D., III, 419.

Savigny, abbaye, II, 165.

Séez, I, 189; abbaye St-Martin, I, 675; bouchers, I, 719; cordonniers et tireurs de laine, I, 717; chambre des députés, I, 720; chandeliers et quincailliers, I, 717; chapeliers, I, 717; chapitre, I, 1075; chirurgiens, I, 724; cordonniers et cureleurs, I, 713; merciers, I, 720; officiers du grenier à sel, I, 722; officiers de l'officialité, I, 720; prieuré Ste-Croix, I, 1277; serruriers, I, 718; tanneurs, I, 724; tessiers et filotiers, I, 718.

Senillé, prieuré St-Blaise, II, 683.

Silly, abbaye, I, 511.

Soligny, Charité, I, 1289.

Tailleville, prieuré, II, 402.

Thimer, prieuré, I, 991.

Thorigny, abbaye, II, 737; bernardines, II, 744; officiers du bailliage, II, 745; officiers de la haute justice, II, 725.

Ticheville, prieuré, I, 811.

Tilleul-Gihon (le), prieuré St-Blaise, I, 441.

Tourouvre, frères de la Charité, I, 1287.

Trappe (la), abbaye, I, 1001.

Trésor (le), abbaye, III, 1348.

Troarn, abbaye, II, 334.

Val (le), religieux, I, 1283.

Valasse, religieux, III, 283.

Valcanville, commanderie, II, 687.

Val-Dieu (le), chartreux de N.-D., I, 429.

Valognes, II, 278; abbaye des bénédictines réformées de N.-D. de la Protection, II, 817; bâtiers, II, 693; bouchers, II, 821; boulangers, II, 821; carreleurs, II, 824; chandeliers et ciriers, II, 829; chapeliers, II, 693, et II, 824; chirurgiens, apothicaires et droguistes, II, 703; confrérie St-Eloi, II, 821; cordonniers, II, 821, et II, 824; étamiers, II, 693; gantiers, II, 450; graissiers, II, 829; menuisiers, II, 822; merciers, II, 691; meuniers, II, 821; officiers du bailliage, II, 702; officiers de l'élection, II, 702; officiers des traites foraines, II, 701; officiers de la vicomté, II, 702; orfèvres, II, 443; plumassiers, II, 825; rôtisseurs, II, 829; taillandiers, II, 825; tanneurs, II, 822; teinturiers, II, 688; tissiers, II, 822; vitriers et dindandiers, II, 449.

Vaucé, prieuré St-Simon, I, 1161.

Vauville, prieuré, II, 440.

Verneuil, I, 1307; apothicaires, I, 1221; bouchers, I, 992; boulangers, I, 981; cabaretiers, I, 988; charpentiers, I, 980 ; confrérie St-Antoine, I, 954; confrérie St-Sébastien, I, 954; cordonniers, I, 979; droguetiers, I, 960; maréchaux, I, 1221; officiers de l'élection, I, 978 ; officiers du grenier à sel, I, 1221; sergers, I, 980; tanneurs, I, 1131.

Vernon, III, 417; bonnetiers, III, 1379; apothicaires, III, 1383; boulangers, III, 1380; chapeliers, III, 1382; charpentiers, III, 1379; cordiers, III, 1380; cordonniers, III, 1379; correyeurs, III, 1378; épiciers et ciriers, III, 1382; étamiers, III, 1380; maçons, III, 1381; menuisiers, III, 1381; merciers, III, 1381; marchands de fer, III, 1377; pâtissiers, III, 1379; pêcheurs, III, 1382; serruriers, III, 1380; taillandiers, III, 1382; tailleurs d'habits, III, 1380; tanneurs, III, 1378; telliers et tisserands, III, 1381; tonneliers, III, 1382.

Verrière, frères de la Charité, I, 1289.

Vicaudeville, prieuré, II, 687.

Villars, monastère de Ste-Elizabeth, II, 175.

Villers-Canivet, abbaye, I, 678.

Villiers, frères de la Charité, I, 1287.

Vimoutiers, bénédictines, I, 738.

Vire, apothicaires, II, 704 ; bénédictines, II, 377; bouchers, II, 386; boulangers, II, 704; brasseurs, II, 454; cabaretiers et cuisiniers, II, 546; carleurs, II, 545; chandeliers, II, 385 ; chapeliers, II, 383; charpentiers et menuisiers, II, 381; chaudronniers, II, 709; chirurgiens, II, 705; cordonniers, II, 381; drapiers, II, 382; faiseurs d'escardes, II, 707; grossiers et merciers, II, 546; juridiction de la maîtrise des eaux et forêts, II, 351; maréchaux, II, 545; médecins, II, 355; mégissiers, II, 544; officiers du bailliage, II, 350; officiers de l'élection de Vire et Condé, II, 353; officiers de la mairie, II, 723; officiers des traites et quart-bouillon de Vire, Condé et Tinchebray, II, 351; officiers de la vicomté, II, 720; passementiers, II, 545; poissonniers, II, 389; selliers et bâtiers, II, 707; tailleurs d'habits, II, 545; tanneurs, II, 453; tissiers en toile et blanchisseurs, II, 386; ursulines, II, 374.

ORLÉANAIS

Ambert, célestins, 37.

Amponville, prieuré, 1023.

Antrain, notaires et procureurs, 886 ; tanneurs, 887.

Arville et la Bressière, commanderie, 850.

Authon, prieuré, 855.

Bardelle, abbaye, 570.

Basseville, chartreuse, 233.

Bazoche-Gouet (la), prieuré, 856.

Beaugency, abbaye N.-D., 157 ; avocats et procureurs, 588 ; boisseliers, tourneurs, chapeliers et vanniers, 589 ; bouchers, 588 ; chandeliers et épiciers, 589 ; charcutiers, 587 ; chirurgiens, barbiers, perruquiers et droguistes, 590 ; cordonniers et savetiers, 589 ; drapiers et toiliers, 589 ; hôteliers et cabaretiers, 587 ; huissiers, 588 et 589 ; maréchaux, charrons, bourreliers et cordiers, 590 ; merciers, 588 ; notaires, 587 ; officiers des eaux et forêts, 591 ; officiers de l'élection, 156 ; officiers de la maison de ville, 591 ; officiers de la prévôté, 157 ; potiers d'étain et vitriers, 591 ; sergers et tisserands, 591 ; serruriers et menuisiers, 590 ; tailleurs d'habits, 591 ; tanneurs, mégissiers et corroyeurs, 587 ; tonneliers, 588 ; ursulines, 53 ; voituriers par eau, 590.

Blois, 778 ; abbaye de St-Laumer, 100 ; apothicaires, 780 ; bonnetiers et potiers d'étain, 781 ; bouchers, 775 ; boulangers, 774 ; carmélites, 99 ; Chambre des comptes, 779 ; chandeliers, 773 ; chanoines de N.-D. de Bourgmoyen, 380 ; chapelains de St-Louis, 777 ; chapeliers, 773 ; chapitre St-Jacques, 379 ; chapitre St-Sauveur, 100 ; charcutiers, 777 ; charpentiers, 777 ; chirurgiens, 780 ; communauté de St-Lazare, 379 ; cordiers, tondeurs, selliers, bourreliers et chaudronniers, 780 ; cordonniers, 775 ; couvreurs, 776 ; drapiers, 380 ; experts jurés, 779 ; fourreurs, 781 ; gantiers, 775 ; horlogers, 774 ; hôteliers et cabaretiers, 779 ; jacobins, 102, et 379 ; jésuites, 101, et 379 ; libraires, perruquiers et corroyeurs, 781 ; marchands-commissionnaires, 380 ; marchands de toile, 773 ; maréchaux, 380 ; menuisiers, 778 ; minimes, 778 ; notaires, 777 ; officiers des eaux et forêts, 101 ; officiers de l'élection

380; officiers du grenier à sel, 379; officiers de la maréchaussée, 210; officiers du siége présidial, 100; orfèvres, 380; pâtissiers, 776; procureurs, 777; religieuses Véroniques, 379; rôtisseurs, 775; savetiers, 776; sergers, 776; serruriers, 778; taillandiers, 776; tailleurs, 774; tanneurs, 774; tonneliers, 775; tourneurs, boisseliers et charrons, 780; ursulines, 100; Visitation, 99.

Boigny, commanderie, 508.

Boines, marchands, 975.

Boiscommun, officiers du grenier à sel, 138; officiers de la justice, 525.

Bonneval, 849; abbaye, 220; cordonniers et bourreliers, 848; prévôté, 853; procureurs, 851.

Bonny-sur-Loire, couvent, 1020.

Briare, canal, 964.

Brou, avocats et procureurs, 849; cabaretiers, 849; officiers du grenier à sel, 854; sergers, tessiers et étaminiers, 848.

Buslon, prieuré, 930.

Buzello, religieuses, 570.

Cellé, prieuré, 931.

Chapelle-Descomble (la), prieuré, 573.

Chapelle-Guillaume (la), prieuré, 856.

Chartres, 703; abbaye de St-Jean-en-Vallée, 710; abbaye de St-Père, 81, et 714; archidiaconé de Dreux en l'église N.-D., 65; archidiaconé de Dunois en l'église N.-D., 66; grand archidiaconé, 67; bénédictins de St-Jean-en-Vallée, 710; bonnetiers et chaussetiers, 704; bouchers, 709; boulangers, 705; carleurs, 708; carmélites, 80; chapeliers, 704; chapitre N.-D., 79; chapitre St-André, 705; chapitre St-Maurice, 709; chapitre St-Nicolas en l'église N.-D., 711; chapitre St-Piat en l'église N.-D., 711; charpentiers et charrons, 708; chirurgiens, 703; cordiers et bourreliers, 709; cordonniers, 706; cuisiniers et charcutiers, 706; drapiers, 703; écrivains et libraires, 711; évêché, 702; Filles-Dieu, 714; huissiers, 714; jacobins, 713; juges-consuls, 60; maréchaussée, 714; maréchaux et cloutiers, 711; merciers et épiciers, 703; notaires, 705; officiers de l'élection, 713; officiers du grenier à sel, 715; officiers du présidial, 713; officiers de la prévôté, 714; orfèvres, 709; pâtissiers, 710; peigneurs, cardeurs, parcheminiers et mégissiers, 705; pelletiers, selliers, tapissiers, vitriers, brodeurs et horlogers, 707; perruquiers, potiers d'étain, paveurs et foulons, 711; procureurs en l'élection et juges-consuls, 715; procureurs du présidial, 708; religieuses de la Providence, 81; séminaire du Grand Beaulieu, 713; sergers, 60; tailleurs d'habits, 707; tanneurs, 704; tisserands

et corroyeurs, 708; tonneliers, 707; tourneurs et serruriers, 709; vinaigriers, tuiliers, taillandiers, couvreurs et maçons, 712; Visitation, 80.

Chastelcensoir, 233; chapitre, 887.

Châteaudun, 844: abbaye St-Avy, 844; avocats et procureurs, 849; bouchers, 850: boulangers, 846; cabaretiers et aubergistes, 845; chanoines de la Madeleine, 1014; chapitre St-André, 220; chapitre de la Ste-Chapelle, 1014; charpentiers et couvreurs, 848; chirurgiens et apothicaires, 846; cisterciens, 221; cordiers et charrons, 846; cordonniers, 847; experts priseurs et arpenteurs jurés, 855; maçons, 849; menuisiers, tourneurs et boisseliers, 847; merciers, 845; officiers du comté de Dunois, 844: officiers de l'élection de Châteaudun, 845: officiers du grenier à sel, 852; officiers de la maréchaussée, 852: procureurs de l'élection, 845; religieuses de la Congrégation N.-D., 1015; selliers et bourreliers, 846: sergers, 846; serruriers, 847; taillandiers et maréchaux, 847; tanneurs et corroyeurs, 845; tessiers, 849.

Châtillon, chapitre, 138.

Clamecy, bouchers, 888; boulangers et pâtissiers, 886; chapitre, 887; gantiers, pelletiers et mégissiers, 885; marchands de bizoirs et drapiers, 885; marchands de bois, 887; maréchaux, taillandiers, serruriers, armuriers, couteliers et selliers, 885; médecins, apothicaires et chirurgiens, 886; procureurs et notaires, 234: tailleurs et chapeliers, 886; tanneurs, corroyeurs et cordonniers, 888.

Cléry, chapitre, 369.

Cosne, augustins, 967; bénédictines de N.-D., 1019; chapitre collégial, 967; officiers du grenier à sel, 965.

Coulommiers, prieuré, 155.

Couloms, abbaye, 715; bénédictins, 82.

Dangeau, prieuré, 855.

Dourdan, bouchers, 951; boulangers, 950; bourreliers, cordonniers, charpentiers, menuisiers et maçons, 950; chirurgiens, 950: marchands de bois, 949: marchands de vin, 949; maréchaux en œuvres blanches, 950; officiers du bailliage, 951; officiers des eaux et forêts, 951; officiers de l'élection, 951; officiers de l'Hôtel-de-Ville, 951; procureurs, 949; religieux de la Vie, 949.

Douy, prieuré, 852.

Eau (l'), abbaye, 707.

Éclimont, célestins, 712.

Étoile (l'), couvent St-Sauveur, 254.

Ferrières-en-Gâtinais, abbaye, 45.

Ferté-Autun (la), chapitre, 570.

Ferté-Imbault (la), chapitre, 570.

Fontaine-Jean, abbaye, 49.

Gabandière (la), prieuré, 856.

Gien, avocats et procureurs, 965; cabaretiers, hôteliers, bouchers, charcutiers et boulangers, 966; chapitre St-Étienne, 281; gantiers, mégissiers, bonnetiers et chapeliers, 966; médecins, chirurgiens et apothicaires, 966; officiers du bailliage, 281; officiers de l'élection, 965; officiers du grenier à sel, 965; officiers de l'Hôtel-de-Ville, 281; officiers de la maréchaussée, 966; ursulines, 965.

Glatigny, religieuses, 1008.

Graçay, cabaretiers, pâtissiers, boulangers, fourniers et bouchers, 571; chaudronniers, maréchaux, charrons, serruriers et menuisiers, 571; chirurgiens, apothicaires et droguistes, 571; procureurs et avocats, 572.

Gy-les-Nonnains, religieuses, 524.

Jargeau, chapitre, 507.

Josaphat, abbaye, 712; bénédictins, 701.

Lancé, prieuré, 934.

Laverdin, prieuré St-Martin, 933.

Libaudière, prieuré, 933.

Martroy (le), chapelains de St-Lazare, 320.

Menethou-sur-Cher, religieuses, 569.

Meung, chapitre St-Liphard, 321.

Montargis, 48; bénédictines du faubourg de la Chaussée, 141; collège des barnabites, 47; dominicaines, 46; drapiers, 45; merciers, 375; officiers des eaux et forêts, 139; officiers de l'élection, 375; officiers du grenier à sel, 139; officiers de la maréchaussée, 140; officiers de la prévôté, 140; officiers du siège présidial, 139; religieuses de Ste-Marie, 47; savetiers, 46; tanneurs, 47; ursulines de la Porte-aux-Moines, 137.

Montmiral, chapitre St-Nicolas, 853; officiers du grenier à sel, 856.

Montoire, augustins, 912.

Morée, prieuré, 855.

Neufville, notaires et procureurs, 988; officiers de la justice royale, 987.

Oigny, prieuré, 856.

Olivet, abbaye, 572.

Orléanais, province, 1034.

Orléans, 35; apothicaires, 372; barbiers, perruquiers et étuvistes, 374; bonnetiers, 369; bouchers, 372; boulangers, 321; carmélites, 36; chandeliers, 369; chapeliers, 371; chapitre St-Aignan, 360; cha-

pitre St-Pierre-le-Puellier, 319; chapitre Ste-Croix, 369; charcutiers, 373; Chartreuse, 34; chirurgiens, 369; confituriers, 373; cordonniers, 321; corroyeurs, 371; couteliers, arquebusiers et fourbisseurs, 374; couvent N.-D. de Bonnenouvelle, 34; couvreurs et plombiers, 374; épiciers, 374; experts jurés, 375; feuillants de St-Mesmin, 35; fripiers, 371; horlogers et chaudronniers, 373; juges consuls, 371; libraires et imprimeurs, 371; maçons, 373; marchands et faiseurs de bas, 369; marchands de draps de soie et de laine, 370; marchands de toile, 372; maréchaux, 38; mégissiers, 370; menuisiers, 370; merciers, gantiers, cartiers et boutonniers, 373; merciers et quincailliers, 372; notaires, 374; officiers du bureau des finances, 509; officiers de la maréchaussée, 508; officiers de la maréchaussée provinciale, 509; officiers du siége présidial, 508; Oratoire, 38; orfèvres, 372; pâtissiers, 371; paumiers, 374; pelletiers et fourreurs, 370; potiers d'étain, 369; procureurs, 374; religieuses du Calvaire, 320; religieuses de la Madeleine, 369; saveticrs, 372; selliers, éperonniers et bahutiers, 372; sergers, 374; serruriers, 371; taillandiers, 373; tailleurs, 372; tanneurs et bourreliers, 372; tapissiers et revendeurs, 373; teinturiers, 372; tisserands, 371; tondeurs, presseurs, réparcurs et mouliniers, 373; tourneurs et boisseliers, 373; Université, 375; ursulines, 320; vanniers et cordiers, 374; vinaigriers, 370; Visitation, 37.

Patay, prieuré, 855; religieuses, 851.

Péan (le), prieuré St-Martin. 855.

Pithiviers, boulangers, 971; bourreliers, selliers et vanniers, 972; chapitre St-Georges, 285; charpentiers, maçons, couvreurs, tailleurs de pierre et cordiers, 972; cordonniers et saveliers, 972; corroyeurs, tanneurs, mégissiers et bouchers, 973; hôteliers, cabaretiers, pâtissiers et charcutiers, 973; maréchaux, taillandiers, serruriers et chaudronniers, 974; médecins e. chirurgiens, 974; menuisiers, tonneliers, boisseliers, tourneurs et marchands de bois, 973; merciers et épiciers, 971; notaires, 970; officiers de l'élection, 289; officiers de la Maison-de-Ville, 977; orfèvres, potiers d'étain, couteliers et vitriers, 971; prieuré St-Pierre, 286; sergers, benneliers, tisserands, cardeurs et chapeliers, 973; tailleurs et tolliers, 971.

Pont-aux-Moines (le), prieuré, 508.

Pontlevoy, abbaye, 101.

Portereau (le), augustins, 320; ursulines, 369.

Pruniers, prieuré, 573.

Romorantin, abbaye N.-D.-les-Romorantin, 155; bouchers, charcutiers et rotisseurs, 1008; boulangers, pâtissiers et meuniers, 1009; cabaretiers, 573; chandeliers, droguistes et marchands de drap en détail, 1008; chapitre N.-D., 1007; chapitre N.-D.-de-Grâce, 1008; charpentiers menuisiers, charrons, maçons, bourreliers, selliers et mégissiers, 1010; chirurgiens, 1009; cordonniers, corroyeurs, et cardeurs, 1010; drapiers et sergers, 1007; maréchaux, serruriers, œuvres blanches et couteliers, 1009; officiers des eaux et forêts, 570; officiers de l'élection, 51; potiers d'étain, orfèvres et horlogers, 1610; procureurs et avocats de la châtellenie, 571; tailleurs et tessiers, 1010.

Saint-Aignan-en Berry, bernardines, 569; chapitre, 569.

Saint-Avy-au-Perche, prieuré, 856.

Saint-Benoist-sur-Loire, abbaye, 36.

Saint-Chéron, abbaye, 703; chanoines, 710.

Saint-Fargeau, bénédictins, 967.

Saint-Genou, prieuré, 49.

Saint-Georges-du-Bois, prieuré, 931.

Saint-Gervais, prieuré, 508.

Saint-Laurent-des-Orgeries, prieuré, 507.

Saint-Loup, abbaye, 320.

Saint-Marceau les-Orléans, prieuré, 108.

Saint-Pierre-en-Pont, chapitre, 369.

Saint-Remy-des-Landres, religieuses, 952.

Sully, chapitre St-Étienne, 282.

Tannay, chapitre, 886.

Thoury, hôteliers et cabaretiers, 968.

Tiron, bénédictins, 713.

Toussy, chapitre, 967.

Troo, chapitre St-Martin, 255.

Varzy, chapitre, 888; officiers de l'Hôtel-de-Ville, 888.

Vatan, chapitre, 52.

Vendôme, abbaye de la Trinité, 253; apothicaires, 893; bouchers, 890; boulangers, 899; chapeliers, 898; chapitre St-Georges, 252; charcutiers, 901; charpentiers, 903; chirurgiens, 894; ciorgiers, chandeliers et droguistes, 892; compagnie des Grands jours, 896; cordiers, 896; cordonniers, 892; couvreurs, 895; drapiers et tessiers, 935; drapiers, toiliers et enjoliveurs, 935; gantiers, 895; maçons et bouteillers, 897; maréchaux, 900; médecins, 901; menuisiers, 892; officiers de l'élection de Vendôme, 897; officiers du grenier à sel, 905; officiers de

l'Hôtel-de-Ville, 902; officiers de la maréchaussée, 920 ; Oratoire, 254; procureurs, 903; religieuses du Calvaire, 253; religieuses de la Virginité, 935; religieux de St-Georges, 905; selliers et bourreliers, 898; sergents et huissiers, 906; serruriers et arquebusiers, 894; tailleurs, 895; tanneurs, corroyeurs et mégissiers, 893; tessiers, 903; tonneliers, 893; ursulines, 252.

Voisins, abbaye, 36.

Yenville, officiers du grenier à sel, 988.

Yèvre-le-Chastel, officiers de la justice, 298; prieuré, 1021.

PARIS

Abecourt, abbaye, IV, 294.
Acy. bénédictins, IV, 742.
Amblainville. prieuré, IV, 683.
Avernes, prieuré, IV, 401.

Baroy, Oratoire, IV, 217.
Baugerais-en-Touraine, abbaye, III, 163.
Beaumont, IV, 738.
Beaupré, abbaye, IV, 294.
Beauvais, IV, 127; chapitre de la cathédrale, IV, 120; chapitre N.-D. du Chastel, IV, 116; chapitre St-Barthélemy, IV, 114; chapitre St-Laurent, IV, 121; chapitre St-Michel, IV, 499; chapitre St-Nicolas, IV, 123; chapitre St-Vaast, IV, 118; corps du grenier à sel, IV, 721; drapiers drapans, IV, 535; drapiers et chausseliers, IV, 138; officiers de l'élection, IV, 294; présidial, IV, 294.
Béthizy, prieuré St-Adrien, IV, 699.
Boise, diocèse du Mans, prieuré, III, 482.
Borang, religieuses de St-Martin, IV, 740.
Bougé, prieuré, I, 719.
Bray-sur-Seine, IV, 153; corps de ville, IV, 548.
Brinon, chapitre, IV, 533.

Cercanceau, abbaye, IV, 560.
Cervon, chapitre, IV, 351.
Chaalis, abbaye, IV, 289.
Chablis, chapitre St-Martin, IV, 445.
Chambrefontaine, religieux, IV, 215.
Chambenoist, bénédictines, (transférées à Provins), IV, 83.
Champeaux, chapitre, IV, 269.
Charnier-les-Sens (le), prieuré N.-D., IV, 528.
Châteaulandon, abbaye St-Séverin, IV, 560.
Château-Thierry, Hôtel-Dieu de St-Jean-Baptiste, II, 429.
Chaufour, prieuré, IV, 614.
Chaume-en-Brie (la), abbaye, IV, 456.
Chelles, abbaye, II, 435.
Chenoise, religieux de la Merci, IV, 798.
Clairefontaine, abbaye, III, 493.
Compiègne, abbaye St-Corneille, IV, 332; carmélites, IV, 319; chapitre St-Clément, IV, 320; maîtrise des eaux et forêts, IV, 331; officiers de l'élection, IV, 695; orfèvres, IV, 336; prieuré St-Nicolas-au-Pont, IV, 334; religieuses de la Congrégation N.-D., IV, 324; teinturiers et sergers, IV, 333; Visitation, IV, 329.

Concevreux, prieuré St-Laurent, IV, 614.

Corbigny, abbaye St-Léonard, IV, 347; ursulines, IV, 470.

Coupvray, trinitaires, IV, 221.

Creil, chapitre St-Évremont, IV, 743.

Dilo, abbaye, IV, 293; religieux, IV, 292.

Dommartin. chapitre N.-D., IV, 413.

Dreux, chapitre St-Étienne, IV, 502; religieuses du St-Sacrement, IV, 758.

Étampes, IV, 241; barnabites, IV, 700; chapitre Ste-Croix, IV, 240; trinitaires, IV, 701.

Faremoustier, II, 485.

Fermaincourt, prieuré, IV. 761.

Ferté-Gaucher (la), augustines, IV, 98.

Ferté-sous-Jouarre (la), IV, 305.

Fontainebleau, mathurins, II, 473; missionnaires, IV, 629.

Fontaines, religieuses, IV, 184.

Froidmont, abbaye, IV, 733.

Gerberoy, IV, 119; chapitre St-Pierre, IV, 119.'

Grandchamp, prieuré, IV, 182.

Grez, prieuré, IV, 580.

Grizelle, prieuré St-Valentin, IV, 445.

Hamel (le), prieuré, IV, 402.

Hautes-Bruyères, religieuses, IV, 778.

Hermières, abbaye, IV, 300, et IV, 462.

Hierre, abbaye N.-D., II, 483.

Houdan, prieuré St-Jean, IV, 782; religieuses, IV, 783.

Jard (le), abbaye St-Jean, IV, 423.

Jouarre, abbaye, IV, 305.

Jouy, abbaye, IV, 795.

Lagny, abbaye St-Pierre, IV, 103.

Lanoy, religieux, IV, 293.

Laval-les-Lagny, prieuré St-Thomas, IV, 103.

Lezines, abbaye de la Charité, IV, 441.

Lheroy, prieuré, IV, 558.

Lis (le), abbaye N.-D., IV, 422.

Malnoue, abbaye N.-D., IV, 299.

Mantes, bénédictines, IV, 603; célestins, IV, 380; chapitre N.-D., IV, 384.

Marais (les), prieuré N.-D., IV, 759.

Marcoussis, célestins, II, 128.

Meaux, IV, 305; abbaye N.-D., IV, 184; abbaye N.-D. de Chage, IV, 202; abbaye St-Faron, IV, 304; bénédictines de St-Nicolas de Noefort, IV, 207; chapitre de la cathédrale, IV, 302; chapitre St-Saintin, IV, 196; officiers du présidial, IV, 415; trinitaires, IV, 186; Visitation, IV, 186.

Melun, ursulines, IV, 420.

Meulan, annonciades, III, 544; prieuré St-Nicaise, IV, 380.

Milly, chapitre, IV, 627.

Molesme, bénédictins, IV, 447.

Molosine, abbaye St-Pierre, IV, 280.

Moncel, religieuses, IV, 743.

Montaterre, prieuré St-Léonard, IV, 746.

Montbéon, prieuré, IV, 528.

Montereau, chapitre N.-D., IV, 664.

Montfort-l'Amaury, religieuses de la Congrégation N. D., IV, 169.

Morienval, abbaye, IV, 339.

Morigny, abbaye, III, 18.

Mouchy-le-Chastel, chapitre N.-D., IV, 293.

Moustiers-au-Perche, prieuré, III, 165.

Neaufle–le-Vieil, abbaye, IV, 782.

Nemours, IV, 261; religieuses de la Congrégation, IV, 784.

Nesle-la-Reposte, abbaye N.-D., II, 480.

Nogent, corps de la ville, IV, 301.

Oissery, chapitre St-Germain, IV, 591.

Orléans, abbaye St-Euverte, I, 298.

Osmoy, prieuré N.-D., IV, 610.

Paiseries de Fermaincourt, prieuré, IV, 761.

Paraclet (le), abbaye, IV, 503.

Paris, I, 579; abbaye D.N.-des Bois, I, 640; abbaye St-Antoine, I, 649; abbaye St-Germain-des-Prés, II, 471; abbaye St-Victor, III, 433; abbaye Ste-Geneviève, II, 471; abbaye du Val-de-Grâce, I, 544; Académie des sciences, III, 159; aides à mouleurs de bois, III, 300; aiguilliers et épingliers, III, 537; annonciades de la rue Culture Ste-Catherine, I, 570; arquebusiers, I, 853; augustines de la Miséricorde, I, 848; augustines de St-Magloire, I, 555; augustines de Ste-Geneviève de Chaillot, III, 139; balanciers, III, 583; barnabites, I, 849; bateliers, III, 539; batteurs d'or, III, 538; bénédictins anglais du faubourg St-Jacques, I, 547; bernardines du Sang précieux, I, 845; Blancs-Manteaux, II, 205; boisseliers, lanterniers et souffletiers, III, 441; bonnetiers et ouvriers en bas, III, 540; bouchers, I, 568; boulangers, III, 298; boulangers du faubourg St-Germain, III, 445; bouquetières, III, 548; bourreliers, III, 537; boutonniers, III, 545; brasseurs, III, 441; brodeurs et chasubliers, III, 205; brossiers, vergetiers et raquetiers, III, 447; carmélites du faubourg St-Jacques, I, 1077; carmélites de la rue Chapon, I, 1369; carmes des Billettes, I, 576; carmes de la place Maubert, I, 618; cartiers, I, 584; ceinturiers, III,

538; célestins, II, 127; chandeliers et huiliers, III, 539; chanoines réguliers de Ste-Croix de la Bretonnerie, III, 463; chanoinesses du St-Sé-de Bellechasse, I, 562; chapeliers, I, 589; chapitre métropolitain, II, 477; chapitre St-Benoît, III, 141; chapitre St-Germain l'Auxerrois, III, 134; chapitre St-Honoré, I, 1400; chapitre St-Jacques de l'Hôpital, I, 620; chapitre St-Jean de Jérusalem, I, 228; chapitre St-Marcel, II, 1232; chapitre St-Merry, I, 393; chapitre St-Nicolas du Louvre, I, 849; chapitre de la Ste-Chapelle, III, 458; chapitre Ste-Opportune, I, 646; chapitre du Sépulcre, I, 640; charcutiers, III, 540; chargeurs de bois, I, 626; charpentiers, I, 854, charrons, III, 539; chartreux, III, 9; chaudronniers, III, 540; chirurgiens, II, 1186; clarisses du faubourg St-Marcel, III, 444; cloutiers, III, 520; coffretiers, malletiers, III, 596; collége de l'Ave-Maria, III, 315; collége de Bayeux, III, 311; collége de Beauvais, III, 294; collége des Bernardins, I, 622; collége de Boissy, III, 328; collége de Cambrai, III, 312; collége du cardinal Lemoine, I, 575; collége des Chollets, I, 608; collége de Cluny, I, 1404; collége de Danville, II, 1221; collége de Fortet, III, 138; Collége de France, I, 840; collége de Gramont, I, 552;

collége des Grassins, II, 1197; collége de justice, I, 609; collége de Laon, I, 587; collége de Lisieux, III, 355; collége de Maître Gervais, II, 481; collége du Mans, III, 311; collége de la Marche, III, 5; collége Mazarin, II, 1136; collége de Montaigu, I, 1092; collége de Navarre, I, 546; collége du Plessis, I, 576; collége de Presle, III, 297; collége de Reims, III, 298; collége de Ste-Barbe, III, 291; collége de Séez, I, 713; collége de Tours, I, 675; communauté de Ste-Agnès, III, 138; compagnie des intéressés du Sénégal et côtes d'Afrique, II, 456; contrôleurs de la büche, III, 324; cordiers, III, 540; cordonniers, III, 541; corroyeurs et baudroieurs, III, 441; courtiers en vin, III, 296; couteliers, III, 539; couturières, III, 447; couvent St-Antoine, III, 117; couvreurs, III, 538; crieurs, I, 1208; crieurs de vieux fers, III, 541; doreurs, III, 545; drapiers, III, 481; écoles de médecine, III, 311; écrivains, III, 206; emballeurs, III, 441; éperonniers, III, 446; épiciers et apothicaires, III, 465; éventaillistes, III, 539; faiseurs de bas, III, 446; faiseurs d'instruments, I, 851; ferreurs d'aiguillettes, III, 542; feuillants, II, 461; Filles de la Croix, III, 435; Filles-Dieu de la rue St-Denis, III, 137; Filles de Ste-Geneviève du quai de

la Tournelle, I, 580; fondeurs, III, 540; fourbisseurs, III, 546; fripiers, III, 310; fruitiers et orangers, III, 541; gainiers, III, 542; gantiers, III, 215; gibeciers, III, 546; grainetiers, III, 443; graveurs, III, 545; horlogers, III, 543; huissiers audienciers des consuls, III, 395; huissiers et commissaires de l'Hôtel-de-Ville, III, 317; imprimeurs et libraires, III, 296; jacobins de la rue St-Dominique, III, 314; jacobins de la rue St-Honoré, III, 311; jaugeurs de vin et essayeurs d'eau-de-vie, III, 387; juridiction royale consulaire de la ville, prévôté et vicomté de Paris, II, 436; lapidaires, III, 542; layetiers, III, 548; limonadiers et distillateurs, III, 444; lingères, III, 303; maçons, III, 548; maîtres à danser et joueurs d'instruments, III, 549; maîtres en fait d'armes, III, 209; marchands, fabricants et ouvriers en draps d'or et de soie, II, 431; marchands de foin, III, 273; marchands de poisson d'eau douce, III, 854; marchands de vin, II, 459; maréchaux ferrants, III, 510; mathurins, II, 1033; mégissiers, III, 515; menuisiers, III, 513; merciers, II, 547; mesureurs de grains, III, 327; minimes, I, 608; miroitiers, III, 517; monastère de la Conception N.-D., I, 842; mouleurs de bois, II, 85; notaires du Châtelet, III, 319;

nouvelles catholiques, III, 446; oiseleurs, I, 571; orfèvres, II, 434; pain d'épiciers, III, 547; papetiers et fournisseurs de l'Université, III, 546; parcheminiers, III, 544; patenôtriers en bois, cornetiers et faiseurs de dés, III, 583; patenôtriers en jais, III, 548; pâtissiers, III, 512; paumiers, III, 209; paveurs, III, 544; peaussiers, III, 543; pêcheurs, I, 587; peigners et tabletiers, III, 440; peintres et sculpteurs de l'Académie royale, III, 485; peintres, sculpteurs, graveurs et enlumineurs, II, 419; pelletiers, I, 426; Pères de l'Oratoire du faubourg St-Jacques, I, 634; Pères de l'Oratoire de la rue St-Honoré, I, 568; plumassiers, III, 542; porteurs de charbon, I, 591; porteurs de grains, III, 318; porteurs de sel, III, 324; potiers d'étain, 543; potiers de terre, III, 213; prémontrés du faubourg St-Germain, I, 617; prêtres de la congrégation de St-Lazare, III, 138; prieuré St-Martin-des-Champs, II, 486; procureurs du Châtelet, III, 439; procureurs de l'élection, III, 316; procureurs de l'officialité, III, 414; procureurs du Parlement, I, 558; religieuses de l'Assomption, rue St-Honoré, I, 558; religieuses de la Madeleine du Tresnel, rue de Charonne, I, 542; religieuses de N.-D. de Consolation, rue du Chasse-Midi, I, 847; reli-

gieuses de N.-D. de Liesse, III, 442; religieuses du Sᵗ-Sacrement de la rue Cassette, I, 591; religieuses de Sᵗᵉ-Élisabeth du Temple, III, 139; religieuses de Sᵗᵉ-Marie de Chaillot, I, 697; religieux de la Merci, I, 607; religieux de Sᵗᵉ-Catherine du Val-des-Écoliers, I, 607; rôtisseurs, III, 545; rouleurs et chargeurs de vin, III, 327; selliers, lormiers et carrossiers, III, 442; séminaire Sᵗ-Nicolas du Chardonnet, III, 295; séminaire Sᵗ-Sulpice, I, 537; séminaire de l'Union chrétienne de Sᵗ-Chaumont, I, 562; serruriers, III, 211; Sorbonne, III, 139; taillandiers et ferblantiers, III, 208; tailleurs, III, 322; tanneurs, III, 445; teinturiers, I, 846, et III, 549; tireurs d'or et d'argent, III, 510; tisserands, III, 521; tissutiers, rubanniers, frangers et ouvriers en draps d'or et de soie, III, 212; tondeurs de draps, III, 544; tonneliers et déchargeurs de vin, I, 854; tourneurs, III, 544; trésoriers, III, 299; ursulines du faubourg Sᵗ-Jacques, I, 547; ursulines de la rue Sᵗᵉ-Avoye, I, 536; vanniers et quincailliers, III, 199; vendeurs et contrôleurs de vin, III, 295; vendeurs de poisson de mer, I, 644; verriers, faïenciers, couvreurs de flacons et bouteilles en osier, III, 207; vinaigriers, III, 547; Visitation, III, 302; Visitation du faubourg Sᵗ-Germain, II, 482; Visitation du faubourg Sᵗ-Jacques, II, 481; Visitation Sᵗᵉ-Marie, II, 310; vitriers et peintres sur verre, III, 540.

Parmain, fief, IV, 252.

Poissy, chapitre N.-D., IV, 295; monastère Sᵗ-Louis, II, 484.

Pont, IV, 746; officiers de l'Hôtel-de-Ville, IV, 766; prieuré, IV, 739.

Pont-aux-Dames, abbaye, IV, 181, et IV, 303.

Pontoise, carmélites, IV, 251; chapitre Sᵗ-Melon, IV, 507; officiers du bailliage, IV, 672; officiers du grenier à sel, IV, 556; prêtres de l'Oratoire, IV, 252; religieuses de l'Hôtel-Dieu, IV, 507; religieux de Sᵗ-Martin, IV, 674; trinitaires, IV, 556; ursulines, IV, 464.

Port-Royal-des-Champs, abbaye, III, 150.

Provins, IV, 298; abbaye du Montnostre, IV, 87; abbaye Sᵗᵉ-Catherine, IV, 296; chapitre N.-D. du Val, IV, 296; chapitre Sᵗ-Ayoul, IV, 538; chapitre Sᵗ-Nicolas, IV, 89; chapitre Sᵗ-Quiriace, IV, 88; corps de l'élection, IV, 801; maison des Bonshommes, IV, 807; officiers du présidial, IV, 802; prieuré Sᵗᵉ-Croix, IV, 538; religieuses de la Congrégation, IV, 88; religieux de Sᵗ-Jacques, IV, 207.

Rebais, abbaye Sᵗ-Pierre, IV, 304.

Reconfort, abbaye, IV, 472.

Reuil, religieux, IV, 218.

Royaulieu, abbaye, IV, 339.
Royaumont, abbaye, IV, 735.
Rozay, religieuses, IV, 662.

Sailly, prieuré, IV, 611.
Saint-Cloud, chapitre, I, 297, et II, 461.
Saint-Corentin, abbaye, IV, 614.
Saint-Cyr, abbaye, IV, 781; maison St-Louis, I, 180.
Saint-Denis, abbaye, II, 467.
Saint-Fiacre-en-Brie, prieuré, IV, 188.
Saint-Gemme, prieuré, III, 13.
Saint-Germer, abbaye, IV, 718.
Saint-Julien-du-Sault, chapitre S-Pierre, IV, 43.
Saint-Laurent-les-Sens, chapitre, IV, 648.
Saint-Leu, religieux, IV, 743.
Saint-Maur-les-Fossés, chapitre, II, 470.
Saint-Maurice, prieuré, IV, 289.
Saint-Pierre-au-Mont de Chastres, IV, 336.
Saint-Quentin, abbaye St-Prix, II, 474; chapitre, II, 476.
Saint-Sauveur, prieuré, IV, 154.
Saulieu, en Bourgogne, I, 466.
Segrez les Rozoy, prieuré de la Madeleine, II, 936.
Sellières, abbaye, IV, 546.
Senlis, IV, 13; abbaye St-Vincent, IV, 518; chapitre de la cathédrale, IV, 740; chapitre St-Frambourg, IV, 741; chapitre St-Rieul, IV, 742; religieuses de la Présentation, IV, 497.
Sens, abbaye St-Jean-les-Sens, IV, 525; abbaye St-Paul, IV, 25; abbaye St-Pierre-le-Vif, IV, 290, et IV, 498; abbaye St-Remi-les-Sens, IV, 525; abbaye Ste-Colombe, IV, 651; annonciades, IV, 22; archevêché, IV, 14; bénédictines, IV, 521; bénédictins de Ste-Colombe, IV, 292; carmélites, IV, 22; célestins, IV, 201; chapitre de la cathédrale, IV, 14; collége des jésuites, IV, 454; notaires, IV, 520; officiers du bailliage, IV, 522; officiers de l'élection, IV, 291; officiers du grenier à sel, IV, 453; officiers de la prévôté, IV, 526; procureurs du bailliage et siége présidial, IV, 521; séminaire, IV, 21; ursulines, IV, 21.
Sixte, prieuré, IV, 525.
Stenil, prieuré, IV, 614.

Tiron, (le petit), prieuré, IV, 613.
Tonnerre, IV, 448; bénédictins, IV, 575; bouchers, IV, 578; boulangers, IV, 575; cabaretiers et hôteliers, IV, 576; chapeliers, IV, 577; couvreurs, IV, 576; marchands, IV, 574; menuisiers, IV, 577; officiers de l'élection, IV, 578; orfèvres, IV, 574; pâtissiers, IV, 576; potiers d'étain, IV, 576; savetiers, IV, 577; selliers, IV, 576; serruriers et armuriers, IV, 575; taillandiers, IV, 577; tailleurs d'habits, IV, 577; texiers, IV, 575; tonneliers, IV, 576.
Tresnel, chapitre, IV, 648.

Val-de-Gif, abbaye N.-D., II, 455.

Valprofonde, chartreuse, IV, 43.

Val-St-Georges, chartreuse N.-D., IV, 349.

Vauluisant, abbaye, IV, 153.

Vaux-de-Cernay, abbaye, IV, 779.

Velmandois, prieuré, IV, 683.

Vézelay, chapitre de la Madeleine, IV, 243; officiers de l'élection, IV, 242; ursulines, IV, 345.

Victoire (la), abbaye, IV, 518.

Vieuxport, prieuré, IV, 44.

Vilbéon, prieuré, IV, 560.

Villarceau, prieuré, III, 148.

Villefolle, chapitre, IV, 649.

Ville-L'Evesque (la), bénédictines, I, 566.

Villeneuve-le-Roi, bénédictines. IV, 522; notaires, IV, 527; officiers du bailliage, IV, 527: procureurs du bailliage, IV. 528.

Vincennes. chapitre de la chapelle, III, 116; minimes, I. 608.

PICARDIE

Abbeville, 365*bis*; bonnetiers, 425; bouchers, 293; boulangers, 288; cabaretiers à bière, 760; carmélites, 369*bis*; chapelains de St-Jean-des Prés, 644; chapelains du grand autel de St-Vulfran, 747; chapitre St-Vulfran, 365*bis*; chartreux, 276; chaudronniers, 274; chirurgiens, 644; cordiers, 287; cordonniers, 286; couturières et lingères, 291; cuisiniers, 276; dominicaines, 277; drapiers et chaussetiers, 289; franciscaines, 451; houppiers, 295; jacobins, 471; jardiniers, 287; laboureurs, charrons, maréchaux, éperonniers, selliers et violons, 647; maçons, chaufourniers, briquetiers, charpentiers, scieurs d'ais, couvreurs, plaqueurs, menuisiers, monteurs d'affûts et chapeliers, 630; mégissiers, gantiers et fourreurs, 292; marchands de linge, 421; marchands de vin et brasseurs, 631; merciers, 289; mesureurs de grains, 645; notaires, 268; officiers des traites, 365*bis*; orfèvres, horlogers, graveurs en cachet et graveurs en taille douce, 647; pâtissiers, 643; perruquiers, 631; présidial, 424; prieuré St-Pierre, 265, et 427*bis*; sueurs de vieil, 288; tailleurs, 279; teinturiers, 427*bis*; tisserands, 426; tonneliers, 425; ursulines, 271; Visitation, 264.

Airaine, prieuré, 444, et 606.

Aire, 481; apothicaires, 784; aubergistes, cuisiniers, vinaigriers et saliniers, 782; bateliers, 783; béguines, 782; boulangers et merciers, 784; brasseurs, 781; chapitre St-Pierre, 483; cordonniers, 783; corroyeurs et pelletiers, 783; drapiers, 783; graissiers, 783; hôteliers et cabaretiers, 781; maçons, couvreurs et potiers de terre, 781; mandeliers, peintres et vitriers, 782; marchands de fer, 781; marchands de toile et tisserands, 783; orfèvres, chaudronniers et quincailliers, 782; prieuré St-André, 483; religieuses pénitentes, 781; savetiers, 782;

serruriers, maréchaux, selliers et fourbisseurs, 782; tanneurs, 783; tonneliers et charpentiers, 781.

Albert, prieuré, 714.

Amiens, 403; abbaye du Paraclet, 38; abbaye' St-Jean, 405; apothicaires et vinaigriers, 550; bateliers et poissonniers, 621; bonnetiers, 544; bouchers, 543; boulangers, 543; brasseurs, 554; cabaretiers et hôteliers, 542; carmélites, 381; carmes, 47; célestins, 363; chanoines de l'abbaye St-Martin-aux-Jumeaux, 364; chapelains du chapitre de la cathédrale, 19; chapeliers, 405; chapitre de la cathédrale, 9; chapitre St-Firmin, 20; chapitre St-Nicolas, 21; charbonniers, 551; charpentiers, charrons et tourneurs, 562; chaudronniers, 549; chirurgiens et perruquiers, 567; cloutiers et serruriers, 546; cordeliers, 367; cordonniers, 548; corps du présidial, 400; corroyeurs, selliers et bourreliers, 549; couvent St-Jean, 363; couvreurs et pailloteurs, 549; drapiers et chaussetiers, 403; feuillants, 363; fripiers, 560; gantiers et pelletiers fourreurs, 547; hautelisseurs, 543; hortillons et jardiniers, 548; houppiers, 543; huissiers à masse, 604; jacobins, 73; jésuites, 30; maçons, 566; maréchaux, 544; médecins, 606; menuisiers, 559; merciers, 403, et 542; mesureurs de blé, 550; minimes, 376; notaires, 568; officiers de l'élection, 565; orfèvres, 404; pâtissiers, 550; peintres, sculpteurs et doreurs, 570; potiers d'étain, 542; prêtres de l'Oratoire, 394; procureurs au bailliage et siège présidial, 556; religieuses de St-Julien, 38; savetiers, 551; sayetiers, 543; séminaire, 430; taillandiers et couteliers, 551; tailleurs, 547; tanneurs, 404; lapissiers, ordiers et tisserands, 551; teinturiers, 542; tondeurs et pareurs, 552; tonneliers, 431; ursulines, 17; Visitation, 1; vitriers et vanniers, 544.

Anchin, abbaye St-Sauveur, 365; corps du magistrat, 681; religieux, 365.

Ardres, 815 *bis*.

Arras, abbaye S -Vaast, 150; abbaye du Vivier, 153; apothicaires, 720; archers de la confrérie de St-Sébastien, 732; bouchers, tripiers et charcutiers, 420; boulangers, 418; brigittines, 165; chapelains de la cathédrale 183; chapeliers, teinturiers et marchands de laine, 418; chapitre de la cathédrale, 364; charpentiers et tonneliers, 418; cordiers, potiers de terre et faïenciers, 420; cordonniers, 417; cordonniers en veau, 419; domicains, 654; drapiers, 416; fripiers, tisserands, mulquiniers, boutonniers et couteliers, 418; horlogers, graveurs et armuriers, 417; Hôtel-de-Ville, 127; jésuites, 735; jus-

tice de l'abbaye de Sᵗ-Vaast, 149; lingères, 417; maçons, couvreurs et arpenteurs, 419; magistrat, 364; marchands de fer, 416; maréchaux-ferrants et cloutiers, 419; mathurins, 732; menuisiers, 417; merciers, 421; merciers et chandeliers, 421; meuniers et mandeliers, 418; officiers des eaux et forêts, 733; officiers de la maréchaussée, 734; orfèvres, fourbisseurs, étainiers, plombiers et épingliers, 420; pelletiers, peaussiers, matelassiers, gantiers et bourreliers, 421; prévôté de Sᵗ-Michel dépendant de Sᵗ-Vaast, 152; religieuses de la Paix de Jésus, 369; religieuses de l'abbaye du Vivier, 154; religieux de Sᵗ-Vaast, 150; selliers et corroyeurs, 420; taillandiers, charrons, carillonneurs et coutnriers en linge, 420; tailleurs, 417; tanneurs, 419; vitriers, sculpteurs, peintres, brodeurs et libraires, 184.

Arrouaise, abbaye, 161; religieuses, 162.

Artois, États, 364.

Aubigny, prieuré, 729.

Audruicq, 737; communauté et mairie, 218.

Avesnes, abbaye, 177.

Bapaume, boulangers, 730; cordonniers, 730; drapiers, 729; mayeur et échevins, 170; merciers, 729.

Beaulieu, abbaye, 334.

Beaurainville, prieuré, 789.

Bertaucourt, abbaye, 389.

Béthune, 684; annonciades, 802; avaleurs de vin et jaugeurs, 807; bénédictines, 802; bouchers, 805; chapitre Sᵗ-Barthélemy, 806; chirurgiens, 805; cordiers et charpentiers, 803; jésuites, 808; marchands de draps, 805; religieuses de la Conception, 805; porteurs au sac, 804; saveliers, 802; serruriers et maréchaux, 803; tailleurs, 803; tanneurs, cordonniers et corroyeurs, 804; tisserands, 803.

Beussen, prieuré, 826.

Biache, religieuses de l'abbaye, 713.

Blandecque, abbaye, 212.

Blangy, abbaye, 683.

Bœurrière (la), prieuré, 796.

Boulogne, 773; abbaye Sᵗ-Vulmer, 356; annonciades, 340; boulangers, serruriers, fourbisseurs, chaudronniers et taillandiers, 774; chapelains de la cathédrale de Boulogne, 767; chapitre N.-D., 802; chirurgiens, apothicaires, barbiers et perruquiers, 774; cordonniers, talonniers, chapeliers, savetiers, potiers d'étain et de terre, 774; drapiers et merciers, 775; officiers de la maîtrise des eaux et forêts, 779; officiers de la maréchaussée, 778; officiers de la sénéchaussée, 779; prêtres de l'abbaye Sᵗ-Vulmer, 666; prieuré de Sᵗ-Vaast, 765; séminaire, 765; tanneurs, selliers, bourreliers et gantiers, 774; ursulines, 337.

Calais, 815*bis*; bateliers, 820; boulangers, 818; cabaretiers, 818; fourbisseurs, vitriers, chaudronniers et charretiers de rivière, 820; meuniers, 818.

Cappy, prieuré, 713.

Cayeux, prieuré, 618.

Cerisy, prévôté, 561.

Chepy, marquisat, 433.

Chocques, abbaye, 797.

Clairmarais, abbaye, 190.

Corbie, bénédictins, 897.

Dompmartin, abbaye, 493.

Doullens, 862; bouchers et charcutiers, 864; brasseurs, boulangers et meuniers, 864; chapeliers, peigneurs de laine, tisserands, cordiers et sabotiers, 863; charpentiers, menuisiers, tonneliers, charrons, selliers, maçons, couvreurs, pailloteurs et vitriers, 864; drapiers, lingers et tailleurs, 863; fermatiens, chirurgiens et perruquiers, 864; hôteliers et cabaretiers, 864; merciers, 863; officiers de l'élection, 861; serruriers, armuriers, taillandiers, maréchaux, selliers et bourreliers, 863; tanneurs, corroyeurs, cordonniers et savetiers, 863.

Esclainville, prieuré St-Faron, 845.

Espagne, abbaye, 267.

Fervaques, abbaye N.-D., 515.

Franquembergue, chapitre, 213.

Frevent, corps du magistrat, 789.

Fromecourt, prieuré, 789.

Gamaches, chapitre, 613.

Gard, religieux-de l'abbaye, 689.

Gorres, prévôté, 800.

Gonnay du Mont-Ste-Marie, chartreuse, 166; chartreux, 862.

Gouy, prieuré St-Pierre, 690.

Hesdin, 492; chapelains de St-Louis, 499; chapitre St-Martin, 494; prieuré St-Georges, 499.

Homblières, abbaye N.-D., 530.

Honnecourt, abbaye, 872.

Houdin, prieuré, 726.

Lens, chapelains du chapitre, 725; chapitre, 725; corps du magistrat, 369.

Leuilly, prieuré, 561.

Lieu-Dieu (le), abbaye, 620; religieux, 620.

Libons, prieuré, 712; religieux, 415.

Longpré, chapitre, 259.

Longvilliers, abbaye, 352; religieux de l'abbaye, 339.

Mareuil, abbaye, 733; prieuré, 274; religieux, 734.

Montdidier, 837; apothicaires, chirurgiens, barbiers et perruquiers, 853; bouchers et gantiers, 852; boulangers et pâtissiers, 850; bourreliers, taillandiers et chaudronniers, 851; cabaretiers et tonneliers, 850; chapeliers, peigneurs de

laine, tailleurs et teinturiers 851; cordonniers, 852; drapiers et merciers, 844; étamiers, maréchaux-ferrants et serruriers, 853; lingers et tisserands, 851; maçons et charpentiers, 852; mandeliers, vanniers et jardiniers, 851; menuisiers, tourneurs et vitriers, 851; officiers du bailliage. 832; officiers de l'élection. 834; officiers de la prévôté. 844; procureurs du bailliage et de la prévôté. 857; religieuses du prieuré N.-D., 837; tanneurs et corroyeurs, 851; ursulines, 837.

Montreuil, 831; abbaye Ste-Austreberte, 822; bonnetiers et chapeliers, 830; bouchers, 826; boulangers, 827; bourreliers et selliers. 830; brasseurs, 828; chaudronniers, 829; chirurgiens. barbiers et perruquiers, 828; cloutiers, 828; cordiers. 828; cordonniers, 829; couvreurs et potiers de terre, 828; cuisiniers, pâtissiers et charcutiers, 831; gantiers et mégissiers, 826; lingers, 829; marchands, 825; marchands de draps, 828; maréchaux. 829; menuisiers, 830; savetiers, 829; sergers, 830; tailleurs, 829; tanneurs, 825.

Mont-St-Éloi (le), abbaye, 167.

Mont-St-Martin (le), abbaye, 511.

Mont-St-Quentin, couvent, 368.

Moreaucourt, abbaye, 21.

Neuville, chartreuse, 358.

Noyelle, chapitre N.-D., 300.

Pas, prieuré, 791.

Pernes, 789.

Péronne, 414, et 700; apothicaires et perruquiers, 708; arquebusiers, 720; bouchers, 697; boulangers, 698; bourreliers, selliers et gantiers, 697; brasseurs, 704; chapelains de St-Fursy. 695; chapitre St-Fursy, 408; charpentiers. cordiers et savetiers, 699; chirurgiens. 702; cordonniers, 698; corps du bailliage, 413; couvreurs, 697; cuisiniers, pâtissiers et rôtisseurs, 698; hôteliers et cabaretiers, 698; maçons, 703; manneliers et tourneurs, 697; maréchaux et charrons, 699; menuisiers, 698; merciers, 415; mulquiniers et tisserands, 698; officiers de l'élection, 702; officiers du grenier à sel, 368; officiers des traites foraines, 718; orfèvres, chaudronniers et chapeliers, 697; poissonniers d'eau douce, 698; serruriers, 696; taillandiers et vitriers, 696; tailleurs, 696; tanneurs et tonneliers, 707; ursulines, 412.

Picquigny, chapitre, 561.

Poix, prieuré N.-D., 441; prieuré St-Denis. 614.

Ponthieu, corps de l'élection, 365 bis.

Rollot, chapitre, 847.

Roye, chapitre Sᵗ-Florent, 870; chirurgiens, 870; drapiers, 870; menuisiers, 870; officiers du bailliage, 870; officiers du grenier à sel, 870; officiers de la ville et mairie, 834; tanneurs, 870.

Ruisseauville, abbaye, 678.

Saint-Acheul, abbaye, 15.

Saint-André-au-bois, abbaye, 497.

Saint-Augustin-en-Artois, abbaye, 482.

Saint-Fuscien-au-Bois, abbaye, 81.

Saint-Omer, 185; abbaye Sᵗ-Bertin, 188; apothicaires, 747; bouchers, 746; boulangers, 744; brasseurs, 741; charpentiers et menuisiers, 745; cordiers, fourbisseurs et vitriers, 745; cordonniers, 743; corroyeurs, selliers et bourreliers, 744; cuisiniers et chaudronniers, 744; faiseurs de bateaux et bateliers, 743; graissiers, 741; hôteliers, 745; maçons, sculpteurs, peintres et doreurs, 711; mesureurs, porteurs au sac et brouetteurs, 744; meuniers, 745; officiers du bailliage, 745; orfèvres, 747; pelletiers et chapeliers, 743; religieuses conceptionnistes, 745; religieuses pénitentes, 745; religieuses de Sᵗᵉ-Catherine, 742; religieuses de Sᵗᵉ-Marguerite, 746; savetiers, 743; séminaire, 217; séminaire des jésuites anglais, 737; serruriers et maréchaux, 744; tailleurs d'habits, fripiers et tapissiers, 747; tanneurs, 741; tisserands et mandeliers, 741; tourneurs et tonneliers, 742; urbanistes, 743; ursulines, 216.

Saint-Pierre-les-Selincourt, abbaye, 87; religieux, 86.

Saint-Pol, 681; bouchers, 684; brasseurs, 654; carmes chaussés, 678; chapitre collégial, 789; cordonniers, 684; marchands, 684.

Saint-Prix, prieuré, 798.

Saint-Quentin, 506; archers, 525; blanchisseurs de toile, 896; bouchers, 896; brasseurs, 578; canonniers, 531; chapelains, 531; chapeliers, 526; chapitre Sᵗᵉ-Pécinue, 501, et 885; charpentiers, charrons et ardoisiers, 876; chirurgiens, 523; cuisiniers et pâtissiers, 526; drapiers, 881; maçons, plaqueurs et paveurs, 896; mandeliers, cordiers et chaudronniers, 874; marchands de toile, 525; menuisiers, 525; merciers, 885; meuniers, 896; notaires, 529; officiers du bailliage, 527; officiers de l'élection, 528; officiers du grenier à sel, 528; officiers de l'Hôtel-de-Ville et juridiction de la police, 885; officiers de la maréchaussée, 877, et 885; religieuses de N.-D. du Petit-Pont, 517; religieux de l'abbye Sᵗ-Martin, 885; religieux de l'abbaye Sᵗ-Prix, 885; religieux de l'abbaye de Sᵗ-Quentin-en-l'Ile, 876; serruriers, fourbisseurs

et taillandiers, 876; tailleurs et fripiers, 525 ; tisserands et cordonniers, 896.

Saint-Riquier, abbaye, 861; religieux, 862.

Saint-Silvin-en-Auchy, abbaye, 500.

Saint-Valery, religieux, 613.

Samer, abbaye, 329; religieux, 768.

Sertan, prieuré, 792.

Sery, abbaye, 559.

Sommereux, commanderie, 691.

Strun, abbaye, 157.

Templeux-la-Fosse, couvent, 369.

Ticuloye, dominicaines, 365.

Tubeauville, abbaye, 355.

Valloir, abbaye, 820 ; religieux, 821.

Val-Ste-Aldegonde, chartreuse, 227, et 423.

Vermand, abbaye N.-D., 871.

Villers, comté, 240.

Willencourt, abbaye, 266.

POITOU

Aizenay, prieuré, 1218.

Alleux (les), abbaye, 1052.

Angle, abbaye, 924, et 933; religieux, 924.

Angles, à Chantonnay, prieuré, 940.

Anjambes, prieuré, 915.

Ardilliers, à St-Etienne de Carcoy, prieuré, 940.

Argenton - Château, tanneurs, blanconniers, corroyeurs, cordonniers, tisserands, marchands de draps, épiciers, chapeliers, menuisiers et serruriers, 1386.

Aslonne, prieuré, 900.

Aulnay, carmes, 1069.

Baugrelière (la), chapelle, 943.

Bazoges, prieuré, 939.

Beaulieu, prêtres de la Mission, 704.

Beauvoir, jacobins, 378; mathurins, 947; prieuré, 935.

Bellenoue, prieuré, 933.

Bellevois, prieuré, 941.

Béthines, prieuré, 884.

Boisgrolland, abbaye, 932; prieuré, 378.

Boisrolland, prieuré, 936.

Bonneuil, religieuses, 922.

Bonneval, abbaye St-Jean, 654; religieux, 918.

Bonpère, prieuré, 938.

Bouresse, prieuré, 905.

Bourgueil, prieuré, 942.

Brauds (les), chapelle, 944.

Brenne, prieuré St-Martin, 938.

Bressuire, 653; boulangers et bouchers, 718; cabaretiers, 718; chirurgiens et apothicaires, 273; corroyeurs, cordonniers, selliers, et bâtiers, 719; franciscaines, 718; marchands de draps, merciers, épiciers et teinturiers, 719; menuisiers, charpentiers, maçons, armuriers, serruriers, maréchaux et poisliers, 653; sergers, droguetiers et fileurs de laine, 719; tailleurs, chapeliers et tondeurs, 719.

Bretonnière (la), chapelle, 943.

Breuil-Herbaut (le), abbaye, 933.

Brignon, abbaye, 1424.

Brouzils, prieuré, 939.

Bruyères (les), prieuré St- Léonard, 1423.

Celle (la), abbaye, 883,

Celles, abbaye N.-D., 174.

Cerisiers (les), religieuses, 1575.

Cernay, prieuré, 1472.

Chaise (la), prieuré, 933.

Chaise-aux-Moines (la), prieuré, 884.

Chambon, abbaye, 892, et 1429.

Chanonie (la), à Mouilleron-le-Captif, prieuré, 941.

Charroux, abbaye, 901; chape-liers, cordonniers, tanneurs, bouchers, tailleurs d'habits, marchands, serruriers, me-nuisiers, charpentiers, ma-çons et maréchaux, 1508; sergetiers, tireurs d'étain, texiers et escardeurs, 1510.

Chassay, prieuré, 937.

Châteaulacher, prieuré, 902.

Châtellerault, 660, et 1471; apothicaires et chirurgiens, 400; armuriers, 526; bou-chers, 396; boulangers, 399; cardeurs et tireurs d'étain, 397; chapitre N.-D., 392; cor-donniers, 527; corroyeurs, selliers et bourreliers, 527; couteliers, 397; faïenciers, vitriers et faiseurs de seaux, 528; maçons, charpentiers et couvreurs, 397; maréchaux et cloutiers, 397; menuisiers, tourneurs, charrons, et char-pentiers de bateaux, 399; mi-nimes, 442; notaires, 722; of-ficiers de l'élection, 401; orfèvres et horlogers, 395; offi-ciers de la maréchaussée, 1473; prieuré St-Romain, 1464; procureurs, 1465; reli-gieuses de la Congrégation N.-D., 391; sabotiers et tonne-liers, 527; sergetiers et cha-peliers, 400; serruriers, 527; tailleurs d'habits et cordiers, 537; tanneurs, 396; tisserands, 398.

Châtelliers, abbaye N.-D., 430.

Chauvigny, chapeliers, tailleurs, boulangers et menuisiers, 1496; chapitre et prieuré St-Pierre, 725; chirurgiens et apothicaires, 1496; marchands merciers et ciriers, 1498; ma-réchaux, serruriers, armu-riers, bonnetiers, maçons, charpentiers, meuniers, hui-liers et pintiers, 918; tan-neurs, corroyeurs, selliers, sergetiers et tisserands, 1495.

Chefoy, prieuré, 937.

Cheneché, prieuré, 926.

Civray, bénédictines, 910; bou-langers et bouchers, 1521; charpentiers, menuisiers, ma-çons, couvreurs, maréchaux et serruriers, 1520; chirur-giens et apothicaires, 1522; marchands de blé, de draps, merciers, épiciers et serge-tiers, 1521; notaires, 909; procureurs, 922; selliers, cordonniers, tanneurs, cor-royeurs et bâtiers, 1519.

Collet (le), chapelle, 944.

Comblé, prieuré, 903.

Coudrinne, chapelle, 943.

Crousilles, prieuré, 915.

Cubort, prieuré, 798.

Dollebaudes (les), chapelle, 944.

Eaux (les), prieuré, 942.

Encloistre (l'), religieuses, 279.

Étoile (l'), abbaye, 333.

Fenouillet, prieuré St-Ambroise, 939.

Ferrières, abbaye, 1426.

Fontaine - Aubernard, prieuré, 934.

Fontaine-la-Combe, 917.

Fontaine - le - Comte, couvent, 447.

Fontaine-Millon, chapelle, 912.

Fontenay-le-Comte, 176, et 1193; abbaye, 508; armuriers, taillandiers et éperonniers, 364; avocats, 1191; bouchers, 507; boulangers, 364; bourreliers et selliers, 363; charpentiers et menuisiers, 705; chirurgiens, 508; cordonniers, 363; franciscaines, 355; hôtes et cabaretiers, 364; jésuites, 363; marchands de draps, blé, fer, merciers, épiciers, ferronniers et libraires, 704; maréchaux ferrants, 361; merciers, chamoiseurs, blanconniers et gantiers, 1187; orfèvres, 1189; poêliers et chaudronniers, 1188; potiers d'étain, bouchers, serruriers, maréchaux et boulangers, 1191; procureurs, 1193; religieuses de N.-D., 355; sergetiers et tondeurs, 705; serruriers, vitriers et fourbisseurs, 705; tailleurs, 1188; tailleurs de pierres, maçons et couvreurs, 365; tanneurs, 363.

Fontenelle, abbaye, 933.

Fontmorand, prieuré, 306.

Fossemagne, chapitre, 1050.

Foucaudière (la), couvent, 442.

Fouilloux, prieuré St-Martin, 1052.

Froidefond, prieuré, 938.

Gavezay, prieuré, 937.

Gemay, abbaye, 885.

Grande-Lute (la), chapelle, 943.

Grande-Sauve (la), prieuré, 884.

Grenetière (la), abbaye, 932; religieux, 946.

Grue, prieuré, 934.

Guillots, à Soulans, (chapelle des), 942.

Hayes (les), prieuré, 1469.

Herbars (les), prieuré N.-D., 937; prieuré St-Pierre, 937.

Hérisson, chapelle St-Jean, 1433.

Jard, abbaye, 933.

Jazeneuil, prieuré St-Jean-Baptiste, 1551.

Jonchère, prieuré, 938.

Laiguillon, prieuré St-Grégoire, 941.

Lairoux, prieuré, 931.

Lande (la), prieuré, 935.

Lavayré, prieuré, 921.

Lehergement, chapelle, 942.

Legé, prieuré, 940.

Lestour, prieuré, 1183.

Ligugé, prieuré, 903.

Lisle-Chauvet, abbaye, 1209; religieux, 945.

Loizilliers, à St-Fulgent, prieuré, 941.

Longueville, prieuré, 934.

Loudun, prieuré du château, 913.

Luc (le), prieuré St-Pierre, 937.

Luçon, boulangers, 1567; chapitre de la cathédrale, 931; chirurgiens et apothicaires, 1567; cordonniers, selliers, bourreliers et gantiers, 1568; évêché, 1572; maçons, tailleurs de pierres et couvreurs, 1568; marchands d'étoffes, de blé, merciers, épiciers, orfèvres et bouchers, 1569; maréchaux, serruriers, armuriers, cloutiers, couteliers et éperonniers, 1569; menuisiers, tonneliers, charpentiers et charrons, 1569; potiers d'étain, vitriers et chaudronniers, 1567; séminaire, 945; sergetiers, 1568; tailleurs d'habits et chapeliers, 1567; tisserands et cordiers, 1568; ursulines, 945.

Lusignan, bouchers, boulangers et tessiers, 1551; chirurgiens et apothicaires, 850; maréchaux et taillandiers, 870; notaires, 869; officiers du siége royal, 592; procureurs, 925; selliers, bourreliers et tanneurs, 864; sergetiers, 1545.

Lussac, chirurgiens, épiciers, merciers et sergetiers, 1493; prieuré de la Madeleine, 1501; tisserands, cordonniers, bouchers et huiliers, 1494.

Luzaye, chapelle Ste-Anne, 1424.

Marçay, prieuré, 910.

Mareuil, charpentiers, menuisiers, maçons, armuriers et serruriers, 1179; chirurgiens et apothicaires, 1180; marchands de blé, étoffes, bois, résines, merciers et bouchers, 1179; maréchaux, selliers, bourreliers, cordonniers, philtoupiers et tailleurs, 1179.

Martirs, prieuré, 935.

Mauléon, marchands de draps, 1285; maréchaux, serruriers, armuriers et autres, 1285; officiers de l'élection, 632; officiers de la juridiction des gabelles, 1297.

Melle, apothicaires et chirurgiens, 436; bouchers, 1025; merciers, épiciers et vendeurs de menues denrées, 1026; officiers du siége royal, 591; notaires, 1019; potiers de terre, ferronniers, huiliers, éperonniers et vitriers, 1027; prieuré St-Hilaire, 1054; savetiers, tanneurs et corroyeurs, 1015; selliers, bourreliers, charpentiers, menuisiers, tailleurs de pierre, maçons et cordiers, 1025; sergetiers, 1025; serruriers, armuriers, maréchaux et poêliers, 1017; tailleurs d'habits et tisserands, 1027.

Monigouste, chapitre St-Jean-Baptiste, 126.

Montaigu, chapitre, 932; prieuré St-Georges, 936; prieuré St-Jacques, 936.

Montegreigue, prieuré, 939.

Montmorillon, augustins, 428; bouchers, 552; boulangers, 552; chapeliers et tailleurs, 550; charpentiers, menuisiers, maçons et recouvreurs, 552; chirurgiens et apothi-

caires, 551 ; cordonniers, 552 ; marchands de blé, étoffes, toiles, merciers et épiciers, 555 ; officiers de la sénéchaussée, 926 ; prieuré St-Martial, 1504 ; selliers, bourreliers, tanneurs et corroyeurs, 551 ; sergetiers, étaminiers et teinturiers, 549 ; taillandiers et serruriers, 549 ; tisserands, 552 ; vitriers et pintiers, 549.

Montreuil-Bonnin, prieuré, 884.

Mortagne, apothicaires, 1256 ; boulangers et bouchers, 1268 ; marchands d'étoffes et de fer, 1268 ; maréchaux, menuisiers, charpentiers et tisserands, 1268 ; pintiers et tailleurs, 1268.

Mothe (la), religieuses, 1056.

Nanteuil, abbaye, 924.

Nieul, religieux, 359.

Nintré, prieuré, 1467.

Niort, 136, et 1098 ; apothicaires et chirurgiens, 1065 ; bénédictines de la Trinité, 142 ; bouchers et poissonniers, 1064 ; boulangers et merciers, 1102 ; carmélites, 174 ; chapeliers, 1092 ; ciergiers et chandeliers, 1101 ; cordiers et filassiers, 1071 ; cordonniers, 1065 ; corroyeurs ; 1058 ; ferronniers, 1090 ; fourbisseurs, 1074 ; franciscaines, 438 ; hospitalières, 1114 ; maçons, 1128 ; maréchaux, 1091 ; orfèvres, 1057 potiers d'étain, 1071 ; prêtres de l'Oratoire, 166 ; prieuré N.-D. et St-André et St-Florent-les-Escelle, 71 ; selliers,

1092 ; sergetiers, 1058 ; serruriers, 1072 ; tailleurs d'habits, 1095 ; tondeurs, teinturiers et droguetiers, 1056 ; ursulines, 171.

Noaillé, abbaye, 922.

Noirmoutier, abbaye, 933 ; prieuré, 935 ; religieux, 946.

Nollière (la), chapelle, 944.

Noyers, prieuré St-Sulpice, 1471.

Oiron, chapitre, 1321.

Oirvaux, charpentiers, menuisiers, maçons et tonneliers, 545 ; chirurgiens, 545 ; maréchaux, serruriers et selliers, 931 ; merciers, gantiers et potiers d'étain, 544 ; sergetiers, 545 ; tanneurs, corroyeurs, cordiers et bottiers, 545 ; tisserands et cordonniers, 544.

Olonne, prieuré Ste-Croix, 938 ; prieuré de Vendôme, 934.

Orbestier, abbaye St-Jean, 932.

Pamprou, prieuré, 902.

Parthenay, 289 ; bouchers, 930 ; boulangers, 930 ; chapeliers, tailleurs et potiers d'étain, 928 ; chapitre Ste-Croix, 1480 ; charpentiers, menuisiers, maçons, couvreurs et cordiers, 928 ; chirurgiens et apothicaires, 930 ; cordonniers, 1477 ; merciers et épiciers, 1477 ; prieuré de la Maison-Dieu, 1430 ; prieuré St-Paul, 1432 ; selliers, tanneurs, blanconniers, maréchaux, serruriers et couteliers, 929 ; sergetiers, drapiers, faiseurs de droguet

et teinturiers, 544; tisserands, 931; ursulines, 1423.

Peiratte (la), prieuré, 1430.

Pin (le), abbaye, 428.

Plaisance, prieuré, 925.

Poitiers, 19; abbaye St-Cyprien, 102, et 479; apothicaires, 798; blattiers, 814; bonnetiers, 802; bouchers, 845; boulangers, 805; carmélites, 98; carmes, 763; chandeliers, 812; chanoines réguliers de la Celle, 454; chapeliers et enjoliveurs, 800; chapeliers et feutriers, 810; chapitre N.-D., 23; chapitre St-Hilaire, 476; chapitre St-Pierre, 15; chapitre St-Pierre-Puellier, 72; chapitre Ste-Radegonde, 17; charpentiers, couvreurs et maçons, 815; charrons, 804; chirurgiens, 788; ciergiers, 811; ciergiers, tondeurs et mégissiers, 481; collège des jésuites, 585; cordonniers, 809; corps de l'Hôtel-de-Ville, 20; corroyeurs, 814; couteliers et poiliers, 815; épingliers, cartiers, marchands d'étoffe, merciers, quincailliers, épiciers, bottiers, vendeurs de poterie et menues denrées, 819; escardeurs, tireurs d'étain et faiseurs de cardes, 806; feuillants, 89; fourbisseurs d'épées et parcheminiers, 845; franciscaines, 325; gantiers et chamoiseurs, 803; huiliers, 807; imprimeurs, 815; juges consuls, 697; marchands, 808; maréchaux, taillandiers et cloutiers, 805; menuisiers, 812; orfèvres. 582; pâtissiers

et rôtisseurs, 815; potiers d'étain, 807; religieuses du Calvaire, 99; religieuses de N.-D., 424; religieuses de Ste-Catherine de Sienne, 99; religieuses de la Trinité, 98; religieuses de l'Union chrétienne, 337; saveliers, 809; selliers, 803; selliers et bâtiers, 481; séminaire, 479; petit séminaire, 762; sergetiers, 799; serruriers, armuriers et éperonniers, 800; tailleurs, 812; tanneurs, 799; teinturiers, 799; tisserands, 809; Université, 581; ursulines, 106; vinaigriers, 811; Visitation, 98; vitriers, 802.

Poitou, province, 900.

Poupetière (la), 943.

Pouzauges, aumônerie, 941; prieuré St-Jacques, 940.

Puigné, prieuré, 1432.

Puissonnière, à St-Michel de Montmaleus, prieuré, 940.

Quainaux, chapelle, 944.

Rajasse (la), prieuré, 1433.

Réau (la), religieux, 334.

Redusage, prieuré, 942.

Riez, prieuré St-Hilaire, 936.

Rochechouart, merciers et tailleurs d'habits, 1192.

Rochefatou, prieuré, 916.

Rocheservière, prieuré, 936.

Roche-sur-Yon (la), prieuré, 935.

Roe (la), abbaye N.-D., 904.

Roulière (la), prieuré, 939.

Sables (les), bénédictines de Ste-Croix, 916; chirurgiens et apothicaires, 385; cordiers et tanneurs, 519; cordonniers, 521; maçons et charpentiers, 520; marchands d'étoffes, merciers et épiciers, 386; maréchaux, 520; orfèvres et horlogers, 385; tailleurs, 518; teinturiers et sergetiers, 520.

Saint-Antoine-de-la-Lande, religieux, 101.

Saint-Benoît, abbaye, 887; prieuré, 937.

Saint-Blaise, chapelle, 944.

Saint-Clémentin, prieuré, 912.

Saint-Cyr, prieuré, 935.

Saint-Denis-de-la-Chenasse, prieuré, 941.

Saint-Denis-du-Parc, prieuré, 934.

Saint-Denis-en-Vaux, officiers de la juridiction consulaire, 1467; prieuré, 1465.

Saint-Germain-Leigulier, prieuré, 938.

Saint-Gervais, prieuré, 936.

Saint-Jacques, chapelle, 944.

Saint-Jean-de-Montan, prieuré, 1467.

Saint-Jouin-les-Marnes, abbaye, 1431; religieux, 1431.

Saint-Just, prieuré, 909.

Saint-Liguaire, religieux, 348.

Saint-Loup, chirurgiens, 929; sergetiers et droguistes, 931; tanneurs, 929.

Saint-Maixent, abbaye, 126; bénédictines, 121; bonnetiers, 129; bouchers, 342; boulangers et pâtissiers, 127; chapelains de la Madeleine, 121; chapeliers, 433; chirurgiens et apothicaires, 433; cordonniers, 344; éperonniers, poêliers, fourbisseurs, potiers d'étain et vitriers, 433; marchands de draps, de blés, merciers et épiciers, 457; maréchaux, taillandiers et armuriers, 966; menuisiers, maçons et charpentiers, 342; ontaires, 988; officiers de l'élection, 988; officiers de la Maison commune, 121; officiers de la sénéchaussée, 991; orfèvres, 435; peigneurs et cardeurs, 343; procureurs de la sénéchaussée et siége présidial, 1037; sergetiers, 436; tailleurs, 342; tanneurs, 433; tisserands, piqueurs de cardes et cordiers, 344.

Saint-Marc-des-Prés, prieuré, 939.

Saint-Marchais-le-Rondet, prieuré, 1466.

Saint-Maurice, prieuré, 562.

Saint-Michel-en-l'Herm, religieux, 915.

Saint-Nicolas, prieuré, 887.

Saint-Nicolas-du-Rocq, prieuré, 1424.

Saint-Phuzioux, prieuré, 1052.

Saint-Pierre-des-Champs, prieuré, 942.

Saint-Savin, abbaye, 890.

Saint-Vincent-sur-Jard, prieuré, 938.

Salartaine, prieuré, 935.

Saugé, prieuré, 900.

Scorbé, chapelle de Ste-Nermoye, 1471; prieuré, 1466.

Seminière (la), chapelle, 945.

Talmont, abbaye, 932.

Teil-aux-Moines (le), prieuré, 905.

Thouars, 269; abbaye St-Laon, 1428; bouchers et poissonniers, 715; boulangers, 717; carmes, 1394; chapelle de N.-D. de Pitié dans l'église St-Médard, 1349; chapitre N.-D., 717; chapitre St-Pierre, 713; chirurgiens et apothicaires, 713; clarisses, 714; cordonniers, 1315; marchands de draps, de blé, épiciers, ferronniers, tuiliers et tapissiers, 1303; officiers de l'élection, 1423; officiers de la justice, 1309; potiers d'étain et chaudronniers, 716; prieuré St-Jacques, 1422; religieux de St-Laon, 1303; selliers et bourreliers, 715; sergetiers, tondeurs et teinturiers, 716; serruriers, tisserands, cloutiers, armuriers, couteliers, fourbisseurs, vitriers et maréchaux, 717; tailleurs, corroyeurs et blanconniers, 713; tourneurs, boisseliers, tailleurs d'habits et chapeliers, 716; ursulines, 714.

Tiers et Remilly, prieuré, 1468.

Tiffauges, boulangers, bonnetiers, selliers, bâtiers, tanneurs, tisserands, tailleurs d'habits, chapeliers, maréchaux, serruriers, menuisiers, maçons et pintiers, 1296; marchands d'étoffes, draps, laines, merciers, pelletiers, chirurgiens et apothicaires, 1295.

Tourtenay, prieuré, 1422.

Trizay, abbaye, 932.

Tusson, religieuses, 1060.

Valence, religieux de l'abbaye N.-D., 426.

Vergne-aux-Voyers (la), chapelle, 943.

Ville-Saillant, religieuses, 889.

Vivonne, carmes, 1545; chirurgiens, 1544; marchands merciers, épiciers et chandeliers, 1544; peigneurs, écardeurs, fileurs et tondeurs, 861; prieuré, 916; sergetiers, 1544; tailleurs, cordonniers, pintiers, vitriers, bâtiers et charrons, 1543; tanneurs, blanconniers, charpentiers et armuriers, 1543.

Vouvant, chirurgiens, 1151.

PROVENCE

Admirat, II, 532.

Aguilles, I, 529.

Aiglun, I, 1069.

Aignac, I, 1078.

Aix, I, 437; augustins, I, 506;
bernardines, I, 507; bouchers,
I, 911; boulangers, I, 912; cabaretiers, I, 911; carmélites,
I, 501; chapitre St-Sauveur, I,
427; chartreux, I, 509; clarisses,
I, 508; communauté de St-
Eloi, I, 911; confrérie du St-
Esprit, I, 517; cordeliers, I,
909; cordonniers, I, 911; couvent de la Miséricorde, I, 504;
église de St-Barthélemi, I,
1011; jacobins, I, 511; jardiniers, I, 918; jésuites, I, 506,
et 913; maçons et gypsiers, I,
921; menuisiers, I, 914; minimes, I, 512; Oratoire, I, 503;
parfumeurs, II, 250; pelletiers, II, 250; Pères de la doctrine chrétienne, I, 514; séminaire, I, 518; serruriers, I,
931; tailleurs, I, 919; tanneurs, I, 912; Université, I,
472; ursulines, I, 501, et 502;
Visitation, I, 499, et 500; vitriers, vendeurs de boisson
et verriers, II, 252.

Alençon, I, 477.

Allemagne, I, 1072.

Allen, marquisat, I, 921.

Allons, I, 1116.

Alluy, I, 1111.

Aloch, I, 481.

Angles, I, 1116.

Annot, I, 887; arts et métiers,
I, 1124; pénitents, I, 1124.

Ansouis, I, 910.

Antibes, I, 249; bernardines, I,
251; pénitents blancs, I, 249,
et 251; pénitents bleus, I,
265; pénitents noirs, I, 252.

Antrevaux, I, 1115.

Apt, II, 581; boulangers et revendeurs, II, 603; carmes, II,
590; chapitre de la cathédrale, II, 39; chirurgiens, II,
42; confrérie du Rosaire, II,
603; cordeliers, 601; couvent
des religieuses de Ste-Catherine, II, 590; pénitents blancs,
II, 591; ursulines, II, 40; Visitation, II, 41.

Arcs (les), I, 205; maçons, charpentiers et tisseurs, I, 1258;

merciers, boulangers, tanneurs et tailleurs, I, 1258.

Argens, II, 1112.

Arles, I, 72; abbaye de Montmajour, II, 97; apothicaires, II, 640; augustins, II, 117; bergers, II, 652; boulangers, II, 646; cardeurs, II, 646; carmélites, II, 153; chapitre de N.-D. de la Majour, II, 176; chirurgiens, II, 632; collége des jésuites, II, 81; confrères de St-Eloi, II, 641; cordonniers et corroyeurs, II, 643; église St-Trophime, II, 85; frères mineurs, II, 96; hospitalières, II, 153; marchands, II, 640; menuisiers, charrons, sculpteurs, architectes et peintres, II, 612; minimes, II, 138; monastère de la Miséricorde, II, 134; monastère de N.-D. du Refuge, II, 136; Oratoire, II, 152; pénitents blancs, II, 157, et 611; pénitents gris, II, 159, pénitents noirs, II, 158; trinitaires, II, 648; Visitation, II, 116.

Artigues, I, 912.

Aubagne, baronnie, I, 422; ursulines, I, 505.

Aups, I, 182; cardeurs, tondeurs de draps, chapeliers et teinturiers, I, 1258; chapitre, I, 193; maréchaux, serruriers, bâtiers, cordiers et mulatiers, I, 1257; tailleurs, chapeliers, maçons, menuisiers, charpentiers, broquiers, scieurs de bois, tuiliers et tisseurs, I, 1257; tanneurs, cordonniers, corroyeurs et blanchisseurs, I, 1257.

Aurel, II, 67.

Auribeau, I, 280, et 1091.

Auribel, II, 612.

Auriol, confrères du Corpus Domini, II, 290; confrères du Rosaire, II, 290.

Auriolles, I, 497.

Authon, I, 290.

Auvaye, I, 1114.

Auzet, I, 1074.

Avron, II, 250.

Ayguine, I, 1076.

Ayragues, II, 111.

Bagnols, I, 1314; pénitents blancs, I, 1316; revendeurs, cordonniers, tailleurs, hôtes et cabaretiers, I, 1316.

Banon, II, 557.

Bar (le), I, 226; pénitents blancs, I, 253.

Barbentane, II, 145.

Barcelonnette, I, 291.

Bargeme, I, 1319.

Bargemon, I, 203; cardeurs, maçons et boulangers, I, 1251; pénitents blancs, II, 513; pénitents noirs, II, 513; revendeurs, potiers de terre, apothicaires et chaudronniers, II, 503; serruriers, maréchaux, cordiers, menuisiers et charpentiers I, 1251.

Barjoux, II, 811; augustins, II, 811; chapitre, II, 811; confrérie St-Armelaire, II, 816; confrérie St-Crespin, II, 816; confrérie St-Éloi, II, 815; confrérie St-Joseph, II, 815; confrérie St-Pierre, II, 815; confrérie St-Nicolas, II, 816; confrérie du St-Rosaire, II, 815;

confrérie du St-Sacrement, II, 815; confrérie St-Sébastien, II, 816; confrérie Ste-Anne, II, 816; pénitents blancs, II, 812; pénitents noirs, II, 812.

Barles, I, 1071.

Barras, I, 1076.

Barresme, I, 1071.

Barret de Liourre, I, 286.

Bastide (la), I, 1117.

Bastide-des-Jourdans (la), II, 329, et 516.

Bastide du Prévost (la), II, 832.

Baudins, I, 913.

Baudran, I, 1344.

Baudument, I, 291.

Baume-les-Sisteron (la), chanoines réguliers, I, 312; jacobins, I, 313.

Baussot (le), I, 2.

Baux (les), marquisat, II, 112.

Bayons, I, 281.

Beaudun, I, 864.

Beaugenier, II, 722.

Beaujeu, I, 1077.

Beaumont, I, 516.

Beauvezer-les-Colinars, I, 1074.

Bedejan, I, 1071.

Belafaire, I, 293.

Belgencier, prieuré, II, 836.

Bere, baronnie, I, 415.

Besse, II, 185.

Beuons, I, 288.

Beynes, I, 1079.

Bezauduu, I, 272.

Bignose, I, 280.

Biot, I, 266.

Blegiers, I, 1108.

Blieus, I, 871.

Bloutière (la), prieuré, II, 232.

Bormes, I, 119; minimes, I, 39.

Bouc, marquisat, I, 921.

Bourbon, II, 127.

Bourguet, I, 1117.

Bras d'Asse, I, 1085.

Braux, I, 873.

Brenon, I, 1115.

Bréoulle (la), I, 1068.

Briançon, pénitents noirs, II, 527.

Briançonnet, I, 235.

Brignolles, II, 722; apothicaires, II, 821; augustins, II, 758; chirurgiens, II, 749; confrérie St-Christophe, II, 730; confrérie de St-Clair, II, 732; confrérie St-Crespin, II, 729; confrérie St-Eloi, II, 728; confrérie St-Joseph, II, 730; confrérie St-Martin, II, 730; confrérie de St-Pons, II, 732; confrérie de Ste-Madeleine, II, 731; confrérie de la Ste-Trinité, II, 731; cordeliers, II, 752; médecins, II, 820; muletiers, II, 731; notaires, II, 821; officiers du siège de la ville, II, 820; pénitents blancs, II, 820; pénitents noirs, II, 820; procureurs, II, 821; ursulines, II, 733.

Brillanne, II, 558.

Broc (le), I, 263; pénitents blancs, I, 1354.

Broues, I, 207.

Brun, II, 832.

Brunet, I, 1086.

Brusquet, I, 1091.

Cabannes, II, 160.

Cabasse, II, 724.

Cabriès, I, 495.

Cabriez, I, 911.

Cabris, I, 260; pénitents blancs, I, 273.

Cadenet, vicomté, I, 483.

Cadière, (la), I, 4 ; trinitaires, I, 143.

Cagnes, II, 530.

Caille, I, 1404.

Caire (le), I, 303.

Callas, I, 1246; cardeurs, tisseurs, fusiliers et charpentiers, I, 1332; cordonniers, revendeurs, bâtiers et maréchaux, I, 1331; pénitents blancs, I, 1331.

Callian, apothicaires, chirurgiens, hôtes, mulatiers et tailleurs, I, 1256; cardeurs, revendeurs, chapeliers et maréchaux, I, 1256 ; cordonniers, menuisiers, tisserands et boulangers, I, 1256; pénitents blancs, I, 1326.

Camps, II, 731.

Canet, (le), I, 198.

Cannes, I, 220; pénitents blancs, I, 238; pénitents noirs, I, 261.

Carles, II, 732; prieuré, II, 822.

Carniol, II, 550.

Carnoules, II, 184.

Carros, I, 263.

Cassian, I, 196.

Cassis, I, 413.

Castelet d'Oraison, II, 57.

Castellane, augustins, I, 874; boulangers, fourniers, cordonniers et saveliers, I, 1119; cardeurs de laine, tisseurs, menuisiers, tonneliers, bâtiers et charpentiers, I, 1119; corps du siége de la ville, I, 1118; maréchaux, serruriers, chaudronniers, potiers de terre et maçons, I, 1119; merciers, orfèvres, revendeurs et tailleurs, I. 1118; Pères de la Doctrine chrétienne. I, 874; Visitation, I, 1119.

Castellard, I, 1070.

Castellet-les-Sauffes, I, 875.

Castillon, I, 1115.

Cazeneuve, II, 609.

Celle (la), II, 741 ; prieuré, II. 752.

Céreste, II. 45; pénitents, II, 558.

Cereste-les-la-Ciotat, II, 318.

Chaffaud (le), I, 1072.

Champtercier, I, 1069.

Chanolles, I, 1078.

Charce (la), marquisat, I, 310.

Chastelet-les-Leberon (le), II, 71.

Chasteuil, I, 1115.

Château-Arnoux, I, 296.

Châteaudouble, I, 183 ; cardeurs, tisseurs, maréchaux, cordonniers, menuisiers, revendeurs, maçons et gipiers, I, 1343.

Châteaufort, I, 283.

Châteauneuf, I, 886 ; pénitents blancs, I, 234.

Châteauneuf-le-Chabonnier, I, 290.

Châteauneuf-les-Martigues, I, 910.

Châteauneuf-de-Miravail, I, 296.

Châteauneuf-le-Rouge, II, 301.

Châteauredon, I, 1080.

Châteaurenard, pénitents gris II, 168.

Châteaurenaud, II, 631.

Châteauvert, II, 836.

Châteauvieux, I, 1116.

Chaudon, I, 1071.

Chenerilles, I, 1091.

Chese, I, 301.

Cigonce, II, 48.

Ciotat (la), I, 492; bernardines, I, 520.

Cippières, I, 264; pénitents blancs, I, 264.

Clamensane, I, 284.

Claret, I, 289.

Claviers, I, 1249; chapeliers, revendeurs, cardeurs, tisseurs, menuisiers, maréchaux et cordonniers, I, 1252.

Cogollin, I, 86.

Clumane, I, 1088.

Colignac, II, 208.

Colle (la), I, 1110.

Collonge, I, 1114.

Colmars, I, 854.

Colobrières, I, 38.

Comps, I, 200; chapeliers, tisseurs, cordonniers, tailleurs et cardeurs, I, 1293; pénitents blancs, I, 1293.

Corbières, II, 540 et 554.

Cornillac, I, 310.

Cornillon, II, 701.

Cornillons, I, 1436.

Correns, II, 719.

Coste (la), II, 610.

Courbons, I, 1072.

Courchon, I, 1112.

Coursegoulles, I, 218.

Croisset, I, 1080.

Croix (la), I, 1112.

Cruis, I, 307.

Cuebris, I, 1113.

Cuers, I, 37; bernardines, I, 58; chapitre, I, 46; pénitents blancs, I, 1199; ursulines, I, 97.

Cuevron, I, 517; autre, I, 909.

Cuges, I, 908.

Curban, I, 302.

Dauphin, II, 546.

Digne, I, 845; chapitre, I, 852; cordeliers, I, 866; évêché, I, 844; chapeliers, I, 1077; maçons, I, 1079; marchands, I, 1080; orfèvres, I, 1077; pelletiers, I, 1078; tailleurs, I, 1086; Trinitaires, I, 864; ursulines, I, 886.

Dourbes (les), I, 1075.

Draguignan, augustins, I, 198; cardeurs, tisseurs, tondeurs et chapeliers, I, 1253; cordonniers et tanneurs, I, 1254; drapiers et merciers, I, 1253; franciscains, I, 208; frères prêcheurs, I, 196; hôtes, fourniers et boulangers, I, 1343; magistrats, II, 514; minimes, I, 198; passementiers, teinturiers, gantiers, vitriers et jardiniers, I, 1253; Pères de la Doctrine chrétienne, I, 197; procureurs, II, 514; revendeurs, muilatiers, poissonniers, bâtiers, maréchaux, menuisiers, tourneurs et cordiers, I, 1254; ursulines, I, 180; Visitation, I, 180.

Drays, I, 1079.

Eigalliers, II, 82.

Eissalles, I, 1078.

Empus, I, 1334.

Entrages, I, 1092.

Entrecasteaux, marquisat, II, 741; prieuré, II, 836.

Entrepierre, I, 287.

Entrevenes, I, 1067.

Eoux, I, 1117.

Escale (l'), I, 283.

Esclangon, I, 1071.

Escrognolle, I, 223.

Esparron, I, 1075.

Esparron-la-Bastide, I, 1423.

Esparron-de-Pallières, I, 522.

Esparron-de-Vitrolles, I, 301.

Esperel, II, 504.

Estoublon, I, 1076.

Evenos, I, 95.

Eyguières, II, 636; pénitents blancs, II, 176.

Fare (la), I, 907.

Faucon, I, 303.

Favas, I, 1349.

Fayence, I, 203; cardeurs, revendeurs, drapiers et merciers, I, 1249; confrérie St-Éloi, I, 1249; cordonniers, charpentiers, menuisiers, bâtiers, barrilliers et cordiers, I, 1252; tailleurs, serruriers, maréchaux, maçons et potiers de terre, I, 1250.

Feissal, I, 1070.

Figanière, II, 513; arts et métiers, II, 513.

Flassans, II, 187.

Flayosc, baronnie, I, 207.

Fontienne, II, 56.

Forcalquier, II, 28; boulangers, I, 919; cardeurs de laine, II, 577; chapeliers, II, 550; chapitre, II, 29; confrérie de St-Clair, II, 576; confrérie de St-Crespin, II, 576; marchands, hôtes et revendeurs, II, 576; médecins, apothicaires et chirurgiens, II, 576; Visitation, II, 36.

Fos-les-Martigues, II, 300.

Fozamphoux, I, 912.

Fréjus, I, 181; bernardines, I, 191; blanchisseurs de peaux, gantiers, cordonniers, potiers de terre et tisseurs, I, 1255; chapitre de la cathédrale, I, 177; clercs de la cathédrale, I, 187; dominicaines, I, 189; frères prêcheurs, I, 207; hôtes et cabaretiers, I, 1262; jésuites, I, 206; maçons, menuisiers, maréchaux, serruriers et charretiers, I, 1255; pénitents blancs, I, 1323; pénitents noirs, I, 1323; tailleurs, drapiers, meuniers, regrattiers, boulangers et charpentiers, I, 1261; ursulines, I, 188.

Fugeiret, I, 1111.

Fuvel, I, 488.

Ganagobie, religieux de N.-D., II, 49.

Gardannes, I, 504.

Garde (la), I, 43; I, 1117; autre, II, 569.

Garde de Freinet (la), I, 200; cardeurs, tissiers, menuisiers et fustiers, I, 1285; hôtes, cabaretiers, maréchaux, fusiliers et mulatiers, I, 1286; tailleurs, revendeurs, maçons et gipiers, I, 1286.

Garde-les-Figanière (la), I, 1331.

Garcoult, II, 185.

Gars, I, 272.

Gassin, I, 1272.

Gaubert, I, 1090.

Gaude (la), I, 232.

Gemenos, I, 504; pénitents, I, 1006.

Gignac, I, 919; autre, II, 600.

Gigors, I, 304.

Ginasservis, I, 913.

Glandèves, I, 872.

Gonfaron, II, 185; pénitents blancs, II, 802.

Gordes, marquisat, II, 607; pénitents, II, 609.

Goult, pénitents blancs, II, 569.

Grandbois, I, 517.

Grasse, I, 219; augustins, I, 217; boulangers et fourniers, I, 1352; chapitre de la cathédrale, I, 213; chirurgiens, I, 244; confrères de St-Joseph, II, 529; cordonniers, I, 265; frères mineurs, I, 220; frères prêcheurs, I, 215; menuisiers, I, 1350; notaires, , 281; Oratoire, I, 223; orfèvres, I, 1362; pénitents blancs, I, 1352; pénitents noirs, I, 274; tisseurs, I, 273; Visitation, I, 218.

Graveson, II, 118; pénitents blancs, II, 164.

Greasque, II, 252.

Greoux, II, 402.

Grimaud, I, 1270; marchands, maréchaux, chirurgiens, tisseurs à toile, maçons, cordonniers et fustiers, I, 1272.

Guillaumes, I, 872; arts et métiers, I, 1123; pénitents, I, 1123.

Iles-de-Brabant (les), II, 702.

Istres, I, 352; cordeliers, I, 921; pénitents blancs, I, 1008.

Jarjayes, I, 330.

Javy (la), I, 1070.

Joucques, I, 464.

Lagoa, II, 701.

Lambert, I, 1076.

Lambesc, baronnie, I, 475.

Lambruisse, I, 1080.

Lanson, II, 301.

Lardies, II, 550.

Lauris, I, 910.

Lebiosc, I, 1078.

Lens, I, 301.

Lérins, abbaye St-Honorat, I, 213.

Levens, I, 1086.

Limans, II, 59.

Lincel, II, 65.

Lomanon, II, 702.

Lorgues, I, 195; cardeurs et revendeurs, I, 1248; chapitre, I, 195; fusiliers et tisseurs, I, 1247; jésuites, I, 190; tailleurs et cordonniers, I, 1247; trinitaires, I, 190; ursulines, I, 183.

Luc (le), I, 192; carmes, I, 201; chapeliers et cardeurs, I, 1248; cordonniers, serruriers, menuisiers, bâtiers, cordiers, maçons et revendeurs, I, 1247; drapiers, tailleurs, boulangers, merciers et tanneurs, I, 1248; pénitents blancs, I, 1284; trinitaires, I, 201.

Lure d'Anvye (le), II, 509.

Lurs, II, 62, et 568.

Mailianne, II, 111.

Majastre, I, 1089.

Malfougasse, I, 308.

Malijay, I, 301.

Mallemoisson, I, 1070.

Malmort, I, 511.

Mandols, I, 1112.

Mane, II, 55; minimes, II, 567.

Manosque, II, 569; bernardines, II, 579; boulangers, II, 544;

cardeurs de laine, II, 545;
carmes, II, 579; chapeliers,
II, 546; confrérie de St-Antoine,
II, 53; cordiers, II, 544; jardiniers, II, 515; menuisiers, II,
545; pénitents blancs, II, 579;
tanneurs, II, 545.

Marcoux, I, 1074.

Mariaud, I, 1074.

Marignanne, marquisat, I, 471;
pénitents blancs, II, 287.

Marseille, I, 533; abbaye St-Sauveur, I, 655; abbaye St-Victor,
I, 553; apothicaires, I, 760; auf-
fiers, I, 771; augustins, I, 728;
bernardines, I, 642; boulangers,
I, 767; cabaretiers et aubergistes, I, 1046; calfats, I, 751;
canonniers, salpêtriers, fondeurs et chaudronniers, I,
777; carmélites, I, 688; carmes, I, 667; chapeliers, bonnetiers et garnisseurs de chapeaux, I, 758; chapitre N.-D.
des Accoules, I, 600; chapitre
St-Martin, I, 586; chartreux, I,
770; chirurgiens, I, 639; clarisses, I, 711; commanderie
de St-Antoine, I, 739; confrérie des maîtres Dache et Re-
molat, (sic). I, 1014; confrérie N.-D. de l'Aide, I, 1015;
confrérie N.-D. de Bonse-
cours, I, 1035; confrérie N.-D.
des Carmes, I, 1034; confrérie N.-D. du Rosaire, I, 1031;
confrérie N.-D. de Bonvoyage,
I, 1011; confrérie de St-Elme,
I, 780; cordiers, peigneurs de
chanvre et bâtiers, I, 779;
cordonniers, I, 655; couteliers, I, 1057; feuillants, I,
756; franciscaines, I, 686;

frères prêcheurs, I, 684; ga-
gne-deniers, I, 885; jardiniers,
I, 781; jésuites, I, 761, 762;
maçons, I, 766; maréchaux, I,
1055; menuisiers, I, 767; merciers et denteliers, I, 778;
meuniers, I, 782; minimes, I,
767; Mission de France, I,
739; Mission de Provence, I,
746; notaires, I, 768; Oratoire, I, 736; orfèvres, I, 638;
passementiers, I, 757; pâtissiers, rotisseurs, bouchers,
charcutiers et tripiers, I, 581;
pêcheurs, I, 573; peintres et
sculpteurs, I, 778; pénitents
blancs, I, 749, 751, 752 et 762;
pénitents bleus, I, 784; pénitents gris, I, 744; perruquiers, I, 804; porteurs de
chaises, I, 885; Présentines, I,
667; religieux de la Merci, I,
738; religieuses de la Miséricorde, I, 770; savetiers, I,
765; selliers et boutiers, I,
1060; serruriers, I, 1055; servites, I, 682; tailleurs d'habits, I, 763; tisseurs, coton-
niers, tapissiers et futaniers,
I, 759; tonneliers et barillats,
I, 771; trinitaires, I, 712; ursulines de l'ordre de St-Augustin, I, 773; Visitation, I,
671.

Martigues, I, 410; apothicaires,
II, 252; arts et métiers, II,
300; chirurgiens, I, 469; couvent de N.-D. des Anges, II,
253; pénitents, II, 300.

Martre (la), I, 1116.

Masblanc (le), II, 701.

Mazaugues, II, 723.

Mazoargues, II, 701.

Meailhe, I, 1111.

Meauves, II, 724.

Mées, I, 843.

Melan, I, 1070.

Melue, I, 283.

Meoulhe, I, 1117.

Mérindol, I, 926.

Mezel, I, 1080.

Mimet, I, 905.

Mirabeau, I, 929.

Mirabel, I, 306.

Miramas, I, 497.

Mison, marquisat, I, 283.

Molegez, II, 701.

Mondalieu, II, 532.

Mondragon, II, 169.

Monjustin, II, 565.

Monsallier, II. 560.

Montagnac, I, 1075.

Montauroux, I, 196; apothicaires, chirurgiens, tailleurs,
marchands et revendeurs, I,
1304; hôtes, cabaretiers, tisseurs, cardeurs, cordiers, maçons, maréchaux et muletiers,
I, 1305; pénitents blancs, I,
1304.

Montblanc, I, 1117.

Montclard, I, 1073.

Montfaron, II, 63.

Montferrat, I, 1301; cardeurs,
tisseurs, marchands, cordonniers, menuisiers, hôtes, cabaretiers, gipiers et maçons,
I, 1302; pénitents blancs, I,
1302.

Montfort, I, 296; autre, II, 720.

Montlaux, II, 545.

Montmeyan, I, 914.

Montpesat, II, 384.

Montrichard, II, chartreux, 732.

Monts, I, 189; chapeliers, cardeurs et maréchaux, I, 1260;

tisseurs, menuisiers, revendeurs, cordonniers et tailleurs, I, 1261.

Mories, I, 1110.

Motte (la), II, 509.

Motte-d'Aigues (la), I, 910.

Motte-du-Caire (la), I, 1424; pénitents blancs, I, 1454.

Mouans, I, 1407; pénitents
blancs, I, 269.

Mougins, I, 225; pénitents blancs,
I, 213.

Mounieux, baronnie, II, 68.

Moustiers, pénitents, II, 395.

Moutte (la), I, 1349.

Moyssac, I, 1253; revendeurs,
muletiers, boulangers et tailleurs, I, 1329.

Mure (la), I, 1116.

Muy (le), II, 525.

Nans, I, 1029.

Neoulles, II, 724.

Nibles, I, 283.

Niozelles, II, 53.

Notre-Dame-de-Grâce, oratoire,
II, 190.

Notre-Dame-de-la-Mer, II, 133;
pénitents blancs, II, 165.

Nourn, II, 633.

Noyers, I, 288; pénitents blancs,
I, 1450.

Ollioules, I, 7; clarisses, I, 98;
Oratoire, I, 1443; ursulines, I,
102.

Omergues (les), II, 61.

Ongle, II, 66.

Opedete, II, 549.

Oraison, marquisat, II, 66.

Orgon, II, 151

Palud (la), I, 1085.

Pegoumas, II, 532.

Peipin d'Aigues, I, 1027.

Peipin-les-Auriolles, I, 516.

Peirevert, II, 546.

Peiruis, I, 305.

Pellissane, I, 420.

Pène d'Aubagne (la), II, 314.

Peniès, I, 488.

Perose, I, 1111.

Pertuis, I, 508; carmes, II, 276; Oratoire, II, 276; pénitents blancs, II, 276; ursulines, I, 884.

Pérusse (la), I, 1085.

Peyloubier, I, 1017.

Peyrolles, I, 874; autre, I, 908.

Piégut, I, 299.

Pierrefeu, marquisat, I, 51.

Pierrerue, II, 55.

Pignans, chapitre de la collégiale, II, 181; confrérie du *Corpus Domini*, II, 755; pénitents blancs, II, 755; ursulines, II, 736.

Pimoisson, I, 869; pénitents, I, 1099.

Plandaups, I, 1029.

Poil, I, 1127.

Pommerol, I, 1427.

Pontevez, II, 746.

Pontys, I, 1073.

Pourcious, I, 1026.

Pourrières, I, 522; minimes, I, 512; pénitents blancs, I, 993.

Prats, I, 1072.

Prignans, II, 183.

Provence, province, I, 437.

Puget (le), II, 721.

Pugeton (le), I, 187.

Pugeton-les-Fréjus (le), hôtes, cabaretiers, tisseurs, cordon-niers, maréchaux et tailleurs, I, 1300.

Puimichel, I, 1068.

Puipin, I, 290.

Puy-de-Ganagobie (le), II, 50.

Puy-St-Canadet (le), II, 342.

Quinson, I, 519.

Ramatuelle, I, 192.

Regusse, I, 1253; arts et métiers, I, 1329.

Reillanne, II, 63; pénitents blancs, II, 595.

Reinier, I, 284.

Rémusat, I, 310.

Revest (le), I, 1143; autre, II, 546.

Revest-de-Brousse (le), II, 56; servites, II, 557.

Rians, I, 496; pénitents, II, 320.

Ribe, II, 833.

Riez, I, 861; confrérie du St-Sament, II, 396; cordeliers, I, 869; ursulines, I, 866.

Roche-Giron (la), II, 549.

Rochelle (la), I, 1115.

Roque d'Anteron (la), marquisat, I, 915.

Roquebrassanne, II, 186; pénitents blancs, II, 825.

Roquebrune, I, 191; cordonniers, savetiers, chapeliers, hôtes, cabaretiers, revendeurs et boulangers, I, 1290; pénitents blancs, I, 1291; tailleurs, I, 1290; tisseurs, maréchaux, serruriers, charrons, menuisiers et maçons, I, 1290.

Roquefeuil, I, 1029.

Roquefort, I, 903.

Roquemartine, II, 702.

Roquevaire, I, 906.

Roubine (la), I, 1074.

Roubion, I, 1112.

Rougiez, II, 723.

Rougnac, I, 911.

Rougnonas, II, 137.

Rougon, I, 886.

Rougues, I, 905; pénitents blancs I, 961.

Roumoulles, I, 1097.

Rousset, I, 1029.

Roussillon, II, 611.

Roustan, I, 1112.

Rustrel, II, 599.

Saint-Andiol, II, 702.

Saint-André, I, 1113.

Saint-Benoît, I, 1111.

Saint-Blaise-les-Figanière, II, 509.

Saint-Cannat, I, 903; pénitents, II, 236.

Saint-Césary, I, 213.

Saint-Chamas, I, 470; pénitents blancs, I, 977.

Saint-Denis, II, 702.

Saint-Estève, I, 1077; autre, II, 314.

Saint-Étienne, II, 60.

Saint-Geniès, I, 292.

Saint-Jacques, I, 1088.

Saint-Jannet, I, 236; autre, I, 1087; pénitents blancs, I, 241.

Saint-Joire, I, 1103.

Saint-Julien, I, 1113.

Saint-Julien-d'Asse, I, 1085.

Saint-Julien-le-Montagnier, I, 912.

Saint-Laurent, I, 1075; pénitents blancs, II, 503.

Saint-Laurent-du-Val, I, 273.

Saint-Léger, I, 1111.

Saint-Martin, II, 381.

Saint-Martin-de-la-Braque, I, 910.

Saint-Martin-de-Pallières, marquisat, I, 913.

Saint-Mary, I, 308.

Saint-Maxime, I, 1328.

Saint-Maximin, II, 206; frères prêcheurs, II, 208; religieuses de Ste-Catherine de Sienne, II, 738.

Saint-Mesme, II, 517.

Saint-Michel, II, 55; autre, II, 563.

Saint-Mittre, I, 899.

Saint-Nazaire, I, 94.

Saint-Oquille de Brives, prieuré, II, 752.

Saint-Paul, I, 219; chapitre, I, 227; pénitents blancs, I, 238, et I, 1357.

Saint-Paul-le-Fougassier, I, 958.

Saint-Pierre-Figetto, I, 1115.

Saint-Raphael, I, 1265; tailleurs, tisseurs, charpentiers, maréchaux, potiers de terre et cabaretiers, I, 1266.

Saint-Remy, II, 137; chapitre, II, 632; ursulines, II, 149.

Saint-Savournin, I, 910; autre. II, 39; confrérie de St-Éloi, II, 592; confrérie de St-Joseph, II, 592; marchands, II, 592; pénitents blancs, II, 591.

Saint-Symphorien, I, 291.

Saint-Tropez, I, 205; charpentiers, cordonniers, savetiers, hôtes et cabaretiers, I, 1307; chirurgiens, maréchaux et serruriers, I, 1307 marchands et revendeurs, I, 1307;

Saint-Vallier, I, 235; pénitents blancs, I, 280.

Saint-Victoret, I, 921.

Saint-Vincent, I, 284; autre, I, 1073.

Saint-Zacharie, I, 503; ursulines, II, 303.

Sainte-Croix, I, 1084; autre, II, 549.

Sainte-Marguerite, baronnie, I, 88.

Sainte-Tulle, II, 53.

Saisson, II, 832.

Salagriffon, I, 1114.

Salignac, I, 290.

Sallernes, I, 1217; boulangers, revendeurs, fourniers, cordonniers, moulletiers, maçons, charpentiers, bâtiers et maréchaux, I, 1298.

Sallon, II, 230; boulangers, II, 216; cardeurs, tessiers et autres, II, 218; chapitre St-Laurent, II, 1; cordeliers, II, 4, cordonniers et savetiers, II, 216; couvent de la Miséricorde, II, 218; gypsiers, tailleurs de pierre et meuniers, II, 217; hôtes et cabaretiers, II, 217; maréchaux et arquebusiers, II, 217; pénitents blancs, II, 216; pénitents bleus, II, 216; tailleurs et jardiniers, II, 217; tanneurs et corroyeurs, II, 230; ursulines, II, 218.

Sallonnet, I, 1073.

Sault (le), II, 67; confrérie de St-Eloi, II, 606; drapiers et cardeurs, II, 606; médecins, chirurgiens et apothicaires, II, 607.

Saumanes, II, 519.

Sausses, I, 1113.

Sederon, I, 292.

Seillans, I, 1249; apothicaires, serruriers, maçons, cordiers et cordonniers, I, 1251; chapeliers, maréchaux, couturiers, menuisiers et boulangers, I, 1250; pénitents blancs, I, 1346; pénitents noirs, I, 1317; Pères de la Doctrine chrétienne, I, 200; revendeurs et cardeurs, I, 1250.

Selle (la), monastère, I, 907.

Senas, II, 639.

Senez, I, 1110; chapitre, I, 872; évêché, I, 871.

Seronon, I, 1351.

Seyne (la), I, 15, et 812; cordiers, I, 101; cordonniers, I, 1083; marchands, I, 1073; pénitents, I, 1229; tailleurs, I, 1072.

Sieyes (les), I, 1075.

Signe, II, 724; cardeurs de laine, II, 826; confrérie St-Eloi, II, 844; confrérie du St-Sacrement, II, 843; pénitents blancs, II, 825.

Sigoyer, I, 293.

Sillans, I, 912.

Simiane, I, 914.

Sisteron, I, 307; cardeurs et tisseurs, I, 1421; chapitre de la cathédrale, I, 306; clergé du diocèse, I, 322; cordonniers, pelletiers et tanneurs, I, 1417; drapiers, merciers, toiliers et greffiers, I, 1417; frères mineurs, I, 310; hôtes, boulangers, droguistes, libraires et chandeliers, I, 1415; maçons, menuisiers, tonneliers, tourneurs, tailleurs de pierre, po-

tiers de terre et broquiers, I, 325; maréchaux, serruriers, selliers, chaudronniers, bâtiers, cordiers et armuriers, I, 1421; pénitents blancs, I, 1458; tailleurs, chapeliers, boutonniers, passementiers et tapissiers, I, 324; ursulines, I, 309; Visitation, I, 292.

Sixfours, I, 19; chapitre St-Pierre, I, 80.

Solans. II, 509.

Soleillas, I, 874.

Solliers, I, 52; confrérie St-Éloi. II, 502.

Souribes, I, 291.

Taloire, I, 1117.

Taneron, I, 1072.

Taradel, I, 1331.

Tarascon, II, 123; bergers, II, 674; boulangers, II, 673, et 718; chapitre Ste-Marthe, II, 129; chirurgiens jurés, II, 659; cordeliers, II, 163; cordonniers, II, 672, et 163; frères prêcheurs, II, 118, et 133; hôtes, II, 674; jardiniers, II, 674; maçons, II, 673; maréchaux, II, 673; menuisiers, II, 673; meuniers, II, 674; pénitents blancs. II, 174; pénitents gris, II, 173; pénitents noirs, II, 174; Pères de la Doctrine chrétienne, II, 143; religieuses du monastère St-Honoré, II, 125; serruriers, II, 718; tailleurs, II, 675; tisserands, II, 674; ursulines, II, 144; Visitation, I, 124.

Tartonne, I, 1084.

Taulane, I, 1115.

Thoards, I, 1082.

Tholonnet, II, 333.

Thoramebasse, I, 1071.

Thoramehaute, I, 1070.

Toulon, I, 16; apothicaires, I, 146; avocats et procureurs, II, 471; barillats, I, 1240; bernardines, I, 45; bouchers, I, 1232; boulangers, I, 1161; cabaretiers, II, 417; calfats, I, 1240; canonniers, I, 1241; cardeurs de laine, I, 1218; carmes déchaussés, I, 80; chandeliers, II, 413; chapeliers, I, 1236; chapitre de la cathédrale, I, 13; charpentiers, II, 427; charretiers, II, 425; chaudronniers, I, 1162; confiseurs, I, 1242; cordiers, I, 1239; cordonniers, I, 152; couteliers, II, 447; fondeurs, II, 411; fourbisseurs, II, 410; frères Prêcheurs, I, 53; fripiers, I, 1218; jardiniers, I, 1235; maçons, II, 409; marchands de blé, I, 1220; marchands de soie, I, 1222; maréchaux, II, 416; mariniers, I, 1241; menuisiers, I, 1239; meuniers, I, 1238; minimes, I, 25; notaires, II, 469; Oratoire, I, 82; orfèvres, I, 147; passementiers et ouvriers en soie, II, 437; pâtissiers, II, 412; pêcheurs, I, 168; pénitents bleus, I, 1230; pénitents noirs, I, 1235; perruquiers, I, 1162; porteurs de chaise, I, 1232; potiers d'étain, I, 1238; pouloyeurs, I, 1162; religieux de la Merci, I, 96; revendeurs et regratiers, II, 419; rôtisseurs

II, 418; savonniers, I, 1239; sculpteurs, I, 1242; selliers, II, 411; séminaire de la marine, I, 59; serruriers, I, 1244; tailleurs d'habits, I, 1221; tailleurs de pierre, II, 417; tapissiers, I, 1219; teinturiers, II, 423; tisseurs, I, 149; tonneliers, I, 150; tourneurs, I, 1244; travailleurs de terre, I, 1243; ursulines, I, 41; verriers, I, 1238; Visitation, I, 32; vitriers, II, 434.

Tournes, II, 723.

Tourrettes, chirurgiens, tisseurs, menuisiers, charpentiers, maréchaux, hôtes, cabaretiers, muletiers et maçons, I, 1317; pénitents blancs, I, 1316.

Tourrettes-les-Fayence, I, 201.

Tourrettes-les-Vence, I, 240; pénitents blancs, I, 243.

Tourtour, I, 1249.

Tranet, marquisat, I, 1256; pénitents noirs, I, 1317.

Très, I, 1008; arts et métiers, II, 328; minimes, I, 512; pénitents, II, 328.

Trevans, I, 1075.

Trigance, I, 1255; cardeurs, cordonniers et tisseurs, I, 1280.

Troins, I, 1113.

Turriers, I, 321.

Ubax, I, 1073.

Ubraye, I, 1110.

Urtis, I, 303.

Vachères, II, 628.

Val (le), II, 719; pénitents blancs,

II, 733; pénitents noirs, II, 733; confrérie du St-Sacrement, II, 732.

Valavois, I, 225; pénitents blancs, I, 261; pénitents noirs, I, 231.

Valbelle, I, 291.

Valbonne, I, 230; pénitents blancs, I, 230, et 231.

Valette (la), I, 16; minimes, I, 30.

Vallansolles, I, 859; augustins, I, 1095; ursulines, I, 863.

Vallavoire, I, 299.

Vallerne, I, 293.

Valsaint, II, 550.

Valsainte, fief de l'abbaye, II, 65.

Varages, I, 914.

Vaugine, I, 913.

Vaumeilh, I, 289.

Vauvenargues, I, 521.

Veleaux, I, 919.

Vence, I, 229; chapitre de la cathédrale, I, 236; confrérie de St-Joseph, I, 277; pénitents blancs, I, 1393; pénitents noirs, I, 1393; séminaire des Pères de la Doctrine chrétienne, I, 271.

Venelle, I, 1007.

Ventabren, I, 492.

Venterol, I, 299.

Verdache, I, 1071.

Verdière (la), I, 913.

Verelx, II, 600.

Vergons, I, 1131.

Verguière, II, 703.

Verignon, I, 1328.

Verne (la), chartreuse, I, 85.

Vernègues, II, 313.

Vernet, I, 1073.

Vidauban, I, 1260; maréchaux, tisseurs et cordonniers, I, 1201.

Viens, II, 43.

Vilhose, I, 300.

Villac, I, 1116.

Villard, II, 599.

Villecrose, I, 202; boulangers, cordonniers, revendeurs et marchands, I, 1312; pénitents blancs, I, 1341.

Villelaure, II, 232.

Villeneuve, I, 224; autre, II, 551; pénitents blancs, I, 226.

Villepeis, II, 504.

Villevielle, I, 1112.

Vinon, I, 503.

Vins, marquisat, II, 712.

Vitrolles, I, 302; pénitents, I, 1014.

Vitrolles-les-Martigues, I, 901.

Vollonnes, I, 283; confrérie de St-Éloi, I, 1424; tisseurs et cardeurs I, 328.

Yères, I, 163; bernardines, I, 161; boulangers, I, 1201; chapitre, I, 163; confrérie de St-Pons et Ste-Madeleine, II, 495; confrérie du St-Sacrement, II, 496; cordeliers, I, 161; cordonniers, I, 1201; menuisiers, I, 1202; Oratoire, I, 161; serruriers, I, 1201, et 1202.

SOISSONS

Anizy, comté, 412.

Aubenton, 821; chirurgiens, 820; marchands de draps, merciers, lingers, marchands de vin en gros et boulangers, 820; menuisiers, charrons, tonneliers et brasseurs, 820; serruriers, taillandiers et maréchaux, 821; tailleurs et chapeliers, 820; tanneurs, cordonniers, savetiers et tisserands, 821.

Bohain, 233; brasseurs et bouchers, 816; charrons, menuisiers, charpentiers et tonneliers, 816; chirurgiens, drapiers et merciers, 812; manneliers, maçons, rosiers, tourneurs et murquiniers, 817; maréchaux, taillandiers, armuriers et serruriers, 816; tailleurs, bourreliers et cordiers, 816.

Bonnemaison (la), minimes, 437.

Boshery, abbaye, 518; religieux, 516.

Bourgfontaine, chartreuse, 450.

Bucilly, religieux, 288.

Bulles, marchands et artisans, 790.

Chartreuve, religieux, 437.

Château-Thierry, 532; abbaye de la Barre, 563; apothicaires et chirurgiens, 755; bouchers, 759; boulangers, 533; chapeliers, 535; charcutiers, 756; charpentiers, 534; charrons, 756; chaudronniers et fondeurs, 757; cordiers, 757; cordonniers, 535, et 756; maréchaussée, 417; officiers du bailliage et siége présidial, 465; officiers de l'élection, 448; officiers du grenier à sel, 418; orfèvres et potiers d'étain, 848; rôtisseurs et pâtissiers, 534; selliers, bourreliers et corroyeurs, 758; épiciers, ciriers et chandeliers, 758; maçons, 758; maréchaux et taillandiers, 756; mégissiers, 758; serruriers, cloutiers et armuriers, 534; tanneurs, 756; tisserands, 757; tonneliers, 535; tourneurs, 757; vinaigriers, 536.

Chauny, 438; apothicaires et chapeliers, 753; blanchisseurs de toile, 561; bonnetiers, 726; bouchers et charcutiers, 725; boulangers, 727; charpentiers, 726; chirurgiens, 560; clarisses, 278; cordiers, 725;

cordonniers, 724; corroyeurs, 723; couvent de Ste-Croix, 276; cuisiniers, pâtissiers et tourneurs, 745; drapiers et merciers, 559; maçons, 723; maréchaux et chaudronniers, 726; marchands de toile, 560; mégissiers, 725; mulquiniers, 725; orfèvres, potiers d'étain et couvreurs, 745; selliers, menuisiers et vitriers, 748; sergers, 724; serruriers et plâtriers, 746; taillandiers, cloutiers et ferronniers, 726; tailleurs, 727; tanneurs et bourreliers, 753; tonneliers, 724.

Chézy, abbaye St-Pierrre, 160.

Citry, cure, 439.

Clairefontaine, abbaye. 224.

Clermont, 860; bouchers et pâtissiers, 801; boulangers et tortonniers, 800; chapitre N.-D., 572; chirurgiens, 796; cordonniers, 796; corroyeurs, tanneurs, vitriers et potiers d'étain, 801; gantiers et mégissiers, 796; marchands, 570; maréchaux, taillandiers, cloutiers, serruriers et armuriers, 800; menuisiers, charrons, lingers, teinturiers et marchands de toile, 801; officiers du bailliage, 806; officiers de l'élection, 860; officiers du grenier à sel, 859; officiers de la maréchaussée, 859; officiers de la prévôté royale foraine, 856; saveliers, 795; selliers, bourreliers, tisserands et murquiniers, 802; tailleurs et chaussetiers, 801; tonneliers et chapeliers, 800;

tourneurs, cordiers, vanniers et chaudronniers, 802; ursulines, 415.

Coincy, prieuré St-Pierre et St-Paul, 75.

Collinanc, prieuré, 451.

Corbeny, prieuré, 716.

Coucy, 230.

Crespy-en-Laonnois, 463.

Crespy-en-Valois, bouchers, 781; boulangers, 766; chapeliers, charrons et tourneurs en bois, 787; chapitre St-Thomas, 397; charpentiers, maçons et couvreurs, 765; chirurgiens et apothicaires, 761; cordiers, 766; cordonniers, 766; corroyeurs, cordonniers et bonnetiers, 783; marchands de cire, merciers, chandeliers et vinaigriers, 764; maréchaux, 765; mégissiers et parcheminiers, 766; menuisiers, 765; officiers de l'élection, 449; officiers du présidial, 450; potiers d'étain, 765; prieuré St-Arnoul, 384; prieuré St-Michel, 406; rôtisseurs et pâtissiers, 763; rôtisseurs, pâtissiers et charcutiers, 763; selliers et bourreliers, 764; serruriers, 781; taillandiers, chaudronniers, orfèvres et armuriers, 764; tailleurs et chaussetiers, 767; tisserands, 775; ursulines, 559; vanniers, boisseliers et quincailliers, 780; vitriers et tonneliers, 766.

Cuissy, abbaye, 445.

Cyres-les-Meslo, cordeliers, 571.

Fère (la), 289; chapeliers, bonnetiers, chaussetiers, gantiers et tailleurs, 522; chapitre St-Louis du château, 506; chapitre St-Montain, 335; chirurgiens et apothicaires, 514; cordonniers, tailleurs et corroyeurs, 598; couvreurs, maçons et plâtriers, 598; marchands, 512; mulquiniers et tisserands, 529; officiers du bailliage, 445; officiers des eaux et forêts, 517; officiers du grenier à sel, 449; orfèvres, potiers d'étain, chaudronniers, serruriers, taillandiers et maréchaux, 522; pâtissiers, boulangers, bouchers et brasseurs, 518; selliers, bourreliers et cordiers, 519; tonneliers, charpentiers, charrons, menuisiers et vitriers, 599; vanniers et tourneurs, 524.

Fère-en-Tardenois (la), 763; apothicaires et chirurgiens, 851; bouchers et charcutiers, 850; boulangers, 850; chapeliers, 850; cordonniers, 849; fripiers et marchands de toile, 850; menuisiers, maçons et charpentiers, 851; merciers et ciriers, 850; officiers de la maréchaussée, 763; tisserands, 851.

Ferté-Milon (la), 790; bonneliers et tonneliers, 771; bouchers, 774; boulangers, 773; chapeliers et tailleurs, 774; charcutiers, 778; chirurgiens et apothicaires, 776; ciriers, chandeliers et merciers, 779; cordiers, 772; cordonniers, 771, et 772; corroyeurs, 773; couvreurs et maçons, 775; curé de St-Vaast, 439; gantiers, mégissiers et tanneurs, 775; mandeliers et tourneurs, 771; marchands de fer, 779; menuisiers et charpentiers, 775; officiers du bailliage, 790; officiers du grenier à sel, 778; pâtissiers, 778; prieuré St-Michel, 569; selliers et bourreliers, 771; sergers et drapiers, 779; serruriers, 772; taillandiers et maréchaux, 772; tisserands, 771; vinaigriers, 782.

Fesmy, abbaye, 821; religieux, 546.

Foigny, abbaye, 822; religieux, 542.

Genlis, abbaye, 613.

Guise, 452; bourreliers, cordiers et selliers, 807; chapeliers et bonnetiers, 811; chapitre St-Gervais, 572; charpentiers, couvreurs et maçons, 810; chirurgiens, 541; cordonniers et savetiers, 810; joueurs de violon, 809; marchands de vin et brasseurs, 808; maréchaux, chaudronniers, serruriers et orfèvres, 807; mégissiers, tanneurs et corroyeurs, 808; merciers et drapiers, 545; officiers du bailliage, 862; officiers de l'élection, 545; officiers du grenier à sel, 451; officiers de la maîtrise des eaux et forêts, 862; pâtissiers, bouchers, boulangers et cuisiniers, 808;

tailleurs d'habits, 811; tisserands et vanniers, 807; tourneurs, vitriers, menuisiers, tonneliers et charrons, 809.

Ham, abbaye N.-D., 447; bouchers, 740; boulangers et pâtissiers, 741; brasseurs et tonneliers, 737; cordiers, bourreliers et selliers, 738; cordonniers et savetiers, 736; cordonniers et tanneurs, 739; couvreurs, maçons et charpentiers, 738; marchands de draps et sergers, 740; maréchaux, serruriers, taillandiers et chaudronniers, 735; mégissiers, 560; menuisiers, vitriers, charrons et tourneurs, 739; tailleurs d'habits, fripiers et chaussetiers, 737; tisserands et mulquiniers, 561.

Joye (la), prieuré, 436.

Laon, 410; abbaye St-Jean, 445; abbaye St-Martin, 510; abbaye St-Vincent, 496; apothicaires, ciriers et épiciers, 510; chapelains de la Madeleine en la cathédrale de Laon, 503; chapitre N.-D., 40; chapitre St-Jean-au-Bourg, 54; chapitre St-Julien, 55; chapitre St-Pierre, 54; chapitre Ste-Geneviève, 445; chirurgiens, 612; corps de l'élection, 411; couvent de la Congrégation N.-D., 501; drapiers et chaussetiers, 499; évêché, 441; joailliers et quincailliers, 492;

maréchaussée, 411; officiers du bailliage et siège présidial, 311; officiers en la justice du grenier à sel, 52; officiers de la maîtrise des eaux et forêts, 50; religieux de St-Jean, 441; religieux de St-Martin, 136; religieux de St-Vincent, 50; séminaire, 627.

Longpont, religieux, 435.

Longpré, prieuré N.-D., 540.

Marizy-Ste-Geneviève, 439.

Marle, 609; boulangers et bouchers, 513; charpentiers et maçons, 506; cordiers, bourreliers et cordonniers, 510; drapiers, merciers, ciriers et marchands de vin, 508; maréchaux, serruriers et taillandiers, 515; officiers du bailliage et comté, 413; officiers du grenier à sel, 140; prieuré St-Nicolas, 660.

Maurepas, prieuré, 846.

Mello, chapitre N.-D., 792.

Mons-en-Laonnois, prieuré, 656.

Mont-St-Louis, dit Regnault, chartreux, 263.

Mouy, chapitre St-Pierre et St-Paul, 509.

Nanteuil, prieuré, 539.

Nesle, bouchers, 739; brasseurs, pâtissiers et boulangers, 733; chirurgiens, apothicaires et perruquiers, 733; drapiers, merciers et sergers, 735; chapelains du château, 562; chapelains de la collégiale, 562; chapitre, 131; lingers, bonne-

tiers, chapeliers et gantiers. 845; menuisiers, charrons, charpentiers et couvreurs, 738; mulquiniers et tisserands, 737; taillandiers, serruriers et maréchaux, 738; tanneurs, corroyeurs et cordonniers, 736; tourneurs et manneliers, 739.

Neuilly-St-Front, bonnetiers, 767; bouchers, 768; boulangers, 767; charrons, maçons, charpentiers, couvreurs et tonneliers, 770; chaudronniers, maréchaux, serruriers et taillandiers, 769; chirurgiens et apothicaires, 768; cordonniers, 769; officiers de la prévôté, 777; potiers d'étain, 769; tailleurs et fripiers, 769; tanneurs, corroyeurs, mégissiers, chapeliers et bourreliers, 769; tondeurs de draps et teinturiers, 770; tourneurs de bois et sabotiers, 770.

Nogent-sous-Coucy, abbaye, 413; religieux, 415.

Noyon, 130; abbaye St-Barthélemy, 417; abbaye St-Éloi, 447; apothicaires, potiers d'étain et couteliers, 748; bonnetiers, 741; bouchers, 743; boulangers, 743; bourreliers et tisserands, 749; chapelains de la cathédrale, 266; charpentiers, 667; chirurgiens et perruquiers, 742; cordiers, 741; cordonniers, 743; cordonniers et saveliers, 744; couvreurs, 746; cuisiniers et pâtissiers, 744; drapiers, merciers et épiciers, 742; lingers, 742; maçons, 743; maréchaux

et taillandiers, 747; mégissiers et gantiers, 741; menuisiers et tourneurs, 747; mulquiniers, 749; nouvelles catholiques, 270; orfèvres et chapeliers, 742; plâtriers et corroyeurs, 749; selliers et chaudronniers, 744; séminaire, 275; tailleurs et fripiers, 741; tanneurs, 744; tonneliers, 742; ursulines, 269; vitriers, peintres, teinturiers et tapissiers, 745.

Offemont, célestins de Ste-Croix. 436.

Orbais, abbaye St-Pierre, 448.

Origny-Ste-Benoiste, abbaye, 451; chapitre St-Vaast, 573.

Ourscamp, abbaye, 446.

Pierrefonds, prieuré, 169.

Quessy, prieuré, 728.

Restauré, prieuré, 450.

Ribemont, 160; boulangers, bouchers et brasseurs, 716; chirurgiens, 599; cordonniers, tailleurs et gantiers, 505; drapiers et merciers, 594; maçons, couvreurs et saveliers, 595; maréchaux, menuisiers, bourreliers, charrons et tourneurs, 595; officiers du bailliage et siége présidial, 663; tisserands, mulquiniers et cordiers, 595.

Rosoy, chapitre, 147.

Saint-Amant-les-Machemont, prieuré, 265.

Saint-Crespin-en-Haye-les-Soissons, abbaye, 701.

Saint-Éloi-Fontaine, abbaye N.-D., 130.

Saint-Erme, prieuré, 716.

Saint-Gobert, prieuré, 658.

Saint-Jean-aux-Bois, prieuré, 450.

Saint-Michel-de-Thiérache, abbaye, 125.

Saint-Nicolas-au-Bois, abbaye, 113.

Saint-Nicolas-des-Prés-sous-Ribemont, abbaye, 593; religieux, 141.

Saint-Remy-St-Georges, 440.

Saint-Thomas, prieuré, 716.

Saint-Yved de Braine, abbaye, 437; religieux, 225.

Saunoy-sous-Laon, abbaye, 185.

Soissons, 239; abbaye N.-D., 113; abbaye St-Léger, 438; abbaye St-Paul, 238; apothicaires, 691; bénédictins de St-Crespin-le-Grand, 131; bonnetiers, 176; bouchers, 692; boulangers et tourtonniers, 228; bourreliers, 691; chanoines de St-Jean-des-Vignes, 136; chapelains de la cathédrale, 706; chapeliers, 177; chapitre St-Paul-au-Parvis, 3; chapitre de la cathédrale, 131; chapitre N.-D.-des-Vignes, 117; chapitre St-Vaast, 109; charcutiers, 237; charrons, 691; chirurgiens, 691; chaudronniers, 691; cordiers, 693; cordonniers, 692 et 232; couvreurs, 689; écrivains et libraires, 695; feuillants, 206 et 237; maçons,

176; mandeliers, 691; maréchaux, 693; mariniers de l'Archo, 591; menuisiers, 690; officiers du bailliage et siége présidial, 433; officiers de l'élection, 435; officiers du grenier à sel, 215; officiers de la maréchaussée, 458; orfèvres, 693; pâtissiers, traiteurs, cuisiniers et rôtisseurs, 231; peintres, sculpteurs, vitriers et maîtres de danse, 177; Pères de l'Oratoire du collége, 111; Pères de l'Oratoire du séminaire, 117; plâtriers, 687; potiers d'étain, 689; religieuses de la congrégation N.-D., 701; religieux de St-Médard, 111; selliers, 693; serruriers, 691; taillandiers, 690; tailleurs d'habits, 691; tanneurs, 692; tisserands et mulquiniers, 174; vinaigriers, 692.

Thenailles, abbaye N.-D., 665; religieux, 112.

Tupigny, prieuré, 862.

Vailly, 652; boulangers, bouchers, charcutiers, tonneliers, tailleurs, chapeliers, mégissiers et tisserands, 708; chirurgiens, apothicaires, merciers et drapiers, 708; menuisiers, vitriers, charrons, maçons, charpentiers, chaudronniers, maréchaux, serruriers, taillandiers, bourreliers, cordonniers, plâtriers, couvreurs et saveliers, 709; officiers du grenier à sel, 99.

Valchrestien, religieux de l'abbaye, 201.

Val-St-Pierre (le), chartreuse, 385.

Valsery, abbaye, 434.

Vauclair, abbaye N.-D., 412; religieux, 596.

Vervins, 653; bonnetiers, 505; cordonniers, savetiers, tanneurs et corroyeurs, 505; bouchers, 605; boulangers, 528; chapeliers et ciergiers, 595; charpentiers, maçons, couvreurs et potiers de terre, 606; chirurgiens et apothicaires, 527; cordiers, selliers et tonneliers, 526; drapiers et marchands de fer, 606; maréchaux, serruriers, taillandiers, chaudronniers, lanter-niers et potiers d'étain, 610; menuisiers, charrons, tourneurs et mandeliers, 527; menuisiers, tonneliers, bonnetiers, pelletiers, chapeliers et tailleurs d'habits, 604; président, grenetiers, contrôleurs, procureur du roi et greffier du grenier à sel, 143; tailleurs, chaussetiers et houssetiers, 597; tisserands, 605; vinaigriers et brasseurs, 596.

Vigneux, prieuré, 598.

Villeneuve-les-Soissons, célestins, 433.

Vilselve, religieux du prieuré, 211.

Wariville, prieuré N.-D., 410.

TOURS

Aiguevive, abbaye, 1380 : ursulines, 382.

Alleuds (les), prieuré, 913.

Amboise, bouchers, 1367; boulangers, 1366; chirurgiens, 1361; commanderie, 1380; cordonniers et saveliers, 1366; mégissiers, tanneurs et corroyeurs, 1365; merciers et enjoliveurs, 1371; minimes, 1381; officiers du bailliage, 1368; officiers de l'élection, 1370; officiers du grenier à sel, 1372; officiers de la maîtrise particulière des eaux et forêts, 1367; procureurs du bailliage, 1375; procureurs de l'élection, 1376; religieux de St-Sauveur, 1369; ursulines, 382.

Ambrière, juridiction, 407.

Andrezé, prieuré St-Pierre, 922.

Angers, 1255; abbaye du Ronceray, 723; abbaye St-Aubin, 1260; abbaye St-Serge et St-Bach, 85, et 1255; abbaye de Toussaints, 1263; apothicaires et épiciers, 786; arquebusiers, 859; augustins, 869; augustins de la congrégation de St-Croix du Verger, 113; avocats, procureurs au présidial, sénéchaussée et autres juridictions royales, 881; barbiers, perruquiers et étuvistes, 863; bonnetiers et bastiers de laine, 785; bouchers, 859; bouchers et rôtisseurs, 784; boulangers, 790; bourreliers et bâtiers, 787; brodeurs, 862; carleurs, 862; carmélites, 121; carmes, 868; chanoines de l'abbaye de Toussaints, 127; chanterie de l'église, 911; chapeliers, 860; chapitre de la cathédrale, 79; chapitre St-Jean-Baptiste, 792; chapitre St-Laud, 459; chapitre St-Maimbœuf, 70; chapitre St-Martin, 101; chapitre St-Maurille, 723; chapitre St-Pierre, 723; charpentiers, 861; charrons, 789; chirurgiens, 790; ciriers, 863; cordeliers, 868; cordiers, 785; cordonniers, 787; corps de la ville, 459; corroyeurs en cuir, 785; couteliers, 859; convent du Calvaire, 723; couvent de la Fidélité, 117; couvreurs d'ar-

doise, 860; droguistes et épiciers, 989; évêché, 1277; filassiers, 787; Filles de la propagation de la Foi, 112; fourbisseurs d'épées, 859; fripiers, revendeurs et tailleurs d'habits, 861; horlogers, 789; hôteliers et cabaretiers, 790; jacobins, 868; juges et gardes des marchands, 718; libraires-imprimeurs, 862; maçons et architectes, 788; marchands de blé, 863; marchands de bois, 861; marchands de chandelles et potiers de terre, 789; marchands de draps de laine, 988; marchands de draps de soie, 989; marchands de toile, faiseurs de guêtres, lingers et blanchisseurs de toile, 861; marchands de vin en gros, 866; maréchaux-ferrants, 861; mégissiers, 861; menuisiers, 787; meuniers et fariniers, 786; notaires, 883; officiers de l'élection, 889; officiers du grenier à sel, 717; orfèvres, 861; pâtissiers et rôtisseurs, 788; peigneurs et cardeurs, 790; pelletiers manchonniers, 867; pénitencerie de l'église, 952; poêliers et fondeurs, 861; potiers d'étain, 859; prêtres de la Congrégation de la Mission, 579; prêtres de l'oratoire de Jésus, 127; prieuré du Lion, 1251; religieuses de Ste-Catherine, 109; religieux de St-Aubin, 88; religieux de St-Nicolas, 160; selliers, 862; sergents royaux, 1265; sergers, drapiers et teinturiers, 860; serruriers, 785; taillandiers et maréchaux en œuvre blanche, 789; tailleurs d'habits, 781; tanneurs, 860; teinturiers, 790; terrasseurs, careleurs et blanchisseurs, 786; tessiers, 863; tonneliers, 858; tourneurs, 788; trésorerie de la cathédrale, 1259; Université, 722; ursulines, 110; vinaigriers, brûleurs, bustiers et moutardiers, 786; Visitation, 93; vitriers, 861; voituriers et bâteliers, 866.

Anjou, maréchaussée, 56; présidial et sénéchaussée, 717; province, 1503.

Antogny, prieuré, 631.

Anvers-le-Hamon, prieuré, 1113.

Arçay, prieuré St-Paul, 1111.

Asnières, abbaye, 1507.

Aspoigné, prieuré, 1382.

Aubigné, prieuré-cure, 1013.

Aumeray, prieuré, 1406.

Aviré, prieuré, 916.

Avrillé, prieuré, 515.

Azay, 816; prieuré, 1210.

Azé, prieuré, 1209.

Balesme, prieuré, 1000.

Ballé, prieuré, 1395.

Ballon, 1097.

Baugé, bénédictins, 1521; bouchers, boulangers, pâtissiers, poulaillers, hôteliers et cabaretiers, 1527; hospitalières, 1522; maçons, tonneliers et huiliers, 1528; marchands de soie, drapiers et merciers, 1526; médecins, chirurgiens et apothicaires, 1525; menuisiers, charrons, charpentiers,

et couvreurs, 1527; officiers des eaux et forêts, 1531; officiers du grenier à sel, 1525; serruriers, cloutiers, couteliers, taillandiers, arquebusiers et maréchaux, 1527; tanneurs, mégissiers, corroyeurs, cordonniers et saveliers, 1526; teinturiers, chapeliers, chandeliers, selliers, bâtiers et bourreliers, 1526; tessiers, sergetiers et tailleurs, 1527.

Bayette (la), prieuré, 1363.

Bazouges, prieuré, 1476.

Beaufort, notaires royaux, 980; officiers du siège royal, 1256; religieuses de l'hôpital St-Joseph, 497; sergents royaux, 1254.

Beaufort-en-Vallée, 1261; avocats, 875; gruerie, 748; officiers du grenier à sel, 525; prieuré, 581.

Beaugerais, religieux, 165.

Beaulieu, 1308; chanoinesses de St-Augustin, 217; charpentiers, menuisiers, sabotiers, charrons et fûtiers, 1045; cordonniers, 1290; hôteliers, 1291; maçons, 1045; marchands, 1291; prieuré, 846.

Beaulieu-les-Loches, religieux, 161.

Beaumont, bouchers, boulangers, hôtes et cabaretiers, 1121; merciers, drapiers, épiciers, droguistes et ferrons, 1122; procureurs, 1121; religieuses, 1109.

Beaumont-la-Sarthe, prieuré, 1429.

Beaumont-les-Tours, religieuses, 59.

Beaumont-le-Vicomte, couteliers, taillandiers, arquebusiers, serruriers, maréchaux et cloutiers, 1332; médecins, barbiers, chirurgiens et apothicaires, 1331; menuisiers, charpentiers, charrons, maçons et couvreurs, 1331.

Beaupréau, 1506; chapitre Ste-Croix, 498.

Beaussé, cure, 526.

Bernezay, chapitre, 1149.

Bessé, camaldules, 252.

Bigotière (la), collège, 1163.

Blaison, chapitre, 177.

Boissière (la), religieux de N.-D., 310.

Bonlieu, abbaye, 1410.

Bonnétable, 1116; avocats et procureurs, 1333; cloutiers, taillandiers, arquebusiers, serruriers, maréchaux et couteliers, 1123; médecins, apothicaires, barbiers et chirurgiens, 1121; menuisiers, charrons, maçons et couvreurs, 1125; merciers, drapiers, épiciers, droguistes et ferrons, 1123; sergetiers, filtoupiers, tessiers, tailleurs et guêtriers, 1121; tanneurs, corroyeurs, mégissiers, selliers, bourreliers et cordonniers, 1121.

Bordière (la), prieuré, 1283.

Boulay (le), religieuses, 843.

Boumois, prieuré de la Madeleine, 613.

Bourdillière (la), religieuses, 725.

Bourgueil, bénédictins, 460; officiers du grenier à sel, 1022; officiers de la justice, 1025.

Bournonville, justice royale, 109.

Braslou, prieuré, 1287.
Breuil-Bellay (le), 618.
Briant, prieuré, 1280.
Brisart, prieuré, 988.
Brulon, prieuré, 1395.
Bueil, chapitre des Innocents, 13.
Buron, couvent, 41.

Candé, 1073; augustins, 869; chapitre St-Martin, 229; officiers du grenier à sel, 717; prieuré, 1379.
Cellière, prieuré-cure, 518.
Celliers-en-Boussageau, prieuré, 1037.
Chacé, prieuré, 614.
Champbellay, prieuré, 913.
Champigny, chapitre de la Ste-Chapelle, 463.
Champs (les), prieuré, 1130.
Chapelle-Vicomtesse (la), prieuré, 1085.
Chaslain, carmes, 869.
Chassaigne, prieuré, 1153.
Chasteau-Sénéchal (le), prieuré, 1391.
Château-du-Loir, 1319; avocats et procureurs, 1318; officiers de l'élection, 1320; officiers du grenier à sel, 1316; officiers de la maréchaussée, 1096.
Château-Gontier, apothicaires, 432; bénédictines du prieuré St-Jean-Baptiste, 437; bouchers, 764; boulangers, 764; chapeliers et corroyeurs, 764; chapitre St-Just, 111; foulons, 763; hospitalières, 1534; hôteliers et cabaretiers, 763; médecins, 671; mégissiers, 113;

merciers, vendeurs de faïence et autres, 1205; notaires, 1206; officiers de l'élection, 422; officiers du grenier à sel, 1196; présidial, 763; sergents, 763; tanneurs, 763; ursulines du faubourg d'Azay, 441.
Château-l'Ermitage, augustins, 637.
Châteauneuf, prieuré St-Pierre, 986.
Châteauperune, prieuré, 910.
Châteaurenault, 846.
Chauveaux, prieuré-cure, 881.
Chavagne, prieuré-cure, 869.
Chazé-sur-Ergot, prieuré, 917.
Chefs, prieuré, 516.
Chemazé, prieuré, 673.
Chemeré-le-Roy, prieuré, 1418.
Chemillé, chapitre St-Léonard, 137; religieux du prieuré St-Pierre, 517.
Chevillé, 1506.
Chinon, 236; augustins, 726; bouchers, 1065; boulangers, 1057; chapitre St-Mesme, 726; cordonniers et savetiers, 1069; drapiers, merciers, ferrons, chapeliers et teinturiers, 1058; élection, 1016; hospitalières, 227; maréchaussée, 750; notaires, 1058; officiers des eaux et forêts, 223; officiers du grenier à sel, 1051; officiers du siège royal, 1055; procureurs du siège royal, 1055; procureurs de l'élection et grenier à sel, 1065; religieuses du Calvaire, 726; religieux de Grandmont, 31; tanneurs, mégissiers et corroyeurs, 1057; ursulines, 228.

Chollet, 653; franciscaines, 651; officiers du grenier à sel, 1344; officiers de justice, 1343.

Chouc, prieuré, 1075.

Cinq-Mars-la-Pille, séminaire St-Charles, 49.

Clarté-Dieu (la), religieux, 458.

Clermont, prieuré, 1412; religieux de N.-D., 771.

Concourson, prieuré, 1346.

Condé, 1507.

Cormery, 1309; marchands, 1043; religieux, 461.

Corzé, prieuré, 988.

Coudray-Monbault (le), prieuré, 652.

Courchamps, prieuré, 1026.

Courtamon, prieuré, 638.

Craon, 1214; avocats, 1214; boulangers et meuniers, 1207; chapitre St-Nicolas, 763; chirurgiens, 1215; cordonniers et savetiers, 1201; couvent St-Clément, 470; couvreurs, charpentiers, charrons, menuisiers et maçons, 1198; marchands, 1198; notaires, 1205; officiers du grenier à sel, 1212; prieuré, 1281; rôtisseurs, poulaillers, pâtissiers et bouchers, 1207; serruriers, taillandiers, maréchaux et cloutiers, 1202.

Créans, prieuré, 1394.

Creux-en-Bazouges, prieuré, 1410.

Crouzilles, prieuré, 1038.

Cunault, prieuré N.-D., 610, et 1035.

Dampierre, prieuré, 171.

Denezé, prieuré, 609.

Douazé, prieuré, 1391.

Doué, 180; bouchers, 1017; chapitre St-Denis, 463; hôteliers et cabaretiers, 1017; médecins, chirurgiens et apothicaires, 1016; notaires et procureurs, 1019; tanneurs, mégissiers et corroyeurs, 1014.

Duretal, 1531; avocats, 1409; cabaretiers et hôteliers, 1408; chirurgiens et apothicaires, 1409; huissiers et sergents, 1409; merciers, ciriers, droguistes et épiciers, 1409; notaires, 1408; officiers de la justice, 1117; tanneurs, corroyeurs et mégissiers, 1408.

Écuillé, prieuré, 1011.

Encloistre (l'), religieuses, 848.

Ernée, apothicaires, 412; avocats, 409; bailliage, 411; bénédictins, 392; bouchers, 414; grenier à sel, 469; marchands de draps, 411; marchands de toile et de fil, 410; marchands de vin, 412; prieuré, 1168; tanneurs, 410.

Essards (les), prieuré-cure, 873.

Estivaux, prieuré de la Madeleine, 1145.

Étriché, prieuré, 1102.

Evière (l'), religieux, 460.

Evron, bénédictines, 410; collège, 1162; couvent, 414; juridiction, 407; merciers, 1176; tanneurs, 1178.

Fercé, prieuré, 1118.

Ferté (la), avocats et procureurs, 1126.

Ferté-Bernard (la), bouchers, boulangers, hôteliers et cabaretiers, 1333 ; merciers, épiciers, droguistes, drapiers et ferrons, 1334 ; sergetiers, filtoupiers, tessiers, tailleurs et guêtriers, 1334 ; tanneurs, corroyeurs, mégissiers, selliers, bourreliers et cordonniers, 1335.

Fief-Sauvin (le), prieuré, 902.

Flèche (la), 1532 ; apothicaires, 1111 ; arquebusiers et couteliers, 1121 ; avocats, 1431 ; avocats et procureurs, 1128 ; bouchers, 1431 ; boulangers, 1111 ; cabaretiers, 1426 ; chirurgiens, 752 ; cordonniers, 1423 ; droguistes, ciriers et chandeliers, 1134 ; libraires et imprimeurs, 1125 ; maréchaux et taillandiers, 1131 ; maçons et tailleurs de pierre, 1131 ; menuisiers, 1127 ; notaires, 1133 ; officiers du bailliage, 1124 ; officiers de l'Hôtel-de-Ville, 168 ; officiers de la maréchaussée, 1110 ; orfèvres, 1125 ; poulaillers, 1127 ; prieuré St-André, 1101 ; prieuré St-Thomas, 1386 ; religieuses de N.-D., 1384 ; religieuses du petit Fontevrault, 1384 ; religieuses de St-François, 1384 ; selliers et bourreliers, 1121 ; sergers et cardeurs, 1130 ; serruriers, 1423 ; tailleurs d'habits, 1431 ; tessiers et filassiers, 1434 ; tanneurs, corroyeurs et mégissiers, 1435 ; Visitation, 339.

Flée, prieuré-cure de St-Sauveur, 1195.

Fontaine-Daniel, religieuses, 414.

Fontaine-les-Blanches, abbaye N.-D., 379, et 1218.

Fontenay, prieuré, 1122.

Fontevrault, abbaye, 178 ; religieux et religieuses, 179.

Fosschlay, prieuré, 1032.

Fougereuse (la), prieuré, 317.

Fourmentières, prieuré, 1531.

Franceuil, prieuré, 1381.

Fresnaye (la), prieuré, 857.

Fuelle, prieuré, 1315.

Gastines, abbaye, 1501 ; religieux, 46.

Genez, prieuré, 1150.

Gennes, prieuré, 671.

Gesté, prieuré, 873.

Gouy, prieuré, 1416.

Grandmont-les-Tours, prieuré, 837.

Gravelle, officiers du grenier à sel, 771.

Grezille (la), chapitre, 175.

Grimaudière (la), prieuré, 1281.

Gué-de-Launay (le), abbaye, 1091.

Guesnes, religieuses, 1151.

Haye (la), 1073 ; officiers du grenier à sel, 1031 ; officiers de l'hôtel-de-ville, 1064 ; religieuses, 122.

Iblains, collège, 1358.

Ile-Bouchard (l'), 1508 ; prieuré St-Ambroise, 1038 ; prieuré St-Léonard, 1581 ; religieuses, 1287.

Ingrande, 1507; grenier à sel, 747; officiers du passage et mesurage de sel, 791.

Jarsé, chapitre, 316.
Jau (le), fief, 717.
Joué, prieuré, 1397.
Juigné, prieuré, 1413, et 1439.
Juigné-Beüe, prieuré, 915.

Lande-du-Verché (la), commanderie, 1318.
Landivy, corps du bailliage, 391.
Langeais, 816; chapitre St-Jean, 39.
Lassay, 1329; avocats et procureurs, 642; officiers du grenier à sel, 645.
Lattay (le), prieuré, 921.
Laval, 1410; apothicaires, 773; avocats, 1457; bénédictines, 772; bouchers, 1488; boulangers, 773; cabaretiers, 1490; chapeliers et teinturiers, 1458; chapitre St-Michel, 772; chirurgiens, 1455; ciergers, 772; communauté de Patience, 1489; cordonniers, 773; hospitalières, 1489; lainiers, 774; maçons et couvreurs, 1489; maréchaux, 1488; menuisiers, 1489; marchands de soie, épiciers et merciers, 772; officiers du siége royal, 1490; orfèvres, 1455; poêliers, 773; potiers d'étain, 773; religieuses, 772; sergetiers, 771; tanneurs, 773.
Levingné, prieuré, 1176.
Liguéil, 1308; bouchers, 1309;

charpentiers et menuisiers, 1309; officiers de la baronnie, 1308; tanneurs, 1308.
Lincé, prieuré, 1361.
Loches, 1309; bouchers, 1291; boulangers, 1288; chapeliers, 1293; chapitre N.-D. du château, 208; charpentiers, menuisiers, charrons, tourneurs, boisseliers et sabotiers, 1293; chirurgiens, barbiers et perruquiers, 1302; cordonniers, 1291; drapiers, 1291; épiciers et droguistes, 1288; hôteliers et cabaretiers, 1293; huissiers audienciers et sergents, 1304; maréchaux, 1293; merciers, 1288; notaires, 1289; officiers du bailliage, 1289; officiers des eaux et forêts, 1291; officiers de l'élection, 1290; officiers du grenier à sel, 1301; officiers de l'Hôtel-de-Ville, 1295; officiers de la maréchaussée, 1290; procureurs du bailliage et siége royal, 1294; tailleurs, 1292; tanneurs, 1289; tanneurs, mégissiers et corroyeurs, 630; ursulines, 750.
Lorctière-en-Parcé (la), prieuré, 1403.
Loroux, abbaye, 1528; religieux, 316.
Louans, prieuré, 1294.
Loudun, 1350; avocats, 366; bouchers, 1148; boulangers, 662; cabaretiers, 663; carmes, 366; chapitre St-Léger, 1353; chapitre St-Croix, 1351; cordonniers, 1149; huissiers, 1153; marchands de draps, merciers, épiciers et dro-

guistes, 659; maréchaux, cloutiers, serruriers et taillandiers,
661; médecins, chirurgiens et
apothicaires, 661; menuisiers,
663; notaires, 660; officiers
du bailliage, 1350; officiers
de l'élection, 1351; officiers de
l'Hôtel-de-Ville, 1350; prieuré
St-Jean, 1353; procureurs du
bailliage, 365; religieuses du
Calvaire, 1349; religieuses de
l'Union chrétienne, 665; sergers, 661; tailleurs, 1147; tanneurs, corroyeurs et mégissiers, 1144; ursulines, 1151;
Visitation, 1155.

Loué, prieuré, 1416.

Luceau, prieuré, 1319.

Lude (le), 1515; barbiers, baigneurs, perruquiers et étuvistes, 312; bouchers, 313;
boulangers, 311; charpen-
tiers, 312; chirurgiens et
apothicaires, 1520; comté,
302; cordonniers, 312; corroyeurs, 732; maçons et tailleurs de pierre, 313; maréchaux, 313; merciers, 312; officiers du bailliage, 312; officiers du grenier à sel, 311;
sergers, 311; tailleurs d'habits,
313; tanneurs, 1521.

Lumière, prieuré, 690.

Luynes, 816; religieuses du St-
Sépulcre, 40.

Lyon d'Angers (le), 1506.

Maine (le), province, 1335.

Mamers, Visitation, 281.

Mans (le), abbaye de la Couture,
466; abbaye St-Julien-du-Pré,
728; abbaye St-Vincent, 289;
apothicaires et épiciers, 289;

avocats, 730; barbiers, perruquiers et passementiers, 1325;
bouchers, 731; boulangers,
290; chapitre de la cathédrale, 465; chapitre St-Pierre
de la Cour, 466; chapitre de
la Ste-Chapelle du Gué de
Mauny, 467; chaussetiers,
cartiers, cordiers et chausu-
miers, 1325; chirurgiens,
1323; ciriers, 730; confrérie
St-Michel, 612; cordonniers,
1323; drapiers, 290; étaminiers et tessiers, 1322; évêché, 277; Filles-Dieu, 272;
fondeurs et chaudronniers,
1321; libraires, imprimeurs et
graveurs, 1327; marchands
d'eau-de-vie et ferronniers,
1321; marchands de vin, 731;
maréchaux, 731; mégissiers et
chandeliers, 1324; merciers,
730; meuniers, 291; orfèvres,
horlogers, fourbisseurs d'é-
pées, arquebusiers et couteliers, 1324; pâtissiers, rôtisseurs, poulaillers, hôtes et
cabaretiers, 1324; prêtres de
la congrégation de la Mission,
467; religieux de l'abbaye de
Beaulieu, 288; savetiers, 1325;
selliers, bourreliers, gaîniers
et poissonniers, 1322; serruriers, cloutiers et potiers d'é-
tain, 1323; tailleurs, 643; tanneurs, 731; tapissiers, bonnetiers et chapeliers, 1322; teinturiers, 731; tourneurs, menuisiers, boisseliers et sabotiers, 1324; ursulines, 268;
Visitation, 273.

Marmoutier, abbaye, 817; religieux, 18.

Marsilly, prieuré, 1017.
Marson, prieuré, 1401.
Martigné-Brillant, chapitre, 171.
Mayenne, 403; apothicaires, 1165; avocats, 1165; bénédictins, 1184; cabaretiers, 1164; chirurgiens, 1167; cordonniers, 1164; épiciers, 1163; juridiction, 407; marchands de draps de soie, 1162; marchands de fil et de toile, 1161; marchands de vin, 1160; médecins, 1188; menuisiers et charpentiers, 1166; notaires, 1168; officiers du grenier à sel, 1186; procureurs, 1165; religieuses du Calvaire, 399; tailleurs, 1163; tanneurs, 1163;
Merci-Dieu (la), abbaye, 1253, religieux, 211.
Mesnil (le), prieuré St-Georges, 1198.
Messemé, chapitre, 1156.
Mirebeau, 1508; chapitre N.-D., 623; prieuré St-André, 1039.
Moncé, abbaye, 735.
Mondoubleau, 1320; avocats, 1080; officiers de l'Hôtel-de-Ville, 1315; prieuré, 1080.
Montaudin, juridiction, 416; prieuré, 1360.
Montbazon, 846.
Montbrillais, prieuré St-Léger, 1115.
Montilliers, prieuré, 1312.
Montlimard, chapitre St-Pierre, 721.
Montrésor, 1308; chapitre, 750.
Montreuil-Bellay, 653; chapitre du château, 321; officiers de l'élection, 1310; prieuré, 1340; procureurs de l'élection, 1342.

Montreuil-sur-Maine, prieuré, 874.
Montrichard, procureurs au bailliage et grenier à sel, 1381; ursulines, 384.
Montsoreau, 1016; chapitre, 1016.
Motte (la), prieuré, 1380.

Neau, prieuré, 1166.
Neufvi, 846.
Neuilly, prieuré, 1378.
Nioyseau, abbaye N.-D., 559.
Notre-Dame-des-Loges, religieuses, 168.
Noyers, franciscaines, 1406; prieuré, 1060; religieuses, 231.
Nueil (le bas), prieuré, 1156.

Parçay, prieuré, 1507.
Paulmy, augustins, 632.
Perayneuf, abbaye, 1422; religieux, 1412.
Pernay, prieuré, 1188.
Perray (le), religieuses, 121.
Perrine (la), abbaye, 287.
Perseigne, abbaye, 818.
Placé, prieuré, 1166.
Plessis-les-Tours (le), chapitre de la Ste-Chapelle, 42; minimes, 812.
Poillé, prieuré, 1388.
Pont-de-Cé (le), 1506.
Pontlevoy, bénédictins, 1377.
Pontrond, religieux, 100.
Port-Rangeard (le), prieuré, 1411; religieux, 1112.
Pouencé, 1506; officiers du grenier à sel, 980.
Pouilly, officiers du grenier à sel, 718.

Pozay-le-Vieil, religieuses, 1040.

Preuillé-Leguillier, chapitre St-Juillier, 1083.

Preuilly, 1309; abbaye, 1013; chambrerie de l'abbaye, 1012; marchands, 1013; officiers de la baronnie, 1040; religieux, 211.

Primaudière (la), prieuré, 874.

Puy-Notre-Dame (le), 656; chapitre, 468; cordelières, 652; prieuré, 1339.

Quinçay, prieuré St-Blaise, 528.

Rançay, prieuré, 856.

Relay, religieuses, 1048.

Richelieu, 1507; religieuses, 1287.

Rillé, prieuré, 1530.

Rivarannes, prieuré, 1064.

Roches (les), prieuré, 1662.

Roches-Tranchelion (les), chapitre, 746.

Rouaudière (la), prieuré, 914.

Sablé, 1396; avocats, 1111; cordonniers, selliers et bourreliers, 1411; franciscaines, 1107; notaires, 1399; officiers du grenier à sel, 1422; prieuré, 1401; tanneurs et corroyeurs, 1114; tessiers et sergers, 1114.

Saint-Aubin-Fosse-Louvin, juridiction, 408.

Saint-Augustin-des-Bois, prieuré, 910.

Saint-Calais, 1320; abbaye, 1090; bénédictins, 465.

Saint-Christophe, 846; prieuré, 493.

Saint-Citroine, prieuré, 1142.

Saint-Cosme-les-Tours, prieuré, 494, et 745.

Saint-Éliers, prieuré, 1173.

Saint-Éloy-los-Tours, prieuré, 836.

Saint-Epain, 1073.

Saint-Eusèbe, prieuré, 1027.

Saint-Florent-les-Saumur, bénédictins, 462.

Saint-Florent-le-Vieil, 1506; religieuses de Ste-Élisabeth, 721; grenier à sel, 717; religieux, 460.

Saint-Georges-sur-Loire, abbaye, 127; chanoines réguliers, 126.

Saint-Gilles, prieuré, 1037.

Saint-Guingalois, prieuré, 1313.

Saint-Jacques-de-la-Lande, prieuré, 1061.

Saint-Jean, prieuré, 626.

Saint-Jean-du-Grais, prieuré, 495.

Saint-Jean-des-Mauvrais, prieuré, 862.

Saint-Lambert, prieuré, 1036.

Saint-Laon, prieuré, 1349.

Saint-Louaud, prieuré, 1063.

Saint-Marc-sur-la-Futaye, prieuré, 1181.

Saint-Maur, chanoinesses, 230.

Saint-Maur-sur-Loire, bénédictins, 462.

Saint-Mesmin, prieuré, 1060.

Saint-Nicolas-de-la-Chartre, prieuré, 1408.

Saint-Ouen-des-Tais, prieuré, 1116.

Saint-Paul-du-Bois, prieuré-cure, 649.

Saint-Quentin-en-Mauge, prieuré, 977.

Saint-Remi-la-Varenne, officiers, du grenier à sel, 1028.

Saint-Saturnin-sur-Loire, prieuré, 875.

Saint-Trion, prieuré St-Nicolas, 1143.

Saint-Vincent, prieuré, 1397.

Sainte-Agathe, prieuré, 1532.

Sainte-Anne-les-Tours, prieuré, 849.

Sainte-Colombe, prieuré, 545.

Sargé, prieuré St-Cyr, 1088.

Sauge - aux - Moines, prieuré, 1260.

Saumur, 161; abbaye St-Florent, 176; avocats et procureurs, 1006; barbiers, baigneurs, étuvistes et perruquiers, 593; bouchers, 591; boulangers, 595; chapeliers, 598; chapitre N.-D. de Nantilly, 588; chapitre St-Nicolas-des-Billanges, 590; chapitre St-Pierre, 592; charpentiers et tourneurs, 606; chirurgiens, 603; collège de l'Oratoire, 177; cordonniers, 590; couvreurs en ardoise, 597; droguistes et épiciers, 596; faïenciers, 611; fondeurs, 592; hôteliers, aubergistes et traiteurs, 591; lapidaires, enchasseurs en cuivre et émailleurs, 601; maçons, 597; marchands de bois et charbon, 608; marchands de draps de soie, laine et mercerie, 599; maréchaussée, 997; maréchaux-ferrants, 593; médecins et apothicaires, 1011; mégissiers, 991; menuisiers, 591; merciers, grossiers, joailliers, quincailliers et ferrons,

589; notaires royaux, 991; officiers de l'élection, 1000; officiers de l'Hôtel-de-Ville, 1000; officiers du grenier à sel, 1031; officiers de la maréchaussée, 1006; orfèvres, 598; pâtissiers, rôtisseurs et poulaillers, 589; peintres, horlogers, vitriers et carreleurs, 606; poêliers et bottiers, 595; potiers d'étain, 995; prêtres de l'Oratoire de N.-D. des Ardillières, 175; prévôté, 1017; religieuses de la Fidélité, 162; selliers et bourreliers, 591; sergetiers, bonnetiers et teinturiers, 622; serruriers, 591; taillandiers et faiseurs de limes, 604; tailleurs d'habits, 589; tonneliers, 593; ursulines, 161; Visitation, 161.

Savigny, juridiction, 408.

Segré, 1505.

Seiches, prieuré, 517.

Serillac, comté, 257.

Seuilly, religieux, 231.

Soudé, prieuré, 1001.

Souleine, prieuré, 1384, et 1389.

Suilly, abbaye N.-D., 1048.

Taulnière, juridiction, 415.

Ternay, prieuré de la Trinité, 663.

Thorigné-en-Charny, prieuré, 1412.

Tiercé, prieuré-cure, 511.

Touarcé, prieuré St-Jean, 871.

Touraine, officiers de la maréchaussée, 26; province, 816.

Tours, 845; abbaye St-Julien, 841; archevêché, 1240; augustins, 722; avocats du siège présidial, 849; bouchers, 54;

boulangers, 54; barbiers, baigneurs, étuvistes et perruquiers, 782; carmélites, 51; carmes, 50; chapitre St-Martin, 24; chapitre St-Martin-de-la-Bezoche, 33; chapitre St-Pierre-le-Puellier, 30; chapitre St-Venant, 31; charpentiers, 53; chirurgiens, 816; ciergers, 487; couvreurs, 822; drapiers, droguistes et confiseurs, 807; feuillants, 848; tripiers, 782; hôteliers et cabaretiers, 769; imprimeurs et libraires, 803; juges, gardes, essayeurs et graveurs de la monnaie, 746; juges consuls, 814; maçons, 822; maréchaux, 782; médecins, 806; mégissiers et corroyeurs, 809; menuisiers, 53; merciers, joailliers, droguiers, grossiers, quincailliers et drapiers, 51; merciers, joailliers et quincailliers, 806; minimes, 841; notaires royaux, 487; officiers de la ville, 457; Oratoire, 819; orfèvres, 770; passementiers, 459; pâtissiers, 722; potiers d'étain, 770; procureurs du bureau des finances, 806; procureurs de l'élection et grenier à sel, 492; procureurs du présidial, 804; religieuses du Calvaire, 37; religieuses de l'Union chrétienne, 49; religieux de Grandmont, 34; religieux de St-Julien, 457; rôtisseurs, 747; serruriers, 824; tailleurs, 783; tanneurs, 746; tapissiers, 804; teinturiers, 783; teinturiers en soie, 458; ursulines, 32; Visitation, 30; vitriers, 823.

Trelazé, prieuré, 918.

Trèves, prieuré, 913.

Trois-Moutiers (les), prieuré N.-D., 1146.

Tuffé, prieuré, 467.

Turpenay, abbaye N.-D., religieux, 230.

Ulmes-St-Florent, prieuré, 1027.

Vaas, 1531; religieux, 1123.

Varenne (la), comté, 753.

Vaslon, prieuré, 1421.

Véron, prieuré, 1436.

Vesins, cordelières, 651.

Vezelay-sous-Mirebeau, prieuré de la Madeleine, 1038.

Vibrais, 1320.

Vichers, 654.

Villeloing, religieux, 1039.

Villiers, prieuré, 1042, et 1218; religieux, 750.

Vivoin, prieuré, 1144.

Von, prieuré, 1051.

VERSAILLES

(Néant).

FIN

TABLE DES MATIÈRES

	Pages
INTRODUCTION..	1
Alsace	1
Auvergne	12
Béarn	18
Bourbonnais	19
Bourges	21
Bourgogne	25
Bretagne	38
Champagne	51
Dauphiné	58
Flandre	60
Guyenne	68
Languedoc	71
Limousin	97
Lorraine	100
Lyonnais	105
Normandie	108
Orléanais	125
Paris	132
Picardie	140
Poitou	147
Provence	155
Rochelle (la	170
Soissons	172
Tours	179
Versailles	191

www.ingramcontent.com/pod-product-compliance
Lightning Source LLC
Chambersburg PA
CBHW072231270326
41930CB00010B/2087

'. Le ^{17}. s
___

de cet

uelques i

LE GRA

libération

, t. XVI,

___

(Publié par Georges Picot et Paul Guérin)

DOCUMENTS
RELATIFS
AUX ÉTATS GÉNÉRAUX DE 1614.

ÉTATS GÉNÉRAUX DE 1614.

ÉLECTIONS DE PARIS.

ASSEMBLÉES GÉNÉRALLES ET PARTICULIÈRES
FAITES EN L'HOSTEL DE LA VILLE DE PARIS
ET TOUT CE QUI S'I EST PASSÉ POUR LES ESTATZ GÉNÉRAULX
DE CE ROYAUME.

Ce jourd'huy samedy quatorziesme jour de juing mil six cens quatorze ont ésté apporté à messieurs les prévost des marchans et eschevins en leur Bureau les lettres de cachet du Roy touchant la convocation et assemblée généralle des Estatz de ce royaume, desquelles la teneur ensuict.

De par le Roy :

Très chers et bienamez, depuis qu'il a pleu à Dieu nous appeller à ceste couronne, nostre principal désir a tousjours esté suivant l'advis et prudent conseil de la Royne Régente, nostre très honorée dame et mère, de maintenir ce royaume en la mesme paix et tranquillité tant parmy noz subjectz qu'avec les roys, princes et estatz noz voisins, que le feu Roy, nostre très honoré seigneur et père d'éternelle mémoire, y avoit par son inimitable valleur et prudence glorieusement establie; et avec cella de soulager nostre peuple aultant qu'il nous seroit possible, ce qui nous a, par la grâce de Dieu, [esté] si généreusement concédé qu'il se peult dire jamais minorité des Roys noz prédécesseurs ne s'estre passée avec plus de doulceur et de repos pour le bien de tous noz subjectz et de réputation pour la conduicte des affaires tant dedans que dehors le royaume, ce que désirans par tous les moyens affermir et accroistre, nous avons estimé, suivant l'advis de la Royne Régente nostre dite dame et mère, qu'il estoit maintenant à propos de mectre à effect le désir et intention qu'elle a tousjours eue de faire à l'entrée de nostre majorité une convocation et assemblée généralle des Estatz de toutes les provinces de ce royaume pour en icelle représenter et faire entendre ce qui c'est passé pendant nostre bas aage, exposer l'estat présent des affaires et pourvcoir pour l'advenir à l'establissement d'ung bon ordre pour la conduicte des affaires et administration de la justice, police, et finances et adviser à tous bons moiens qui puissent servir au soullagement de noz peuples et subjectz et à la réformation des abbuz et désordres qui se pourroient estre glissez au préjudice de nostre auctorité et du bien et advantage de tous les ordres de ce dict royaume; en quoy nous nous promectons que ceste nostre bonne intention sera fécondée et assistée d'une droicte dévotion et sincère affection à nostre service et au bien de nostre dit royaume et de tous noz dits subjectz.

A ceste cause nous vous advertissons et signiffions que nostre vouloir et intention est de commancer à tenir les Estatz libres et générauls des trois ordres de nostre dit royaume au dixiesme jour du mois de septembre prochain en nostre ville de Sens où nous entendons et désirons que se trouvent aulcuns des plus notables personnages de chacune province, baillage et sénéchaussée d'icelluy pour nous faire entendre les remonstrances, plainctes et dolléances qu'ilz auront à nous faire et les moiens qu'ilz recongnoistront plus convenables pour y mectre ung bon ordre et pour cest effect, nous vous mandons et très expressément enjoignons que vous ayez à faire le plus promptement que faire ce pourra assemblée et convocation généralle en l'hostel commung de ceste bonne ville ainsy et en la forme et manière que vous avez accoustumé de faire les convocations et assemblées généralles pour les affaires communes de nostre dite ville en autres matières et affaires publicques concernant le bien et repos d'icelle, pour en la dite assemblée délibé-

Gn fil

rer et terminer ce qui vous semblera en vos consciences debvoir estre proposé sus
dits Estats généraulx de nostre royaume et ce faict eslire, choisir et nommer personnages de suffisance et intégrité que vous envoierez et ferez trouver en nostre
dite ville de Sens au dit jour dixiesme septembre prochain, avec amples instructions, mémoires et peuvoirs suffisans pour, selon les bonnes antiennes et louables
coustumes de ce royaume, nous faire entendre tant leurs dites remonstrances,
plainctes et dolléances que les moiens qui leur sembleront plus convenables pour
le bien publicq, manutention de nostre auctorité, soullagement et repos d'un
chascun, ainsy qu'il en a esté par ce vous ey devant usé lors de l'assemblée des Estatz
d'Orléans et Blois et sans que pour ce vous ny vos depputez, ny les autres habitans de nostre dite bonne ville et faulxbourgs soient tenuz aulcunement comparoir
en la convocation et assemblée qui sera faicte par nostre prévost de Paris de laquelle nous vous avons exemptez ensemble de la jurisdiction et congnoissance de
nostre dit prévost de Paris pour le regard de la dite convocation d'Estatz seullement, voullans à l'exemple des Roys noz preddécesseurs que pour la dignité et
excellance de nostre dite bonne ville elle face de son chef ès ditz Estats généraulx
ung corps à part d'avec le reste de nostre dite prévosté, ainsy qu'il fut faict ès dictz
derniers Estats généraulx tenuz en nos dites villes d'Orléans et Blois. Car tel est
nostre plaisir.

«Donné à Paris le neufiesme jour de juing mil six cens quatorze.» Signées
Louis et au dessoubz de Loménye.

Et sur le dos est escript : «A noz très chers et bien amez les prévosts des marchans et eschevins de nostre bonne ville de Paris»; avec le cachet des armes de
France.

Desquelles lectres ayant esté fait lecture, mes dits sieurs les pré-
vostz des marchants et eschevins ont arresté de faire assemblée de messieurs les conseillers de la dite ville à mardy prochain deux heures de
rellevée et à ceste fin mandemens ont esté envoyées à mes dits sieurs
les conseillers de la ville dont la teneur ensuict :

«Monsieur de Versiguy, plaise vous trouver demain deux heures de rellevée au
Bureau de la ville pour entendre la lecture de cachet du Roy envoyées
par Sa Majesté à la dicte ville touchant la convocation et assemblée générale des
Estatz, vous priant n'y vouloir faillir.

«Faict au Bureau de la ville le lundy seiziesme jour de juing mil six cens quatorze.

«Les prévost des marchans et eschevins de la ville de Paris tous vostre»

Pareil mandement envoyé à chacun de messieurs des conseillers de
la dite ville.

Du mardy dix septiesme jour de juing mil six cens quatorze.

En l'assemblée de messieurs les prévost des marchans, eschevins et
conseillers de la dite ville le dit jour, tenue au Bureau d'icelle pour
entendre la lecture des lettres de cachet du Roy envoyées par Sa Majesté
à la dite ville touchant l'assemblée généralle des Estatz de ce royaume,
sont comparuz :

Monsieur de Grieu, conseiller en la court, prévost des marchans.
Mᵉ de Pien.
Mᵉ Mérault.
Mᵉ Desveux.
Mᵉ Clapisson, eschevin.
Mᵉ Perrot, procureur du Roy de la dicte ville.
Monsieur le président de Marly.
Monsieur le président Aubry.
Mᵉ Marcheri, maistre des Requestes.
Mᵉ Boucher, conseiller.
Mᵉ Perrot, conseiller.
Mᵉ Amelot, maistre des Comptes.
Mᵉ Arnault, advocat.
Mᵉ Potier, sᵉ de Guenilly.
Mᵉ Prevost, advocat.
Mᵉ Lamy, secrétaire.
Mᵉ de Sᵗ Germain, sieur de Ravines.
eeditevlle

La compagnie estant assemblée, monsieur le prévost des marchans
a remoustré que le Roy avoit envoié à la ville ses lettres de cachet tou-

¹ Archives nationales, K 675, n° 44 (1°)

chant l'assemblée généralle des Estatz de ce royaume. C'est pourquoy il avoit, avec messieurs les eschevins, ordonné la présente assemblée pour entendre la lecture des dites lettres et adviser à ce qui seroit à faire pour l'exécution d'icelle, requérant en voulloir délibérer.

Sur quoy, lecture faicte des dites lettres de cachet données à Paris le ixe jour du présent moys, signées Louis et au dessoubz de Loménye, et veu les registres de la dite ville des années mil ve soixante et soixante et seize touchant les Estatz tenuz à Orléans et Blois, et l'affaire mise en délibération, a été arresté que assemblée généralle sera faicte au dit hostel de ville dans la grande salle d'icelle, le mercredy vingt cinquiesme de ce mois de rellevée, des dits srs prévost des marchans, eschevins et conseillers de la ville, depputez, de messieurs des courtz souveraines, quartiniers et six notables bourgeois de chacun quartier aultres que officiers des dites courtz souveraines, corps, collèges et communaultez esclésiasticques; et à ceste fin que dès demain les dits sieurs prévost des marchans et eschevins yront par devers mes dits sieurs des courtz souveraines pour les prier de depputter d'entre eulx pour assister à la dite assemblée généralle le dit jour xxv juing.

Et sur ce qui a esté proposé si l'on laisse à la liberté des dits quartiniers d'appeller les six personnes de leur quartier tel que bon leur semblera pour venir à la dite assemblée généralle, ou si l'on leur ordonnera d'appeller et faire assemblée particulière en leurs maisons de leurs cinquantiniers, diziniers et douze ou vingt des plus notables bourgeois de leur quartier, lesquelz esliront entre eulx les six qui debvront venir es dites assemblées généralles, l'affaire mise en délibération, a esté arresté que les mandemens seront envoyez aus dits quartiniers, ainsy que a esté faict cy devant, pour appeller et faire venir à la dite assemblée six notables bourgeois et des plus apparens de leur quartier aultres que ailleurs des dites courtz souveraines et que dès demain lesdiz quartiniers seront mandés au Bureau pour estre advertis de choisir en leur dits quartiers des plus notables bourgeois pour venir en la dite assemblée généralle.

« De par les prévost des marchans et eschevins de la ville de Paris.

« Sire Françoys Bonnart, quartinier, nous vous mandons vous trouver demain une heure de rellevée au Bureau de la ville pour entendre ce que nous avons à vous dire.

« Faict au Bureau de la dite ville le mardy xviimme jour de juing mil six cens quatorze. »

Pareil envoyé à chacun des dits quartiniers.

Et le mercredy xviiimme jour de juing seroient venuz au Bureau les dits quartiniers suivant le mandement à eulx envoyé, lesquelz ont esté advertis par messieurs les prévost des marchans et eschevins de la dite ville de prendre et choisir tous les plus apparans et principaulx bourgeois de leurs quartiers pour venir et assister aux assemblées qui seront faictes en l'hostel de la ville touchant les Estatz, ce qu'ilz ont promis faire.

Le dict jour xviiime juing, messieurs les prévost des marchans, eschevins, procureur du Roy et greffier de la ville sont allez en la court de Parlement où ilz ont priez messieurs de la dite court de voulloir depputter quelques ungs d'entre eulx pour venir aux assemblées généralles qui seront faictes en l'hostel de la ville touchant la convocation et assemblée généralle des Estatz de ce royaume, ainsy qu'il a esté faict en cas semblables et Estatz d'Orléans en l'année mil ve soixante et aux Estatz de Blois l'an mil cinq cens soixante seize. A quoy mes dits sieurs de la court parlans par la bouche de monsieur le premier président de Berdun que les registres de la court ensemble ceulx de la dite ville seroient veuz et que l'on en rendroit responce.

Et suivant ce mes dits srs de la ville ont faict porter par le greffier d'icelle deux registres de la dite ville des dites années u ve soixante et soixante et seize concernant les ditz Estatz lesquelz auparavant avoient esté montrez et communiquez particullièrement à mon dit sieur le premier président et à Mr le procureur général de Bélièvre, lesquel

auroient chargez mes dits sieurs de la ville de ce trouver en la dite
court au lendemain matin pour entendre la résolution de la dite court.

Et le jeudy IXme jour du dit mois de juing, sept heures du matin mes
dits sieurs les prévost des marchans, eschevins et gréffier de la dite
ville sont allez en la dite court, où mes dits sieurs estoient assemblez
tant de la Grande Chambre, Tournelle, que de le Édict, pour délibérer sur la dite depputation, où ayans attendu quelque temps, mes dits
sieurs de la ville auroient esté appellez, où estans entrez dans la Grande
Chambre et où estoit messieurs les sept grandz présidens en robbes
rouges et grand nombre de conseillers en robbes noires auroit esté dit
et prononcé par mon dit s^r le président l'arrest et la responce qui ensuict :

Prévost des marchans et eschevins, sur la semonce par vous faicte à la court
pour depputter aulcuns d'icelle pour ce trouver en l'hostel de la ville en l'assemblée qui s'i fera pour la convocation des Estatz, que la dite court ne s'empeschera ny
ne s'entremeslera de la dite convocation et assemblée des Estats de la ville, prévosté et viconté de Paris. »

Et aussitost mes dits sieurs de la ville se sont retirez et allez par
devers messieurs de la chambre des Comptes, lesquelz ilz ont priez
de depputter quelques de leur compaignie pour venir en l'hostel de la
dite ville à l'assemblée généralle, lesquels s^rs des Comptes, après avoir
sceu ce qui s'estoit passé en la court de Parlement ont faict responce
qu'ilz en alloient délibérer et en donneroient responce. Et aussitost
mes dits sieurs des Comptes ont faict responce qu'ilz ne depputteroient
point de leur compaignie pour venir à la dite assemblée de l'hostel de
ville.

Ce faict sont mes dits sieurs de la ville et greffier allez par devers
messieurs de la court des Aydes, où ilz ont faict la mesme prière et
semonce, lesquelz sieurs des Aydes parlans par la bouche de monsieur le
premier président Chevallier ont faict responce qu'ilz depputeroient
aulcuns de leur dite compaignie pour se trouver au dit hostel de ville
en l'assemblée qui s'i fera touchant les dits Estatz, et depuis mes
dits sieurs de la ville ont esté advertis qu'ilz ne depputteroient poinct
non plus que messieurs de la court de Parlement et chambre des
Comptes.

Et estans mes dits sieurs les prévost des marchans et eschevins,
retournez au Bureau de la ville pour adviser à ce qui seroit à faire pour
l'exécution des dites lettres, a été arresté entre eulx que chaque mandemens seroient envoiez à mes dits sieurs les conseillers de la ville,
corps, collèges et communaultez esclésiasticques et aux quarteniers et
appeller avec eulx dix notables bourgeois de chacun de leurs quartiers,
sçavoir cinq officiers des courtz souveraines et autres et cinq nottables
bourgeois et marchans, desquelz mandemens la teneur ensuict, sans
que pour cette première assemblée généralle les maistres et gardes
des marchandises et jurez des mestiers y soient appellez comme n'en
estant encores de besoing :

»Monsieur de Versigny, plaise vous trouver, mercredy prochain vingt cinquiesme
du présent mois, une heure précize de rellevée, en l'assemblée généralle qui se
fera en la grande salle de l'hostel de la ville pour entendre la lecture des lectres
du Roy à nous envoiées par Sa Majesté touchant la convocation et assemblée généralle des Estats et adviser et dellibérer à ce qui sera à faire pour le bien et repos
de ce roiaulme vous prians n'y voulloir faillir.

»Faict au Bureau de la ville le vendredy vingtiesme jour de juing mil six cens
quatorze.

»Les prévost des marchans et eschevins de la ville de Paris tous vostres. »

»De par les prévost des marchans et eschevins de la ville de Paris.

Sire François Bonnard, quartenier, nous vous mandons appeller dix personnes
do vostre quartier des plus notables, sçavoir cinq officiers du Roy tant des courtz
souveraines que autres et cinq des plus notables bourgeois et marchans non officiers, et vous trouvez tous mercredy prochain vingt cinquiesme du présent mois,
une heure précize de rellevée, en l'assemblée généralle qui se fera en la grande
salle de l'hostel de ville pour entendre la lecture des lettres du Roy à nous envoiées
par Sa Majesté, touchant la convocation et assemblée généralle des Estats et adviser et dellibérer à ce qui sera à faire pour le bien et repos de ce roiaulme. Sy n'y
faictes faulte.

»Faict au Bureau de la ville le vendredy vingtiesme jour de juing mil six cens
quatorze. »

« De par les prévost des marchans et eschevins de la ville de Paris.

« Monsieur l'évesque de Paris, nous vous prions vous trouver mercredy prochain vingt cinquiesme jour du présent mois, une heure précise de rellevée en l'assemblée génerallc qui se fera en la grande salle de l'hostel de ville pour entendre la lecture des lettres du Roy à nous envoiées par Sa Majesté touchant la convocation et assemblée génerallc des Estatz et adviser et dellibérer à ce qui sera à faire pour le bien et repos de ce roiaulme, vous priant n'y vouloir faillir.

« Fait au Bureau de la ville le vendredy vingtiesme jour de juing mil six cens quatorze.

Pareil envoié à M^{rs} du chappitre de Paris;
A Messieurs de la Sainte Chapelle;
Aux relligieux, abbé et couvent de Sainte Geneviefve;
Aux relligieux, abbé et couvent de Saint Victor;
Aux relligieux, abbé et couvent de Saint Germain des Prez;
Aux relligieux, prieur et couvent des Chartreux;
Aux relligieux, prieur et couvent de Saint Magloire;
Aux relligieux, prieur et couvent de Saint Lazare;
Aux relligieux, prieur et couvent de Soint Martin des Champs;
Aux relligieux, prieur et couvent des Cellestins;
Aux relligieux, prieur et couvent de Sainte Croix.

Du mercredy vingt cinquiesme jour de juing mil six cens quatorze de rellevée.

En l'assemblée génerallc le dit jour faite en la grand'salle de l'hostel de la ville de messieurs les prévost des marchans, eschevins, conseillers de la dite ville, corps, collèges, chappitres et communaultez esclésiasticques, quarteniers et dix bourgeois de chacun quartiers mandez, sçavoir cinq officiers tant des courtz souveraines que autres et cinq des plus nottablcs marchans et bourgeois de cette dite ville, pour entendre la lecture des lettres du Roy envoiées à la dite ville par Sa Majesté touchant la convocation et assemblée génerallc des Estatz, et adviser et délibérer à ce qui sera à faire pour le bien et repos de ce roiaulme, suivant les mandemens envoiez à ceste fin.

Sont comparus :

Monsieur de Grieu seigneur de Saint Aubin, conseiller en la court, prévost des marchans.

Monsieur Desprez, advocat en Parlement; Monsieur Mérault, auditeur des Comptes; Monsieur Desveux, grenettier de Paris; Monsieur Clapisson, conseiller au Chastelet, eschevin.

Monsieur Perrot, procureur du Roy de la dite ville.

Monsieur de Marle, seigneur de Versigny; Monsieur le président de Boullencourt; Monsieur Sanguin, sieur de Livry, conseiller en la court; Monsieur Palluau, conseiller en la court; Monsieur Boucher, conseiller en la court; Monsieur Le Prebstre, conseiller en la court; Monsieur Amelot, maistre des Comptes; Monsieur Arnauld, advocat; Monsieur Prévost, sieur de St Cir, maistre des Requestes, *absent*; Monsieur Perrot, conseiller en la court; Monsieur le président de Marly; Monsieur Violle, sieur de Rocquemont; Monsieur le président de Bragelongue, *absent*; Monsieur Abelly; Monsieur le président Aubry; Monsieur Lamy, secrétaire du Roy; Monsieur Canguin; Monsieur Le Clerc, conseiller en la court; Monsieur Le Tonnelier, conseiller en la cour des Aydes; Monsieur de Saint Germain, sieur de Ravynes; Monsieur Sainctes; Monsieur Pottier, sieur de Quevilly; Monsieur Aubry, sieur d'Auvillis; Monsieur Marescot, maistre des Requestes; Monsieur Prévost, advocat en Parlement, conseillers de la ville selon l'ordre de leurs réceptions.

Monsieur l'archediacre Dreux; Monsieur Garnier, depputez de messieurs du chappitre de Paris. Monsieur Jacques Barrin; M. Pierre Povcet, depputez de la Sainte Chappelle. Monsieur Bourguignon, depputté des relligieux de Sainte Geneviefve. Frère Jacques Ozan, depputté de Saint Martin des Champs. Frère Denis Coulon; Frère Anthoine de Bragelongue, depputtez des relligieux de Saint Victor. Frère Hiérosme Le Juge; Frère Philippes Laurens, depputtez des relligieux de Saint Germain des Prez. Frère Adrien Lebon; Frère Anthoine Rousseau, depputtez des relligieux de Saint Lazare. Frère François Vast, depputté de Saint Magloire. Frère Anthoine Rondeaux; Frère Claude Godart, depputtez des relligieux des Cellestins.

Les dits depputtez de Saint Germain des Prez ont protesté que la préséance, que le depputté de Sainte Geneviefve a présentement faite devant eux, ne leurs puisse nuire ne préjudicier et à leurs droictz de scéance et prévillèges.

Quarteniers et dix bourgeois de chacun quartier mandez :

Sire François Bonnard [Quartenier]; Mr de Beaumont, maistre des Requestes; Monsieur le président Gayant; Monsieur de Pleurs, conseiller en la court; Monsieur Lescuyer, maistre des Comptes; Monsieur Mauroy, secrétaire du Roy; Monsieur de Paris; Monsieur des Champs; Monsieur Le Saige; Monsieur Gaujon; Monsieur de Laulnoy, bourgeois et marchans.

Sire Nicollas Bourlon [Quartenier]; Monsieur Dufour, conseiller en la court; Mr Viellard, trésorier de France; Mr Bourbon, greffier des Comptes; Mr Hac, général des Monnoyes; Mr Prévost, grénetier de Paris; Mr de Marquemont; Mr Cornuaille, advocat; Mr Martin; M^r Le Bossu; Mr Bellin, bourgeois.

M. Jacques Huot [Quartenier]; Mr Hac, conseiller en la court; Mr de Beaurin, maistre des Comptes; Mr du Lys, advocat du Roy en la court des Aydes; Mr Ferrand, Lieutenant particulier; Mr de Ginets, secrétaire du Roy; Mr Tallon, advocat en la court; Mr de la Martillière, advocat en la court; Mr Sebat de St Jullien; le sire Guérin, marchant; le sire Hersant, marchant.

Mr Guillaume du Tertu [Quartenier]; M^r des Arches, président des Comptes; Mr de Chaulme, maistre des Requestes; Mr Sévyn, conseiller en la court; Monsieur Fleurette, conseiller ès Requettes; Mr Prévost, maistre des Comptes; Monsieur Becquet; Mr Bergeon; Mr Rolot; le sieur Blin; le sieur Gironet, bourgeois.

Sire Jacques Bérout [Quartenier]; Mr Roullier, conseiller en la court; Mr Chevallier, conseiller en la court; Mr Hesselin, maistre des Comptes; Mr Lusson, président des Monnoyes; Mr Belut, conseiller au Trésor: Mr Loisel, advocat; M. Galland, advocat; Mr du Tour, commissaire; le sieur Rampereur, bourgeois.

Sire Michel Passart [Quartenier]; Mr Brissonnet, conseiller en la court; M^r le président Miron; M. Parfaict, conseiller; Mr Boullanger, conseiller; M^r Le Brest, conseiller au Chastelet; Mr Lengeras; le sieur Loys Mantel; Mr Labé; Mr Lambert; Mr Chapart.

Sire Anthoine Audienas [Quartenier]; Mr Barentin, maistre des Requestes; Mr de Rezé, conseiller en la court; M. Lebailleur, conseiller en la court; Mr de Haudicq, maistre des Comptes; Mr Ladvocat, conseiller au Grand Conseil; le sieur Dampmartin, marchant; le sieur Targis, marchant; le sieur Dubois; le sieur Boul'; le sieur Robert, bourgeois.

Mr Robert Danès [Quartenier]; Mr de la Brunetière, commissaire ordinaire des guerres; Mr du Marché, advocat en Parlement; Mr Maillet, advocat en Parlement; Mr Giroult, advocat en Parlement; Mr Gendron, premier huissier de la cour des Aydes; Mr Périer, commissaire au Chastelet; Mr Feulles, marchant, Mr Duhamel, bourgeois; Mr Thomas, bourgeois; Mr de Louan, marchant.

Sire Simon Marces [Quartenier]; Mr Camus, conseiller en la court; Mr Perrot, naguères président en l'Eslection; Mr du Rousseau, advocat du Roy aux Requestes de l'hostel; Mr de la Poustoire, esleu; M^r Le Coq, substitut; le sire Jacques Barbier; le sire Jacques Benoist; le sire Boucher; le sire Fiacre Malaquin; le sire Chéron, bourgeois.

Sire Jacques de Creil [Quartenier]; Mr Regnart, maistre des Requestes; Mr de Brusselles, maistre des Requestes; M^r des Landes, conseiller en la court; Mr Cocquorel, général des Monnoyes; Mr Abelly, receveur général de Limoges; Mr Henriot; M^r Le Febvre; Mr Hélain; Mr Pregnes; Mr Doublet, l'aisné, bourgeois et marchans.

Sire Jacques de Molhères [Quartenier]; Mr Crespin, président aux Enquestes; Mr Foucquet, conseiller en la court; Mr Thiersault, trésorier de France; Mr Yves, auditeur des Comptes; Mr Bergeon, secrétaire du Roy; Mr Jolly, advocat en la court; le sieur Dubuisson; le sieur Lefèvre, bourgeois; le sieur Macé, bourgeois.

Le sieur Du Pont, bourgeois [Quartenier]; Sire Jehan Le Clerc; Mr Savaris, conseiller en la court; Mr de Grieu, conseiller en la court; Monsieur d'Essais, maistre d'hostel de la maison du Roy; Monsieur de Bréac, président des Monnoyes; Monsieur de Graville, secrétaire du Roy; Monsieur Le Chassis, advocat en la court; Mr Rigoumien, advocat en la court; le sieur Le Clerc, bourgeois; le sieur du Pré, bourgeois; le sieur Souvis, bourgeois.

Sire Denis de St Genis [Quartenier]; le sieur Scaron, l'esné, conseiller en la court; M^r le président Charron; Monsieur Damour, conseiller en la court; Mr Texier, maistre des Comptes; Mr Poussepin, conseiller au Chastelet; Mr Bélin, bourgeois; Monsieur Leblond, bourgeois; le sieur Philippes, marchant; le sieur Henzard, bourgeois; le sieur Duclos, marchant.

Mr François de Fontenu [Quartenier]; Monsieur Fournier, cy devant conseiller en la court de Parlement; Monsieur Charles, sieur d'Esbly, conseiller en la court [1]; Monsieur Roullier, maistre des Comptes; Monsieur Lambert, correcteur des Comptes; Monsieur Puyperreux, secrétaire du Roy; Monsieur de Goucy, marchant; Monsieur Duseau, bourgeois; Monsieur Roullier, bourgeois; Monsieur de Louvigny, bourgeois; Monsieur Bucques, bourgeois.

---

[1] Voir Leroux de Lincy, 2e partie, p. 221.

Sire Pierre Parfaict [Quartenier]; Monsieur de Bruguinville, gentilhomme ordinaire de la chambre du Roy, *absent*; Monsieur le président de Liverys; Monsieur Viollc, conseiller en la court de Parlement; Monsieur de Sainct Germain le grand, maistre des Comptes; Monsieur des Barreaux, trésorier de France; Monsieur de Metz, bourgeois; Monsieur du Buignon, bourgeois; Monsieur Caignet, marchand; le sieur Lefebvre, bourgeois, *absent*.

Sire Ascanius Guillemeau [Quartenier]; Monsieur Peteau, conseiller en la court; Monsieur Le Maistre, conseiller en la court; Monsieur Chaillou, maistre des Comptes; Monsieur Adée, secrétaire du Roy et advocat au Conseil; Monsieur Leroux, conseiller au Chastellet; Monsieur Gélin, auditeur des Comptes; Monsieur de Vernage, advocat en la court; Monsieur Surault, advocat; le sieur d'Ivry, marchand; le sieur Bourellier, marchand.

La compagnie estant assemblée, mon dit sieur le prévost des marchans luy a fait entendre que le Roy désirant tenir ses Estatz généraux en la ville de Sens au dixième jour de septembre prochain, il a envoyé ses lettres de cachet à la dite ville pour faire la présente assemblée et entendre sa vollonté desquelles lettres il a requis la compagnie à en entendre lecture. Et aussytost le greffier de la dite ville a faict lecture des dites lettres données à Paris le neufviesme jour de juing mil six cens quatorze, signées Louis et au dessoubz de Loménye, qui sont cydevant transcriptes.

Après laquelle lecture monsieur le prévost des marchans fait une harengue à la dite compagnie de laquelle la teneur s'ensuict :

« Messieurs, nous avons appris par noz registres qu'en pareilles occasions on a faict jusques à trois assemblées généralles, la première en laquelle après la lecture des lettres de Sa Majesté, on depputte quelques ungs de la compagnie de tous les ordres qui s'y trouveront céans, en tous les jours ou certains jours de la sepmaine à l'heure qui sera advisée, pour recepvoir tous les mémoires qui leur seront présentez, les véoir, assembler et rédiger en ung cahier pour en faire lecture à l'assemblée suivante, en laquelle chacun peult dire ce que bon luy semble pour adjouter, diminuer ou corriger les articles du dit cahier et après les depputtez se rassemblent pour le remectre au nect et y mectre la dernière main, puis on faict une troisiesme assemblée pour leur lire encores une fois et depputter ceulx que l'on veult charger pour le porter aux Estatz généraux.

Ces mémoires on les peult bailler en deux fassons : ou les présentant à messieurs qui seront depputtez ou les mettans dans ung coffre percé par le dessus en forme de troncq, sy celluy qui les présente ne veult pas estre recongneu.

Il est doncq loisible nonseullement à vous, Messieurs, qui estes icy assemblez avec tous les bourgeois de cette ville et faulxbourgs, de bailler telz mémoires que bon leur semblera et affin que personne n'en prétende cause d'ignorance nous le ferons encores publier par les carrefours de cette ville à son de trompe et cry publicq au premier jour.

Mais, Messieurs, je pense estre obligé de vous supplier que nous prenions bien garde aux mémoires que nous baillerons, car aians l'honneur d'estre citoiens de la capitalle ville du roiaulme remplis de tant de personnages de grande et eminante dignité, de si beaux et rares espritz, il fault qu'en toutes noz propositions nous fassions paroistre un grand sens et un grand jugement et que noz demandes soient si justes qu'elles ne puissent estre reffusées. Les propositions que nous avons à faire, il me semble que nous devons les examiner par trois et quatre considérations : par celle de l'honneur de Dieu, du service du Roy et du bien de l'Estat et pour nostre propre utilité, et touttes ces considérations bien prises sont tellement liées l'une à l'autre qu'il semble que ce ne soit qu'une mesme chose; car nous ne pouvons faire aulcune proposition qui soit vraymentt utile au service du Roy ou pour nous mesmes, quy soit contraire à l'honneur de Dieu, puisque c'est luy qui restably les Roys, qui les maintient et les fait régner paisiblement pourveu qu'il garde ses commandemens; celluy qui donne ses bénédictions aux peuples quand ilz le servent bien, et qui chatye par la guerre et autres fléaux quant ilz s'oublient de leurs debvoirs. Aussy ne fault-il pas nous imaginer ung peuple qui renverse l'auctorité des Rois et qui destourne les peuples de leur obéissance; l'Escripture nous enseigne que toutta la puissance vient de Dieu et quy résiste à cette puissance résiste à l'ordonnance de Dieu. Elle nous commende en termes exprès et bien précis d'obéir à ceulx qui sont establiz sur nous, quelques fascheux qu'ilz soient. Ne détruysons pas la loy de Dieu par la subtille interprétation des hommes; n'apportons poinct de distinction où la parolle de Dieu n'en a poinct apporté. Nous sommes obligez de le servir et maintenir en auctorité et par la conscience et par la considération de nostre propre utilité; où il n'y a rien qui nous fasse demourer en sceuretté dans noz maisons, qui nous maintienner dans la jouissance

de noz biens et qui empesche que le plus fort n'opprime le plus foible que l'auc-
thorité du Roy. Souvenons nous de l'estat où nous avons esté pendant le temps
que nous nous promettions une liberté imaginaire, et en faisant comparaison avec
l'estat auquel nous sommes à présent, nous recongnoissions clairement que la diminution de l'auctorité du Roy est la diminution de nostre liberté et acheminement à une servitude. Ne cherchons doneques poinct d'utilité contraire à son
service, que nostre principal but soict de penser aux moiens propres pour affermir
son auchorité. La considération de ses jeunes ans ne doibt pas détourner de cette
affection; au contraire, sy nous sommes bien naiz, si nous avons ung cœur françois, c'est ce qui nous doibt plus affectionner à le maintenir et le servir fidellement. Souvenons-nous qu'il est filz de ce grand Roy, qui de ce nom là et tout ce
qui se peult imaginer de grand et excellent, principallement parlant à vous Messieurs, qui estes tesmoings de ses généreuses et héroïcques actions dont nous sen-
tons tous les jours les faictz par la jouissance de nostre maisons et de noz biens; re-
présentons nous qu'il est filz de la Roine régente à laquelle nous avons tant
d'obligation, qui a conduict les affaires depuis quatre ans et plus avec tant de
prudence que, contre toute espérance humaine, elle a maintenu ce roiaulme en
paix. Nous maintenir en paix, Messieurs, c'est nous donner asseurance de noz vyes
et de noz biens, qui pendant la guerre sont exposez en proye; c'est obligation et
si grande qu'elle obscurcit toutes les autres. Je ne puis néantmoings passer soubs
sillence la gratification que nous avons receue de Sa Majesté, depuis peu de jours,
nous faisant bailler de ses coffres jusques à trois cens mil livres pour parfournir
ce qui manquoit aux effectz de de Gondy pour le paiement de ung quartier des
rentes du sol; et peu auparavant nous avoit faict bailler vingt six mil livres de
rente d'augmentation par messieurs du Clergé, avec espérance de mieulx à la première assemblée. Résolvons nous de servir Sa Majesté fidellement envers tous et
contre tous, ne nous divisons poinct par faction, tenons nous fermes en son obéissance au péril de noz vyes.

Or, Messieurs, le meilleur service que nous luy puissions rendre, la plus grande
démonstration que nous pouvons faire de nos affections, c'est de pourvoir aux
désordres qui sont en c'est Estat, car tous les désordres, tous les desréglemens
servent d'acheminement à la désobéissance, parceque le Roy est la loy animée
et les lois et ordonnances ne sont aultre chose que la volloncté escripte de noz
rois. On ne peult doneques contrevenir aux lois et ordonnances, que l'auchorité
du Roy ne soict blessée et que l'on ne contrevienne à l'obéissance qu'il luy est deue,
mais à cette refformation il fault y apporter ung esprit de doulceur, poinct d'aigreur
poinct d'amertume, poinct d'animosité, poinct d'esprit de vengeance, poinct d'inthérest particullier. Car si chacun pense à son particullier, le publicq sera habandonné,
et le publicq passant le particullier sera enveloppé dans la ruine publicque et,
conservant le publicq, le particullier est asseuré. Tous les désordres proviennent
des actions desréglées que chacun commet en son particullier, qui pour l'ambition
quy pour le proffict, quy pour le plaisir, et on ne peult apporter de refformation
que l'on ne retranche cette ambition, ce proffict, ce plaisir; sy doneq chacun
veult tenir ferme sans rien quitter, sy personne ne veult mectre en arrière ce qui
est de son propre inthérest, en vain nous assemblons les Estatz. Il n'y a rien si
aysé que de réformer aultruy, car nous voions bien les faultes des autres, et
n'avons pas ung si grand amour à aultruy que nous craignons par nostre refformation luy retrancher ce qui est de ses commoditez; nous ne voions noz faultes
qu'à grand peine, et l'amour que nous portons à nous mesme nous empesche de
consentir au retranchement de ce qui nous apporte honneur, proffict ou plaisir. Si
nous pensons seulement à refformer les autres et les autres pensent à nous refformer, nous n'avons aulcun fruict de noz assemblées, et tout ce passera en conten-
tions et querelles. Il fault doneq que nous fassions ung effort contre nous mesmes
que nous commencions nostre refformation par nous mesmes, et que nous regardions
soigneusement sy en nos actions il n'y a rien à reprendre, et ce que nous trou-
verons qui mérite correction, il fault que nous le quittions vollontairement avant
qu'ung autre ne le demande contre nous. De là nous pouvons venir à ce qui est de
nostre profession et vaccation, de laquelle nous pouvons mieux congnoistre les
abuz; que après cella nous peuvions parler librement des autres et entrer à la refformation d'aultruy, et si nous ne suivons cet ordre, il est malaisé que nous re-
cueillons le fruict que nous espérons de noz assemblées.

«Or quant nous nous examinerons bien nous mesmes, je crois que les plus
justes se trouveront en quelque chose coupables les ungs pour avoir faict le mal,
les autres pour l'avoir souffert ayant eu moien de l'empescher, les autres pour
l'avoir sceu et n'en avoir pas adverty les magistratz qui pouroient y apporter le
remedde. Car, Messieurs, l'excuse d'ung chacun se veult couvrir de dire : Je n'y
eusse rien gaigné à traicter les choses à la rigueur, si est plus recepvable. Et com-
ment scavez vous que vous n'y eussiez rien gaigné? Vous direz que vous avez bien
veu que le magistrat l'a sceu et il n'y a pas pourveu; je vous diray au contraire

que le magistrat a pensé que vous l'approuviez tous, puisque personne ne s'en plaignoict, et ce faisant, à la pensée qu'il ne gaigneroit rien de l'entreprendre voiant tout le monde bandé au contraire, et encore que de lui mesme son inclination n'eust esté porté à y pourvcoir, sy est ce que sy vous, sy ung autre, sy dix, sy ung cent, sy mil luy eussent faict plaincte, il eust eu honte de se porter si ouvertement contre son debvoir. Il a pensé que personne ne s'en appercevoit, il c'est endormy là dessus; s'il eust pensé estre esclairé, il y eust apporté remedde. Que personne doncq ne s'excuse, ne rejectons poinct les faultes les ungs sur les autres; et prendre [les choses à la rigueur chacun a failly, qui plus, quy moings; chacun en quelque chose a contribué à la continuation du désordre.

« C'est pourquoy je pense que nostre principal but doibt estre de refformer le mal pour l'advenir, commençant par nous mesmes et puis venant aux autres, et quant à ce qui est passé ou l'oublier du tout ou en user avec si grande modération que la multitude de ceux que nous vouldrions rendre coulpables ne puisse empescher le succedz de noz bonnes intentions. »

Ce faict, le dit sieur Prévost a prié la compagnie d'adviser et arrester à ce qui est à faire pour l'exécution des dites lettres de Sa Majesté.

Sur quoy l'affaire mise en dellibération a esté advisé, delliberé et conclud que, suivant les dites lettres du Roy et les antiennes coustumes de la dite ville, l'on esliroit présentement deux de messieurs les conseillers de la ville, ung de messieurs les ecclésiastiques, deux de messieurs de la court de Parlement, deux de messieurs la chambre des Comptes, deux de messieurs de la court des Aydes, deux bourgeoys et deux marchans, pour avec mes dits sieurs les prévost des marchans et eschevins recepvoir touttes et chacunes les plainctes, dolléances et remonstrances que les citoiens de la dite ville et faulxbourgs d'icelle vouldront faire et présenter, ensemble tous les cahiers des corps, collèges et communaultez des marchans et cittoiens de quelque ordre, quallité et condition qu'ilz seroient, et en dresser et compiller le cahier de ladite ville. Et à l'instant a esté procedé à ladite eslection, et ont esté choisiz, nommez et esleus de vive voix par toutte la dite assemblée assavoir pour conseillers de la ville : scavoir monsieur le président de Marly, et monsieur Le Prebstre.

Pour les esclésiasticques, monsieur l'archediacre de Dreux.

Pour messieurs de la court de Parlement, monsieur des Landes et monsieur le président Myron.

Pour messieurs de la chambre des Comptes, monsieur le président Des Arches, et monsieur Lescuier.

Pour messieurs de la court des Aydes, monsieur Le Tonnelier sieur de Breteuil, et monsieur du Lys.

Pour bourgeois, monsieur Renauld, advocat, et monsieur Perrot, sieur du Chenart.

Et pour marchans monsieur de Cire et Frezon

Et pour l'exécution de ce que dessus mes dits sieurs les Prévost des marchans avec les dits sieurs depputtez cy dessus nommez s'assembleront en l'une des chambres de l'hostel de la ville, aux jours et heures selon qu'il sera advisé entre eux.

Et outre a esté arresté que au grand Bureau de la dite ville sera mis ung grand coffre de bois en forme de troncq pour y mettre les plainctes dolléances qui y seront apportez par escript.

Et est à notter qu'il a esté procedé en la dicte eslection selon et ainsy qu'il ensuict :

Premièrement ont esté appellez messieurs les conseillers de la ville selon l'ordre de leurs réceptions et encores qu'ilz feussent assis selon leurs graddes et quallitez aux bans et scelles à main droicte de messieurs les prévost des marchans et eschevins; Les esclésiasticques après sur ung bang estant au devant des dits sieurs conseillers;

Après, l'ung des quartiniers et les dix bourgeois de son quartier, et ainsy les dits quartiniers, l'ung après l'autre, avec leurs dits bourgeois,

selon l'ordre de leurs réceptions et mes dits sieurs les Prévost des marchans et eschevins les derniers.

Et ayans esté nommez les dits deux sieurs conseillers de la ville, l'on a commencé à réappeller la mesme compagnie pour nommer l'esclésiasticque et ainsy consécutivement les autres compagnies, de sorte que pour faire les dittes eslections, toutte la dite compagnie a esté appellée par sept fois l'ung après l'autre. Et pour lever le doubte de ce que l'on a depputté messieurs les conseillers de la ville et esclésiasticques auparavant messieurs des cours souveraines, et parce que mes dits sieurs des cours souveraines n'estoient en la dite assemblée comme depputtez de leurs compagnies ains comme bourgeois appellez par leurs quarteniers et estoient assis mes dits sieurs des cours souveraines et autres officiers sur des bancz à main gaulche de mes dits sieurs de la ville et de l'autre costé lesdits sieurs conseillers de la ville et esclésiasticques, et au meilleu de la dite assemblée estoit le dit sieur Perrot, procureur du Roy et de la dite ville, assiz dans une chaise viz à viz le greffier de la dite ville.

Pour l'exécution de la dite résolution d'assembler mes dits sieurs de la ville ont ordonné l'ordonnance qui ensuict :

« *De par le Roy et les prévost des marchans et eschevins de la ville de Paris.*

« On fait assavoir à tous bourgeois et marchans, maistre et gardes des corps et communaultez des marchandises, jurez des arts et mestiers, et toutes autres personnes, de quelque estat, qualité et condition qu'ilz soient, manans et habitans de cette ville et faulxbourgs, qu'ilz aient à apporter ou envoier en toutte liberté par chacun jour en l'hostel de la dite ville les plaintes doléances et remonstrances que bon leur semblera, lesquelles ilz pourront mectre ès mains des dits Prévost des marchans et eschevins ou depputez à recevoir les dictes plaintes, ou iceulx mectre dans ung coffre (qui) pour cest effect sera mis en l'hostel de ville au grand Bureau en forme de troncq, pour après estre faict ouverture du dict coffre par les dits Prévost des marchans, eschevins et depputtez et par eux dressé ung cahier des dictes plaintes, doléances et remonstrances. Et sera la présente ordonnance publiée à son de trompe et cry publicq par les carrefours, places et autres lieux ad ce que personne n'en prétende cause d'ignorance.

« Fait au Bureau de la ville le vendredy vingt septiesme jour de juing mil six cens quatorze. »

Le lendemain samedy vingt huitiesme juing 1614, la dite ordonnance a esté publiée à son de trompe et cry publicq par les carrefours et place publicque de ceste ville et affiché es dits lieux.

Le dict jour de samedy xxviiι^ième juing, mes dits sieurs le prévost des marchans et eschevins ont arresté le mandemens qui ensuict :

« *De par les prévost des marchans et eschevins de la ville de Paris.*

« Monsieur le président de Marly, nous vous prions vous trouver lundy prochain quatre heures de relevée en l'hostel de la ville pour procedder à l'exécution de l'arresté de l'assemblée généralle du mercredy vingt cinquième jour du présent mois.

« Fait au Bureau de la ville le samedy xxviiie juing mil six cens quatorze. »

Pareil mandement signé du greffier de la dite ville a esté envoyé à chacun de messieurs de Marly, le Prebstre Dreux, des Landes, Myron, Des Arches, Lescuier, le Thonellier, Du Lys, Arnault, Perrot, de Creil et Frezon depputtez par la dite assemblée généralle.

Du lundy trentiesme et dernier jour de juing mil six cens quatorze.

En l'assemblée de messieurs les prévost des marchans et eschevins et depputtez de l'assemblée généralle, ce jourd'huy tenue en l'hostel de la dite ville suivant les mandemens envoiez pour cet effect sont comparuz.

Monsieur de Grieu, sieur de St Aubin, conseiller du Roy en sa court de Parlement, prévost des marchans; Monsieur Desprez, Monsieur Mérault, Monsieur Desveux, Monsieur Clapisson, eschevins; Monsieur le

président de Marly; Monsieur le Prebstre; Monsieur l'archidiacre de
Dreux; Monsieur Deslandes, conseiller; Monsieur le président Myron;
Monsieur le président des Arches; Monsieur Lescuier, maistre des
Comptes; Monsieur le Thonnelier, conseiller en la court des Aides;
Monsieur du Lis, advocat général en la dite court; Monsieur Arnauld
advocat; Monsieur Perrot, sieur du Chesnard; Monsieur Frezon, mar-
chant; Monsieur de Creil.

La compagnie estant assemblée, monsieur le Prévost des marchans
a remonstré que ce jourd'huy, messieurs de la court de Parlement
l'ont chargé d'aller en court à Saint Germain en Laye avec quelques
ungs de messieurs les eschevins, pour supplier leurs Majestez, de
trouver bon que l'on donne ordre à la sceureté de la dite ville pour
remeddier aux excès, entreprises, viollementz et enlèvementz de filles
qui se font en cette ville, sans que aulcuns bourgeois ce mectent en
effort de l'empescher, que suivant ce il espéroit aller demain, avec
messieurs Desprez et Mérault eschevins, au dit Saint Germain en
Laye trouver leurs Majestez, mais, au préalable, supplioit la compagnie
d'adviser sy elle jugeoit qu'il feust à propos de faire quelque autre
remonstrance à leurs Majestez sur ces subject, ensemble sur les moiens
qui seroient proposez et ouvertz pour la sceureté de ceste dite ville et
habitans d'icelle.

Sur quoi la matière mise en dellibération, a esté arresté que mon
dit sieur le prévost, Despraiz et Mérault iront trouver la Royne régente,
pour luy faire plaincte de l'entreprise faite par aulcuns seigneurs de la
court, sur l'enlèvement de la fille du sieur Barré, depuis quatre jours
ença et autres exceds et viollemens faitz auparavant et depuis, la supplier très humblement au nom de toutte la ville de trouver bon que
l'on pourvéoie à la sceureté d'icelle pour remeddier à l'advenir à telz
desbordemens, entreprises et insollences, et à cette fin que l'on se
puisse servir des cappitaines de cette dite ville, lesquelz s'asscureront
en chacune dixaine de certain nombre des bourgeois de leur compagnie
pour servir aux occasions qui se présenteront, et que à chacune maison
derrière les portes ou boutiques, chacun des habitans aura une ou
deux hallebardes pour s'en servir ou sortir par les dits habitans ou ser-
viteurs domestiques aux dites occasions, mesme sur le champ faire
tendre les chesnes pour arrester ceux qui commectront deslict, rumeur
ou excedz; mesme qu'il soict enjoinct aux sergens des barrières, d'avoir
dans leurs dites barrières, quelques hallebardes pour par eux arrester
et donner main forte contre ceux qui feront les dites viollences et
excedz, que l'on se pourra servir des archers tant du prévost de robbe
courte, prévost de l'Isle, que des gens du guet pour exécutter le décret de prise du corps que mes dits sieurs de la court ont cejourd'huy
décretté, all'encontre de quelques seigneurs touchant l'enlèvement du
dit Barré, et outre que la dite ville interviendra en la dite court de
Parlement avec le dit Barré pour estre receue partie au dit procès et
y desduire ces raisons et moiens.

Ce fait, mon dit sieur le prévost des marchans a dict que pour l'exécution de leur commission, il estoit de besoing d'arrester les jours et
heures que cette compagnie s'assemblera doresnavant, depputter aulcuns de la compagnie pour avoir les clefz du coffre où seront mises les
plainctes et dolléances du peuple, combien il y auroit de clefz et quel
ordre l'on tiendra pour recepvoir les dites plainctes.

Sur quoy, l'affaire mise en dellibération, a esté arresté que doresnavant cette compagnie s'assemblera deux fois la sepmaine, sçavoir les
lundy et vendredy de chacune d'icelles, quatre heures de rellevée,
que le dit coffre dans lequel sera mises les dites plainctes et dolléances, sera mis au grand Bureau de la ville pour y venir par ung
chacun en toutte liberté et apporter leurs plainctes et dolléances, auquel y aura trois clefz dont l'une sera mise es mains de mon dit sieur
le Prévost des marchans, une autre ès mains de monsieur le président
de Marly, et la troisième ès mains de mon dit sieur des Landes.

Que vendredy prochain sera apporté en la dite assemblée les ordonnances de Mouslins, Orléans et Blois, pour en estre faict lecture affin de véoir en faisant les cahiers nouveaux s'il sera besoing de s'en servir.

Aussy a esté arresté que sy, ès jours des assemblées susdites, il se présentoit aulcun de messieurs les conseillers de la ville aultres que les depputtez pour y assister, qu'il n'y sera receu ny admis et prié de se retirer.

Du vendredy quatrième jour de juillet mil vi^e *quatorze de rellevée.*

En l'assemblée le dit jour faite en l'hostel de la dite ville, dans la salle à ce destinée, de messieurs les Prévost des marchans et eschevins et depputtez de l'assemblée génerralle pour adviser à ce qui est nécessaire de faire touchant les Estatz,

Sont comparuz :

Monsieur de Grieu, seigneur de St Aubin, conseiller du Roy en sa court de Parlement, prévost des marchans, etc. Monsieur Desprez, Monsieur Mérault, Monsieur Desveux, Monsieur Clapisson, eschevins; Monsieur le président de Marly; Monsieur Le Prebstre, conseiller; Monsieur l'archidiacre de Dreux; Monsieur Deslandes, conseiller; Monsieur le président Myron; Monsieur le président des Arches; Monsieur Lescuier, maistre des Comptes; Monsieur Le Thonnellier, conseiller en la court des Aides, Monsieur Du Lys, advocat général en la dite court, Monsieur Arnauld, advocat; Monsieur Perrot, sieur du Chesnart; Monsieur Frezon, marchant; Monsieur de Creil, marchant.

La compagnie estant assemblée, a esté proposée par monsieur le Prévost des marchans sy l'on fera le serment ou non de tenir les délibérations secrettes, et, l'affaire mise en délibération, a esté arresté que toutte la compagnie fera le serment de tenir secret les dellibérations et arrestez des assemblées qui seront faites touchant les dits Estatz.

Et à l'instant mon dit sieur le Prévost des marchans a faict faire le serment à tous les dessus nommez aux fins que dessus, comme au semblable mon dit sieur le Prévost des marchans l'a juré et promis faire en son particullier.

Ce faict, mon dit sieur le Prévost a faict entendre à toutte la compagnie ce qui c'estoit passé ensuitte de la résolution de l'assemblée de lundy dernier touchant les esfortz, enslèvements de filles et autres insolences, qui se font fort souvent en cette ville, comme luy et trois de messieurs les eschevins estoient allez en court à Saint Germain en Laye trouver la Roine régente, à laquelle et à monsieur le chancellier, ilz avoient faict entendre les dits esfortz, enslèvementz et insollences commis en cette ville et en plain jour par aulcuns seigneurs de la court et le peu de sceauretté qu'il y avoit en cette dite ville, avoient supplié Sa Majesté de ne donner des rémissions à ceux qui c'estoient entremis et esforcé d'enslever la fille d'ung nommé Barré, ny faire expédier aulcunes lettres d'évocations, ains d'en laisser faire le cours de la justice à messieurs de la court de Parlement, qui en avoient pris la congnoissance et décretté contre aulcuns des dits seigneurs. Ce que Sa Majesté leur avoit acccordé et daventage trouvoict bon qu'en pareilles occasions se présenteroient que l'on tendist les chesnes, que les bourgeois sortissent de leurs maisons avec les armes en mains, pour s'opposer aus dits esfortz et viollences, et se rendre les plus fortz, mesme mon di^t monsieur le chancellier auroit usé de ces motz : *Que l'on les assomast;* et que aussitost qu'ilz seroient de retour en cette ville, que l'on fist assembler les collonelz d'icelle, pour adviser à la sceuretté de la dite ville et habitans d'icelle, ce qui fut faict dès mercredy dernier, dont la résollution de l'assemblée est dans ung autre registre.

Comme aussy mon dit sieur le prévost des marchans a dict, que suivant la dite résollution de lundy dernier, lui et les dits sieurs eschevins feusrent le lendemain de matin par devers messieurs de la court de Parlement, où ilz présentèrent leur requeste au nom de la ville, pour estre receuz parties intervenantes au procès d'entre le dit Barré et aulcuns des dits seigneurs de la court, de quoy monsieur le procureur général de la court de Parlement c'est offencé, prétendant que c'est entreprendre sur sa charge et qu'à luy seul appartient d'intervenir au dit procès et non à la dite ville, pour ce qui concerne l'inthérest du publicq et scheureté des habitans de la dite ville, lequel sieur procureur général empescheroict par tous moiens la dite intervention au nom de la ville. C'est pourquoy il supplioit la compagnie d'adviser sy l'on continueroit la poursuitte de la ville sur la dite intervention, nonobstant l'empeschement de mon dit sieur le procureur général, ou bien ne s'en poinct mesler dadventage par la dite ville.

Sur quoy l'affaire mise en délibération, a esté arresté de percister en la dite intervention, et que la ville en fera les poursuittes pour y parvenir nonobstant l'empeschement de mon dit sieur le procureur général.

A esté par l'ung de messieurs de la compagnie présenté une proposition et mémoires touchant le édict des nantissemens et ippotecques en toutes les villes de ce roiaulme où ilz ne sont pas en usaige, lequel est poursuivy par ung nommé Estienne, qui supplie la compagnie de véoir s'il n'est pas juste et raisonnable affin de le demander aux Estatz généraux et le faire expédier.

Et après que lecture a esté faicte des dites propositions et mémoires de édict, a esté arresté, dellibéré et conclud de rejecter le dict édict comme pernicieux et à la grande foulle et surcharge de publicq, et que au contraire de le recepvoir que dans le cahier des plainctes et remonstrances de la dite ville, il y sera mis ung article exprès pour supplier le Roy au cas que l'on le voullut faire expeddier, de le rejecter pour les causes et raisons et moiens qui seront déclarées dans le dit article, lesquelles causes, raisons et moiens seront dressez et rédigez par escript par le dit sieur Arnauld qui en a esté prié par la compagnie, ce qu'il a accepté et promis faire.

Du lundy septiesme jour de juillet mil six cens quatorze.

En l'assemblée de mes dits sieurs les prévost des marchans, eschevins et depputtez le dit jour tenue au dit hostel de ville, touchant les dits Estatz,

Sont comparuz :

Monsieur de Grieu, seigneur de Saint Aubin, conseiller en la court de Parlement, prévost des marchans; Monsieur Desprez, Monsieur Mérault, Monsieur Clapisson, eschevins; Monsieur le président de Marly, Monsieur le Prebstre, Monsieur l'archediacre Dreux, Monsieur le président des Arches, Monsieur Deslandes, Monsieur le président Myron, Monsieur Lescuyer, Monsieur le Tonnellier, Monsieur du Lis, Monsieur Arnault, Monsieur Porrot.

La compagnie estant rassemblée, de l'advis d'icelle ouverture a esté faicte du coffre estant au grand Bureau de la ville, par les dits sieurs prévost des marchans, de Marly et Deslandes qui en ont chacun une clef, dedans lequel c'est trouvé quelques mémoires desquelz a esté faicte lecture et sur lesquelz la compaignie travaillera doresnavant aux jours ordinaires pour dresser les cayers.

Et sur la proposition faicte si l'on demandera que le droict annuel des offices soit supprimé, et à ceste fin en faire ung article dans le dit cayer, a esté arresté qu'il en sera plus amplement délibéré au premier jour.

Monsieur Arnault a rapporté les moiens par luy dressez pour empescher le édict des ypothecques et nantissemens, lesquelz ont esté leuz et trouvez bons et justes par la dite compagnie et mis au greffe pour estre remis dans le dit cahyer ou advertissement [1].

Du vendredy onziesme jour du dit mois de juillet.

En l'assemblée de messieurs les prévost des marchans, eschevins et depputtez le dit jour tenue en l'hostel de la ville pour travailler au cahier des dits Estatz sont comparuz:

Les dits sieurs prévost des marchans et eschevins, messieurs le président de Marly, président des Arches, président Miron, Le Tonnellier, Du Lis, Perrot, Frezon, le procureur du Roy et de la ville, Arnault, l'archidiacre de Dreux, et le Prebstre, et sont icy escriptz selon comme ilz sont assiz à l'entour d'une table, et en oppinant l'on commence par le dit sieur de Marly, et ainsy à la suitte comme ilz sont assiz jusques au dit sieur le prévost qui oppine le dernier.

La compagnie estant assemblée, a esté faict ouverture du coffre dans lequel s'est trouvé quelques plainctes et remonstrances qui ont été veues et examinées par la compagnie, avecq celles qui y avoient esté trouvées cy devant et sur le tout ensemble, sur ung mémoire présenté par le dit sieur Arnauld, contenant plusieurs chefs des plainctes qu'il convient mectre dans le cahier ont esté les articles dispercez et baillez à chacun de la compagnie, pour en leur particullier les examiner et adviser aux moiens d'y remeddier, pour après en estre par eux chacun séparément faict rapport à la compagnie pour estre miz dans le dit cahier, lesquelz mémoires et départements sont en une liace et n'ont esté icy transcriptz.

A esté arresté de faire publier de nouveau à son de trompe, pour advertir les maistres et gardes des marchandises, jurez des mestiers et toutes autres personnes, d'apporter es mains de mes dits sieurs les prévost des marchans et eschevins, ou mectre dans le dit coffre, leurs plainctes, doléances et remonstrances sy aucunes ilz ont à faire.

A esté arresté de doresnavant s'assembler par la dite compagnie trois fois la sepmaine, assçavoir les lundy, mardi et mercredy de chacune d'icelles depuis trois heures de rellevée jusques à sept heures.

Du lundy quatorziesme jour de juillet m vi^c quatorze.

En l'assemblée de mes dits sieurs les prévost des marchans, eschevins et depputtez le dit jour, tenue en l'hostel de la dite ville aux fins que dessus sont comparuz :

Les dits sieurs prévost des marchans et eschevins, messieurs le président des Arches, Des Landes, président Miron, Lescuyer, du Lys, Perrot, Frezon, de Creil, Perrot procureur du Roy, Arnauld, archediacre de Dreux, Le Prebstre.

Sur le mémoire présenté par le dit sieur du Lys, pour l'establissement de huict bureaux en cette ville, où seront commis certaines personnes de ceste dite ville pour faire exécutter les ordonnances et reiglemens de la pollice.

Lecture faite du dit mémoire et l'affaire mise en délibération a esté arresté, dans le cahier des Estatz de la dite ville y seront unis ung article par lequel le Roy sera très humblement supplié de permectre qu'il soict establiz en ceste dite ville quatre bureaux et en chacun d'eux seront commis quatre bons et nottables bourgeois de cette ville non officiers, qui seront choisis et esleuz par chacun an en l'hostel de la dite ville des seize quartiers d'icelle ung, lesquelz s'assembleront aus dits bureaux deux fois la sepmaine pour recepvoir touttes les plainctes et contravention qui seront faicts aux reiglemens et ordonnances de la pollice de ceste dite [ville], mesmes y prendre garde en leur particullier, mesmes es lieux où se retirent plusieurs personnes mal viventes et pour ce pourront aller ès maisons, locaulx et autres où ilz auront advis que l'on se gouverne mal, lesquelz jugeront sommairement des dites contraventions et condampnations d'amende contre les delinquans, jusques à la somme de huict livres parisis, et ne seront ès dites charges qu'ung an.

---

[1] Voir page cotée 46.

Ce faict a esté faict ouverture du coffre dans lequel c' uvé certains mémoires qui a esté veu et examiné par la compagnie sur chacun article et mis au greffe pour en faisant le cahier y mectre ce qui a esté trouvé juste selon qu'il est escript à costé de chacun article.

Du mardy quinziesme jour des dits mois et an.

En l'assemblée de mes dits sieurs les prévost des marchans eschevins et depputtez le dit jour tenue en l'hostel de la dite ville pour vacquer au faict des dits cahiers sont comparuz :

Les dits sieurs prévost des marchans et eschevins, M^rs des Arches, Lescuier, le Tonnellier, du Lys, Dreux, Perrot, Frezon, de Creil, procureur du roy, Arnault et le Prebstre.

A esté arresté que le Roy sera très humblement supplié de ne rompre l'assemblée générale des Estatz, ny permectre que la compagnie se departe que au préalable les cahiers ne soient arrestez et résolus.

Comme aussy sera très humblement supplié de voulloir ordonner que doresnavant de cinq ans en cinq ans ou de dix ans en dix ans au plus tard il soit faict assemblée généralle des Estatz de son royaulme.

Aussy que sa Majesté sera très humblement suppliée de voulloir ordonner que l'on tiendra les grandz jours tous les ans pendant les trois premières années et après de deux en deux ans.

A esté arresté qu'il sera mis ung article dedans le dit cahier de la ville, par lequel on suppliera le Roy d'ordonner que les procureurs de sa Majesté et substituz de M^r le procureur général qui sont du ressort du Parlement de Paris seront tenuz d'advertir M^r le procureur général de la court de Parlement des crimes publicqz et viollances qui se commectront dans les ressortz où ilz sont establiz, soit de meurtres, assomemens, ravissemens et empeschemens à la justice, pour par le dit sieur procureur général le rapporter et en advertir la court de Parlement de trois mois en trois mois à peine contre les dits procureurs du Roy et substituz de suspension de leur charge et d'amande pécuniaire.

De mesme les commissions extraordinaires.

Qu'il sera aussy faict article que l'on ne poura demander aucuns despens contre les ordonnances bien et deuement vériffiées et qu'il ne sera expedié aucuns respitz ny lettres d'Estatz.

Qu'il sera mis ung article qu'encores que des filles ayent esté mariées en premières nopces, néantmoings que les personnes mineures de vingt cinq ans ne se pourront marier sans le consentement de ses père et mère à peine de pouvoir estre exhélédées par ses pères et mères, tout ainsy que s'ilz n'avoient point esté mariez.

Sera mis ung article pour empescher les lectres que M^rs les ecclésiasticques obtiennent pour rentrer dans les biens qu'ilz auront venduz, sy ce n'est que quand il y aura lézion de moicté de juste pris et sera sa Majesté suppliée de n'en plus donner.

Sera aussy mis ung article pour supplier sa dite Majesté ne faire addresser aucuns édictz à messieurs du grand conseil pour les vériffier et que les vérfflications qu'ils pourront faire seront déclarer nulles.

Pareillement a esté arresté de supplier le Roy de ne faire aucuns éedictz pour tirer argent du peuple, et de ne faire don à aucuns princes, seigneurs, gentilzhommes, ny autres personnes à prendre sur les dits éedictz, ny autres deniers extraordinaires qui ne seront emploiez en l'Estat général des finances, ains seront iceulx deniers emploiez au rachapt du domaine du Roy et non ailleurs à peine du double contre ceux qui se trouveront avoir receu iceux deniers.

Qu'il ne sera exécutté aucuns éedictz que au préalable ilz n'ayent esté vériffiées aux trois compagnies des cours souveraines, qui sont le Parlement, Chambre des Comptes et court des Aydes, avecq deffences d'exécuter aucuns des dits éedictz et commissions non vériffiées es dites trois compagnies à peine d'estre déclarez incapable de jamais exercer aucuns offices roiaux et que lors ilz seront privez des compagnies où ilz sont et à peyne de vye contre les huissiers ou sergent soit titullaires ou commis.

Comme aussy sera mis ung article contre les bailleurs d'advis qui ne sont que vendeurs de fumée et requérir commissions pour estre proceddé contre eux extraordinairement.

Du vendredy xviiieme jour de juillet m vi^e quatorze.

En l'assemblée de mes dits sieurs les prévost des marchans, eschevins et depputtez le dit jour tenue à l'hostel de ville pour vacquer au faict des dits cahiers, sont comparuz :

Messieurs les prévost des marchans et eschevins, M^{rs} le président de Marly, Deslandes, président Myron, Lescuier, Du Lys, Perrot, Frézon, de Creil, procureur du Roy, Arnauld, Dreux et le Prebstre.

La compagnie estant assemblée, a esté faict ouverture du dit coffre dans lequel c'est trouvé plusieurs mémoires, qui ont esté veuz, leuz et examinés.

A esté arresté qu'il sera mis ung article dans le cahier, par lequel sa Majesté sera suppliée de régler et modérer la despence de sa maison; que les chefz et ordonnateurs en feront dresser et certiffierons les Estatz par quartier qui seront enfin de chacun leu, arresté et signé au conseil, pour servir à la reddition des comptes, sans que les ordonnateurs puissent prétendre aultres droitz que leurs anciens et légitimes, à peine de double de ce qui en sera tourné à leur proffict et du quadruple contre leurs secrétaires et autres de ce quy aura esté par eux pris, dont le tiers au dénonciateur.

Ce qui aura lieu pour l'artillerie, marine, réparacions et autres grandes charges.

Qu'il sera aussy mis ung article par lequel les filz de famille jusques à trente ans pourront vendre les biens qui leur apartiendront, mais qu'ilz ne pourront s'obliger sans le consentement de leurs pères ou par advis de quatre de leurs proches parens, et au cas qu'ilz le fissent, que l'obligacion sera tellement nulle qu'ilz n'y seront point obligez et n'en seront poinct poursuiviz ny leurs caultions mesmes après la mort de leurs pères et sans avoir aulcunes lettres.

Qu'il ne sera poinct permis de vendre à crédict aulcuns draps de soye, pierreries, jouailleries, ni orphaveries à peine de pure perte et de nullité des promesses, et sans que les obligez au caultions puissent estre contraintz, et en cas de desguisement de condamnations de trois cens livres d'amende au plus grand s'il y eschet, le thiers au desnonciateur.

Qu'il sera faict article par lequel qu'après dix ans les décretz seront inviollables, sans que l'on soict recepvable entre majeur d'en appeller quelque nullité qui y puisse estre; et pour le regard des descretz passez, les dix ans pour le dit appel ne courreront que du jour de la publication de l'ordonnance.

Semblablement pour l'advenir quand le saisi ou créanciers, prétenderont qu'un héritage ayt esté adjugé à moings de moictié de juste prix, ilz y pourront estre rollevez pendant dix ans du jour de l'adjudication, et après iceux ne seront recepvables et seront les deniers qui proviendront des dites rentes du supplément distribuez aux créanciers ou saisy selon l'ordre des hippotecques, lesquelz dix ans courreront contre majeurs, mineurs et tous autres prévillaigez et néantmoings ou cas que l'adjudication fust faicte sur ung mineur, il aura deux ans après sa majoritté pour se pourvéoir, encores que les dix ans fussent expirez, lequel prévilleige des deux ans n'auront les créantiers.

Si ung mineur a hippotecqué sur le bien de son tuteur, sera tenu dans les cinq ans après sa majorité d'en intenter son action et cinq ans après faire clorre son compte.

Du lundy vingtungiesme jour de juillet mil six cens quatorze.

En l'assemblée de mes dits sieurs les prévost des marchans et eschevins et depputtez, le dit jour tenue pour vacquer et travailler aux affaires des dits Estatz.

Sont comparuz mes dits sieurs les prévost des marchans et eschevins, messieurs le président des Arches, le président Miron, du Lys, Perrot, Frezon, le procureur du Roy Arnauld, et l'archediacre de Dreux.

A esté arresté qu'il sera mis ung article dans le cahier par lequel le Roy sera supplié de voulloir supprimer la création des maistrises de plusieurs mestiers érigez depuis l'année mil v^e septante et seize et pour le regard des autres mestiers voulloir retrancher du tretement la despence qui se fait par ceux qui se font recepvoir es dites maistrises, soit pour leurs réceptions, bancquetz, festins droitz d'argent pour les prez, droit de confrairie, et touttes autres despences.

Et quand à la grand despence qui se fait à la réception des théollogiens, qu'elle sera pour l'advenir retranchée et modérée, et pour y parvenir le dit sieur archediacre de Dreux a esté commis par la compagnie pour en faire plaincte, assavoir pour ce qui concerne les dits théollogiens à monsieur de Pierrevive, chancellier universel et à monsieur le scindicq en théollogie, comme aussy aux scindicqz et docteurs de la faculté de médecine, lequel sieur de Dreux s'en est chargé et promect en certiflier la compagnie au premier jour.

A esté arresté de mectre aussy ung article par lequel l'action de retraict lignager ne sera recepvable après dix ans à compter du jour du contract et que l'acquéreur aura commencé à jouir actuellement nonobstant tout deffault d'ensaisinement, insinuation ou autres sollempnitez requises par les coustumes, pourveu qu'il n'y ait poinct de fraude, auquel cas l'action durera vingt ans le tout sans préjudice des droitz seigneuriaux qui se pourront demander dans les trente ans et néantmoings ne pourra le seigneur féodal retirer par retraict féodal après dix ans, s'il n'y a fraulde et après dix ans en cas de fraude.

Semblablement la prescription de quarante ans aura lieu nonobstant toutte minoritté ou autre cause de restitution mesme celle qui seroit fondée sur la considération des troubles, pourveu que dans les quarante ans il se trouve trois ans de majoritté de la part du demendeur ou ses aultheurs. Et quant aux prescriptions de quarante ans ja commencées, elles ne pourront estre achevées et accomplies plustost qu'après dix ans passez despuis la publication du présent éedict, après lesquelz dix ans, s'il se trouve que le possesseur ou ses autheurs aient possédé quarante ans et qu'il y ait trois ans de majoritté de la part du demandeur ou de ses autheurs, despiecça la publication de l'éedict, le demendeur sera déclaré non recepvable, et aussy bien ladite prescription de quarante ans au proffict des thiers pocesseurs nonobstant tous douaires ou substitution, s'il n'y a interruption judiciaire.

Nota que à la liace il y a deux mémoires l'ung pour la pollice des vivres et denrées, et l'autre pour l'usaige du fer doux et fer aigre, lesquelz mémoires ont esté arrestez et trouvez bon et sera besoing de le reprendre pour le mectre dans le cahier lorsque l'on le mectra.

prévost des marchans, eschevins, et depputtez pour vacquer au fait des dits Estatz sont comparuz les dits sieurs prévost des marchans et eschevins, messieurs le président des Arches, Miron, Perrot, Frezon, de Creil, procureur du Roy, Arnauld, Dreux et le Prebstre.

A esté fait ouverture du coffre ou c'est trouvé plusieurs mémoires et plainctes sur lesquelz la compagnie a commencé à véoir, lire et examiner.

A esté arresté qu'il sera mis ung article dans le cahier par lequel sa Majesté sera suppliée de faire deffence à touttes personnes de faire aulcuns festins ny bancquetz aux réceptions des offices, estatz, garddes honneurs ou quallitez de quelque estat qu'ilz soient à peine du quadruple de leur despence qu'ilz auront faicte, dont la moictié sera au dénonciateur.

Que deffences soient faites à touttes sortes de juges de se rendr pensionnaires des fermiers ou partizans ny prendre aulcun argent ny autres choses d'eux à peine de concussion et de deux mil livres parisis d'amende moictié au dénonciateur.

Que desfences soient faictes à tous fermiers, de prendre, lever, ny exiger aulcun devoir sur les vivres, denrées et marchandises que ce quy leur est permis et qui a accoustumé d'estre relevé depuis vingt ans à peine de la vye.

Que sur la plaincte faite en la dite assemblée par les jurez, courtiers de lardz et greffes en cette ville de ce que le fermier de pied fourche fait lever, prendre et exiger ung solz pour livre sur les lardz qui se vendent en cette ville, ce qui n'avoit jamais accoustumé d'estre paié, mesme que les esleuz de Paris y ont condampné un nommé Jean Collas, marchand demeurant à Vitry le François cy présent a esté arresté que le sieur Feideau fermier général des aydes et le fermier particullier du pied fourche comparoistront au premier jour en la dite assemblée pour estre ouiz sur le contenu en la dite plaincte, ouquel jour sera apporté la dite sentence des esleuz.

A esté arresté de mectre ung article dans le dit cabier par lequel les preuves par tesmoings seront receues tant pour les cimonniez que pour les confidences.

Que les archevesques et évesques, abbez, prieurs et curez feront résidence actuelle au lieu de leurs bénéfices, autrement perderont leur revenu pour aultant de mois et jours qu'ilz auront esté absens, dont le thiers sera donné au desnonciateur, ung autre thiers à l'hospital du lieu, et l'autre thiers à l'hospital de la ville où sera le parlement.

Que les corps des villes en jugemens ou crimes publicqz comme assassinatz trahisons, duelz, ravissemens et enslèvemens de filles et femmes et autres excèdz et viollences soient receues parties et intervenir avec les parties civiles encores que monsieur le procureur général ou ses substitudz ce feussent renduz parties, sans que les dites parties civilles se puissent accorder des dits délitz à peine d'une grande amende, dont la moictié sera donnée au dénonciateur.

De par le Roy et les prévost des marchans et eschevins de la ville de Paris.

Soit faict commandement aux maistres et gardes de la marchandise de drapperie de ceste ville de Paris d'apporter, envoyer et mectre en noz mains ou dans le coffre estans au grand bureau de la dite ville à ce destiné leurs cahiers de leurs plainctes et doléances, sy aulcune ilz ont à faire suivant les publications et proclamations cy devant faictes tant à son de trompe que par les parroisses et ce dedans lundy prochain pour tout délay. Faict ou bureau de la dite ville le mercredy xxiiieme jour de juillet m vi^e quatorze.

Pareille ordonnance sera expédiée pour les maistres et gardes de la marchandise d'espicerie.

Autre pour les maistres et gardes de la marchandise de mercerie.

Aultre pour les maistres et gardes de la marchandise de pelleterie.

Aultre pour les maistres et gardes de la marchandise de bonneterie.

Aultre pour les maistres et gardes de la marchandise d'orphaverie.

Et une aultre pour les maistres et gardes de la marchandise de vins de ceste dite ville.

Du mardy xxixe juillet mil six cens quatorze.

En l'assemblée de mes dits sieurs les prévost des marchans, eschevins et depputtez le dit jour tenue au dit hostel de la dite ville pour le faict des dits Estatz.

Sont comparuz mes dits sieurs les prévost des marchans et eschevins, messieurs les présidens de Marly des Arches, des Landes, Miron, Lescuier, le Tonnellier, du Lis, Perrot, Frezon, de Creil, procureur du Roy, Arnauld, Dreux et le Prebstre.

La compagnie estant assemblée, c'est présentée en icelle les maistres et gardes de la marchandise de drapperie, espicerie, pelleterie, bonneterie, et orphaverie, qui ont remonstré que entre les remonstrances et dolléances qu'ilz avoient à faire, ilz avoient à se plaindre du corps

de la marchandise de mercerie et qu'à cause qu'il n'y avoit pas ung de leurs corps en cette présente assemblée, et au contraire de celui des dits merciers y avoit les dits sieurs Frezon et de Creil qui sont leurs parties et partant qu'il n'est raisonnable qu'ils soient leurs juges, requèroient que nouvelle assemblée feust faicte ou aulcuns de leurs compagnie feussent nommez et depputtez et à ceste fin en auroient baillé et présenté leurs requestes.

A quoy mon dit sieur le prévost des marchans leur a faict responce que ce que les dits Frezon et de Creil ont esté depputtez pour venir aux dites assemblées n'a point esté particullièrement comme estant du corps de la mercerie, ainsy comme marchans de cette ville, que s'ilz avoient à faire des plainctes contre le corps des dits merciers, ilz ne feissent aulcune difficulté de les bailler soict es mains de l'ung de la compagnie, ou les mectre dans le coffre et s'ilz sont trouvez justes ilz seront mis dans le cahier et quand l'on fera l'assemblée générale pour entendre la lecture du dit cahier, ilz y seront appelez; et s'estans les dits maistres et gardes retirez et pour dellibérer sur ladite requeste ont esté les dits sieurs Frezon et de Creil priez d'eux retirez.

Et après que lecture a esté faicte de ladite requeste et icelle mise en dellibération a esté arresté que les dits maistres et gardes se doibvent contenter de la responce qui leur a esté faicte par mon dit sieur le prévost des marchans et que toutes et quantes fois que l'on dellibèrera sur les mémoires et plainctes concernant le corps de la mercerie, les dits sieurs Frezon et de Creil se retireront et n'en oppineront poinct.

A esté arresté qu'il sera mis ung article dans le dit cahier par lequel deffences seront faictes à touttes personnes à peine de la vie de faire aulcunes levées sur quelques marchandises que ce soit sinon en vertu de éédict vériffié es cours souveraines et ce aulcune levée aura esté discontinuée de lever pendant cinq ans, l'on ne les pourra faire revivre que l'on ne ce soit premièrement pourveu es dites cours souveraines et qu'il ne soit permis par arrest, les prévost des marchans et escheyins appelez.

Qu'il sera semblablement mis ung article par lequel que les bourgeois de Paris en exécution des mandemens de la ville concernant le faict des armes s'il survient quelque débat ou différend, seront exemptez de la justice et jurisdiction du prévost de Paris ou son lieutenant criminel, et que toutte court et congnoissance en appartiendra à monsieur le gouverneur et prévost des marchans et eschevins, et en attendant que cet article soit arresté aux Estatz généraux, au cas qu'il survienne quelque différend, pour ce que dessus, que la dite ville se rendra partie au dit procès pour desfendre les bourgeois et prendra le fait et cause pour luy.

Que les sieurs Le Thélier, Beansavis et Goislard conseiller en parlement seront priez de se trouver en l'assemblée pour estre admonestez de bailler leurs plainctes touchant les exactions qui se font en la chancellerie.

Sur ce qui a esté rapporté qu'à Petit-Pont il se levoit de certains petitz droictz de barrage qui incommodoient grandement le passage publicq, par ce que pour recevoir ung double d'une charrette chargée il falloit qu'elle s'arrestast et à la suitte quelquefois cent carosses et harnois estoient arrestez à la queue l'un de l'autre a esté arresté que Mrs le Tonnellier, Perrot et Frezon s'informeront quelz deniers il se lève au petit pont et sur quelles sortes de marchandises et depuis quel temps les dits droitz ont accoustumé estre levez pour ce faict y estre pourveu.

Du vendredy premier jour d'aoust mil vie quatorze.

En l'assemblée le dit jour faicte pour le fait des dits Estatz

Sont comparuz mes dits sieurs les prévost des marchans et eschevins, messieurs les présidents de Marly, des Arches, Myron, Lescuier, le Tonnellier, du Lis, Perrot, Frezon, de Creil, procureur du Roy, Arnauld, de Dreux, et le Prebstre.

A esté arresté qu'il sera mis ung article dans le cahier par lequel Sa Majesté sera suppliée que nonobstant l'éédict de la dame Desfontaines qui n'aura lieu que pour les grandz chemains seullement, il soit permis à tous charrons, scolliers, marchans de chevaulx et touttes autres personnes de louer des chevaulx et carosses pour aller par les champs ou en ceste ville, et qu'il sera à la liberté des bourgeois, habitans ou autres de louer des dits chevaux et carosses de qui bon leur semblera et selon qu'ilz trouveront leur meilleur marché, sans estre abstraintz de passer par les mains de la dite dame Desfontaines ny d'aulcuns fermiers ny partizans.

A esté arresté de faire garder les ordonnances de la ville pour la pollice du bois et charbon et chastier rigoureusement les dellinquans et contrevenans aux dites ordonnances tant des marchans que officiers et crochetteurs, soit par confiscation des marchandises, grosses amandes, privation des dits offices que pugnition corporelle.

A esté arresté qu'il sera mis ung article dans le dit cahier par lequel deffences seront faictes à touttes personnes de louer leurs maisons ou chambres à aulcunes femmes ou filles desbauchées et gens de mauvaise vie, à peine six mois après qu'ilz auront demeuré dans leurs maisons sans les faire sortir d'une confiscation d'une année entière de leur loier, moittié aux pauvres et l'autre moitié au desnonciateur, et contre les hommes ou femmes de mauvais gouvernement d'estre punis et chastiez rigoureusement, assavoir les macquereaux ou macquerelles d'estre fustigez nudz de verges avec la fleur de lis et bannis et les filles desbauchées avoir le fouet, et ou aulcun m..... ou m..... auront desbauché une fille pour leur faire perdre leur p..... seront penduz et estranglez.

Du lundy quatriesme jour d'aoust mil vic quatorze.

En l'assemblée le dit jour faicte au dit hostel de la ville de mes dits sieurs les prévost des marchans et eschevins et depputtez pour vacquer au faict des dits Estatz

Sont comparuz mes dits sieurs les prévost des marchans et eschevins, messieurs les présidentz de Marly, des Arches, Deslandes, Miron, Lescuier, du Lis, Perrot, Frezon, procureur du Roy, Arnauld et le Prebstre.

Nota que l'on entre es dites assemblées précizèment à trois heures et l'on ne se lève poinct qu'après sept heures.

Sur le mémoire imprimé présenté par aulcuns de la compagnie de de la part du sieur du Luac, Ange Cappel, tendant affin de luy ordonner six conseillers des plus signallez et cappables de l'assemblée généralle, affin d'examiner fidellement et bien particullièrement ses mémoires, pour en faire publicquement leur rapport à l'assemblée desdits Estatz, le dit sieur du Luac appellé et présent, pour satisfaire luy mesmes et par sa bouche à quelques nouvelles difficultez s'il s'en rencontre, a esté arresté qu'il sera fait responce au dit de Luac par le dit sieur Desprez l'ung de nous que l'on ne peult delliberer en gros sur le dit mémoire, mais que s'il peult apporter en la présente assemblée les propositions par le menu qu'il entend faire tant pour l'aliénation des procès, la refformation de la vénallité des offices et l'accroissement des finances de sa Majesté, ceste compagnie y travaillera incessamment selon qu'elle jugera à propos pour le bien du Roy et de ses subjectz.

Sur le mémoire présenté par monsieur le prévost des marchans et par luy dressé contenant entre autres choses l'ordre qui est à tenir pour l'advenir ou paiement des rentes de la ville, le fondz qui   t présent a esté arresté que le dit mémoire sera mis au greffe de la ville et enrégistré au régistre d'icelle pour s'en servir à l'advenir, duquel mémoire sera faict extraict en l'article faisant mention du temps que doibvent estre paiez six quartiers des rentes du clergé entre sy et le dernier jour de décembre mil vic quinze, qui est le temps de l'expiration du contract du dit clergé, lequel mémoire sera imprimé et baillé

coppie à messieurs les conseillers de la ville et quant aux dix années à advenir et de l'ordre que l'on tiendra sera aussy le mémoire enrégistré au greffe d'année en année baillé et délivré ans dits sieurs conseillers de la ville pour estre observé et exécuté par les receveurs.

A esté arresté qu'il sera faict ung article dans le cahier par lequel le Roy sera supplié que doresnavant les comptes de messieurs du clergé de France soient renduz à la chambre des Comptes au lieu que Mr François de Castille leur receveur les rend par devant (?) eulx, ce qui cause que de deux ans en deux ans les dits sieurs du clergé s'assemblent où il se faict une grande despence au préjudice des rentes de la dite ville.

Qu'il sera aussy mis ung article pour supplier le Roy de donner à la ville le fonds entier par chacun an pour le paiement des quatre natures des rentes de la dite ville et bailler par instruction aux depputtez l'estat des dites rentes des receptes générales.

Sur la proposition faicte par monsieur le prévost des marchans que doresnavant les prévost des marchans et eschevins quant ils sortiront de charge, seront tenuz aller en la court de Parlement, chambre des Comptes et autres de quy doit pour rendre raison de leurs charges et dire ce qu'ilz auront fait pendant le dit temps, a esté arresté d'en délibérer dans le conseil de la dite ville et non en ceste compagnie.

Du mardy cinquiesme jour d'aoust m vi^e quatorze.

En l'assemblée de mes dits sieurs les prévost des marchans et eschevins et depputtez, le dit jour tenue au dit hostel de la ville pour le faict des dits Estatz sont comparuz mes dits sieurs les prévost des marchans et eschevins, messieurs les présidens de Marly, des Arches, Deslandes, Miron, Lescuier, Le Tonnellier, du Lys, Perrot, Frezon, de Creil, procureur du Roy, Arnauld, Dreux et le Prebstre.

A esté arresté que le Roy sera très humblement supplié de réduire son conseil à un certain nombre qui n'exceddera quarente huict au plus lequel s'il luy plaist diviser en divers bureaux suivant la quallité des affaires d'Estat, de la guerre et des finances, qu'il n'y poura entrer aulcun de longue robbe, qu'il n'ayt l'aage et la qualité requise par l'ordonnance de Blois pour estre président aux cours souveraines, et pour les gens d'espée qu'ilz n'ayent l'aage de quarente ans et avec ce qu'ilz soient officiers de la couronne, gouverneurs de province ou ayent esté en embassade.

Que les présidens ny conseillers de cours souveraines et autres officiers fourrez ne prendront plus quallitez de conseillers d'Estat.

Qu'il sera mis ung article dans le dit cahier par lequel que les offices de présidens et commissions de présidens des enquestes des compagnies souveraines seront donnez par le Roy à l'ung des trois de ceux du corps d'icelle qui seront esleuz et nommez par la dite compagnie souveraine, et pour les advocatz et procureurs du Roy seront semblablement donnez par sa dite Majesté à l'ung des trois qui y seront semblablement esleuz, choisiz et nommez par les dites cours, et que l'eslection s'en fera par billetz secretz mis en ung troncq ou chappeau comme il se fait des prévost des marchans et eschevins.

Du vendredy huictiesme jour d'aoust m vi^e quatorze.

En l'assemblée de mes dits sieurs les prévost des marchans et eschevins et depputtez le dit jour tenue au dit hostel de ville pour le faict des dits Estatz

Sont comparuz mes dits sieurs les prévost des marchans et eschevins, messieurs les présidens de Marly, des Arches, Miron, Lescuier, du Lys, Perrot, Frezon, de Creil, procureur du Roy, Arnauld, Dreux et le Prebstre.

A esté arresté de mectre ung article dans le dict cahier par lequel sa Majesté sera suppliée que deffences soient faictes à tous les habitans tant de cette ville que des autres villes de la France d'aller aux tavernes ny cabaretz à peine de deux cens livres parisis d'amende

pour la première fois, dont le thiers sera baillé au desnonciateur et de pugnition corporelle pour la seconde fois. Ce faizant que les deffences faites par le lieutenant civil pour ce subject seront gardées et observées.

A esté arresté de supplier sa Majesté de commectre aux Estatz certaines personnes pour faire rendre compte aux partizans de tous les partitz qui ont esté faict depuis la redduction de cette ville, affin de congnoistre s'ilz ont entièrement satisfaict à ce qu'ilz estoient tenuz, et s'ilz n'ont poinct exigé aulcune chose, informer contre ceulx qui ont destourné et empesché les offres et enchères, et pour estendre et dillater plus amplement le dit article dans le dit cahier et aussy faire rechercher de tous les dits partis, ont esté commis messieurs du Lys et Perrot.

Et a esté remis à délibérer une autre fois sy l'on requèrera que pour l'advenir il ne soit faict aulcuns partys sy ce n'est pour le rachapt du domaine alliéné lequel ne poura estre faict qu'il ne soict vériffié, et sy les aydes ne seront plus baillées en général ains par eslection, comme aussy sy la ferme généralle du sel sera baillée par généralitez, par greniers ou en général.

Il est arresté que maistre Philippes Guérin, fermier ou tenant compte de la ferme du bestial à pied fourché, comparoistra lundy en cette assemblée pour responder sur ce qui lui sera proposé.

Du lundy XIe aoust m VIe XIIII.

En l'assemblée de mes dits sieurs les prévost des marchans, eschevins et depputtez

Sont comparuz mes dits sieurs les prévost des marchans et eschevins, messieurs le président Miron, Lescuier, du Lis, Perrot, procureur du Roy, Arnauld, Le Prebstre.

A esté arresté de mectre ung article dans le cahier par lequel sa Majesté sera suppliée qu'il n'y ait en son royaulme qu'ung poix, une mesure et une aulne et à ceste fin commectre des commissaires par les provinces pour faire les réductions.

A esté arresté de mectre ung article dans le dit cahier, par lequel sa Majesté sera suppliée que deffences soient faictes aux notaires de doresnavant prendre aulcuns deniers de ceulx ausquelz ilz font bailler de l'argent à rente, ny de celluy qui acquerra la dite rente, oultre ce qu'ilz auront mis par escript tant à la minutte que aux deux grosses du conract, et pour leurs vaccations à peine d'estre responsables pendant cinq ans du principal et arrérages de la dite rente.

Et quant aux sallaires des dits notaires pour touttes leurs expéditions, M.^r le procureur du Roy de la ville est commis pour s'en informer et en nottifier la compagnie.

A esté arresté de supplier sa Majesté que le cent douzième article de Blois soit inviollablement gardé et observé et qu'en l'interprétant et y adjoustant, que deffences très expresses soient faictes à tous conseillers d'Estact, présidens, maistres des requestes, conseillers, advocatz et procureurs généraulx et autres officiers des cours de parlement, grand conseil, chambre des comptes, cours des aydes, et générallement à tous autres officiers de prendre, se charger directement ou indirectement en quelque sorte ou manière que ce soit des affaires ou intendances des princes, seigneurs, chappitres, communaultez et autres personnes quelconques, ny estre leurs pensionnaires ny à leurs gaiges, ny pareillement d'aulcuns vicariatz d'évesque ou preslatz pour le faict du temporel, spirituel ou collation de bénéfices de leurs eveschez, abbayes ou prieures et de s'entremectre ou empescher aulcunement des affaires d'autres que de sa dite Majesté, des roynes et enffans de France et pour le regard des roynes et enffans de France seront obtenues lettres pattentes qui seront vériffiées au Parlement et quant aux aultres ne pourront obtenir aulcunes dispences et s'ilz en obtiennent en sont dès maintenant desclarées nulles, quelques dérogatoires qu'elles puissent comprendre le tout à peine à l'encontre

de celluy qui y contreviendra de trois mil livres parisis d'amende applicquable moictyé au desnonciateur et moictyé aux pauvres et outre son office déclaré vacquant et impectrable au proffict de cellui qu'il dénoncera, s'il est trouvé capable et au cas qu'il ne soict tel, au proffict d'ung autre de capacité requise qui le demandera, et pour le jugement de la vacquance des dits offices en sera attribué la congnoissance et première instance au Parlement. Et pour le regard des présiddens et conseillers tant de la grand chambre, enquestes que requestes et gens du Roy du dit Parlement, qu'ilz seront jugez au grand conseil. Et quand les procès des Roynes ou enffants de France seront sur le bureau, leurs dits conseillers ne pourront entrer aus dites courtz sur la mesme peine de trois mil livres applicable comme dessus.

A esté arresté de supplier sa Majesté voulloir ordonner que tous larrons et couppeurs de bources pour la première fois auront la fleur de lys et envoiez aux gallaires pour cinq ans, et pour la seconde fois seront penduz; et au regard des veilleurs de nuict et ceux qui seront surpris couppeurs des bources aux esglises, justices, et qui venddent et desrobent l'argent des troncz seront penduz et estranglez, que les cappitaines, instructeurs et subornatteurs des couppeurs de bources seront aussy penduz; que les officiers ou archers qui auront congnoissance ou intelligence avec les ditz couppeurs de bources et qu'ilz ne les auront pris ny chasticz perderont leurs offices et condampnez en six cens livres parisis d'amende, moictié aux pauvres et l'autre moictié au desnoneiateur.

Le dit jour ont esté mandez en la dite assemblée Nicollas Buchet, fermier du bestial à pied fourché et maistre Philippes Guérin sa caultion et tenant compte d'icelle ferme, lesquelz ont esté interpellez de dire depuis quel temps ilz sont fermiers des dites fermes, ont dit depuis unze mois en ça; enquis sy depuis le dit temps ilz ont pris imposition sur les flèches de lardz qui se vendent à la halle, ont dict que l'imposition du sol pour livre leur en est deue, mais n'en ont rien receu que despuis huict jours seullement.

Enquis en vertu de quoy ilz ont faict paier la dite imposition, ont dit en vertu d'une sentence donnée par les esleuz et sont fondez en éédict de plus de cent ans, et que sy l'on les veult empescher d'exercer leurs fermes et lever les droitz du Roy, il s'en plaindra au conseil du Roy.

Enquis s'il est pas vray que les fermiers de la dite ferme qui estoient auparavent eux, n'ont jamais rien pris sur les ditz lardz, ont dit que sy les dits fermiers précéddens ont voullu donner leur droict, il leur estoit permis, que plusieurs fermiers cy devant ont mal exercé les dites fermes, aulcuns d'eux faisant levées de ce qu'il ne leur estoit permis, et d'aultres n'ont levé et ont laissé perdre ce qu'il ne leur estoit permis, au préjudice des droitz du Roy et à la ruine de la dite ferme, et que pour le regard des dits lardz il y eu des poursuittes faites, mesmes une sentence donnée dès l'année m vic quatre.

Et s'estant les dits fermiers retirez et l'affaire mise en deliberation, a esté arresté que la ville se portera pour appelantes des dites sentences donnéss aux esleuz, et qu'elle présentera sa requeste à messieurs de la court des Aides, affin que deffences soient faictes aus dits fermiers de faire aulcunes levées ny prendre aulcune imposition sur les lardz sallez qui seront venduz aux halles de cette dite ville à peine de pugnition corporelle.

Du mardy douziesme jour d'aoust mil vi° quatorze.

En l'assemblée de mes dits sieurs les prévost des marchans et eschevins et depputez, le dit jour tenue au dit hostel de la ville,

Sont comparuz mes dits sieurs les prévost des marchans et eschevins, messieurs le président Miron, Lescuier, Le Tonnellier, Du Lys, Perrot, Frézon, de Crel, procureur du Roy, Arnauld et le Prebstre.

A esté arresté qu'il sera mis ung article dans le dit cahier, par lequel le Roy sera très humblement supplié, que le reiglement fait pour la taxe des clercz soict suivy, gardé et observé, et pour le regard des jurisdictions, où la taxe n'a poinct encores esté faite, il en sera faict une moddérée par les juges des lieux ung mois après la publiccation à peine d'en respondre en leurs propres et privez noms, toutes lesquelles taxes seront imprimées et affichées en lieux publicz, affin que chacun en ayt la congnoissance avec deffences très expresses aus dits clercz, de prendre ny exiger des parties plus que ce qui leur sera taxé et ordonné, à peine de douze cens livres parisis d'amende applicable moictié aux pauvres et l'autre moictié au desnonciateur, et de pugnition corporelle, et seront les dits clercz jugez en première instance par tel juge roial et ordinaire de la résiddence de l'accuzé ou telle court souveraine aussy en première instance que bon semblera au dénonciateur. Deffences aus dits clercz de porter en leurs habitz aulcune soye aux peines que dessus, que tous les dits clercz seront domesticques résiddans et demeurans en la maison de leurs maistres, sans estre maisonez ny faire maison à part aux mesmes peines que dessus; que les procureurs de communaultez s'assembleront tous les mois, prendront serment de tous les autres procureurs, pour scavoir d'eux s'il y avoit eu contravention au dit reiglement; que à la grand chambre seront depputtez deux conseillers et ung de chacune chambre des enquestes, qui s'assembleront tous les mois et avec eux les gens du Roy, en présence desquelz les dits procureurs de communaulté après serment par eux fait, feront rapport de ce qu'ilz auront appris de contraventions au reiglement cy dessus.

Monsieur Le Tonnellier s'est chargé de s'instruire d'une sorte d'imposition qui se lève aux halles sur toutes sortes de marchandises pour ballayer et nettoier la place et en faire rapport à la compagnie.

Messieurs les prévost des marchans, Desprez et Clapisson ont esté commis par la compagnie, pour faire et dresser un reiglement pour la taxe et sallaire des greffiers, clercz de greffes nottaires et tabellions, pour le communicquer et l'arrester en cette compagnie.

Du lundy XVIIIe jour du dit mois d'aoust.

En l'assemblée de messieurs les prévost des marchans, eschevins et depputtez le dit jour tenue au dit hostel pour le faict des dits Estatz,

Sont comparuz messieurs le prévost des marchans, Desprez et Clapisson eschevins, président de Marly, président des Arches, archidiacre de Dreux, Le Prebstre, Lescuyer, Le Tonnellier, Du Lys, Arnault et Perrot.

A esté mis en dellibération, sy le paiement des rentes de la ville sera faict et suivy comme il a esté encommencé des années qui sont escheues depuis le temps de ce qui se paye à livre ouvert, ou bien sy délaissant en arrière ce qui est escheu, l'on doibt payer l'année courante selon le fondz sans faire aucun reculement; sur quoy a esté arresté, que l'ordre encommancé et jusques à présent gardé et observé pour le payement des dites rentes, sera entretenu comme estant le meilleur et pour la seureté des rentes.

A aussy esté mis en dellibération, sy les arrérages des dites rentes de la ville, seront réputées meubles pour les années escheues, et que toutes fois ne se paieront à bureau ouvert, ou bien seullement ce qui se paiera au dit bureau et ce qui sera escheu du préceddant, et a esté conclud de se pourvéoir par devant le juge ordinaire sans en parler aux Estatz.

A esté arresté de mectre ung article dans les cahiers, par lequel le Roy sera supplié d'ordonner qu'il ne sera cy-après receu ny estably aucun nouvel ordre relligieux en ceste ville de Paris, ny autre villes du royaume, attendu le grand nombre qu'il y en a estably depuis quelques années et qui s'accroist journellement, sans que les monastères qui sont en ceste dite ville puissent estre accreuz ny augmentez ains demeureront en l'estat qu'ilz sont à présent et que l'administration

des sacremens, sera deffendue aus dits monastères pour autres que les relligieux, les bourgeois et autres séculiers abstrains d'aller en leurs paroisses.

A esté aussy arrestées que pareilles deffences seront faictes aux habitans des villes, bourgs et villaiges de hanter ny fréquenter les tavernes et cabaretz, que celles faictes contre les bourgeois et habittans de ceste ville de Paris et sur les mesmes peynes.

A esté pareillement arresté de mectre dans les dits cahiers, ung article concernant la polette et vénallité des offices, tant de judicature des finances que de la suitte et maison du Roy.

A esté remis à délibérer sur la réformation et modération des taxes et freiz des bulles et autres expéditions en court de Rome, et aussy sur celles que les évesques et autres prélatz ecclésiasticques du Royaulme de France, et leurs secrétaires se font payer pour semblables expéditions, après que le sieur de Sauzay, banquier, aura esté oy, quoy faict sera aussy délibéré, sur ce que l'ambassadeur intervertit les dattes des provisions.

Monsieur Arnault s'est chargé de dresser ung article et l'estendre au long sur ce qui a esté délibéré et trouvé bon qu'il sera receu pour loy fondamentalle de l'Estat et inviolable, que le Roy nostre sire est seul seigneur, prince et monarque souverain de son royaulme qu'il ne tient que de Dieu seul, que les habitans d'icelluy le tiendront pour chose très assourée sans que nulle autre puissance, spirituelle ou temporelle, aict aucune supériorité sur sa Majesté, et que toutes personnes qui entreront ès charges publicques, offices, bénéfices et autres quelzconques feront ceste recongnoissance après le serment ordinaire.

Monsieur Dreux s'est aussy chargé d'adviser s'il est à propos que les docteurs en théologie soyent prefférez aux chaires cathédrales des esglises des villes ou y a université, en laquelle ilz auront faict leurs cours, et pour les autres chaires qu'il sera admis et receu aultant de docteurs et prestres que relligieux le tout en l'honneur et gloire de Dieu et à l'édiffication du prochain.

A esté remys à délibérer sur la contrarietté des arrestz qui arrive journellement affin d'y remeddier.

Du mardy dix neufviesme jour d'aoust m vi⁴ quatorze.

En l'assemblée de mes dits sieurs les prévost des marchans et eschevins et depputez, le dit jour tenue au dit hostel de la ville pour l'effect que dit est,

Sont comparuz monsieur le prévost des marchans, messieurs Desprez et Clapisson eschevins, messieurs les présidens de Marly, des Arches, Deslandes, Lescuier, du Lys, Perrot, Frezon, de Creil, Arnauld et le Prebstre.

A esté faict ouverture du coffre dans lequel a esté trouvé plusieurs mémoires partie desquelz ont esté veuz et leuz.

A esté arresté qu'il sera mis ung article dans les cahiers par lequel le Roy sera supplié de commander le razement de tous les chasteaux et forteresses à eux appartenans, qui ne sont sur les frontières ou ès villes cappitalles des provinces, s'il ne plaist à sa Majesté les excepter, et que les cappitaines des dits chasteaux, jouiront leur vie durant des gaiges attribuez à leurs personnes; et quant aux chasteaux appartenans aux princes, seigneurs et gentilshommes, qu'il n'y pourra estre faict aulcune fortiffication à l'advenir, qu'il ne pourra aussy estre basty aulcuns chasteaux de nouveau qui puisse soustenir effort sy ce n'est de simples volleurs; et quant aux citadelles qui sont sur les frontières, que le nombre des garnisons y soit complet, le tout à peine de dix mil livres parisis d'amende, moictié au desnonciateur et l'autre moictié à l'hostel Dieu, dont la congnoissance en appartiendra aux parlemens ou juges ordinaires en première instance; et que soubz les mesmes peines sera défendu à tous les subjectz de sa dite Majesté, de quelque qualité et condition qu'ilz soient, d'avoir en leurs villes, chasteaux ou forteresses aulcunes pièces de fer ou fonte sur roues ou capable d'y estre

remise, ny armes offensives ou deffensives pour armer plus grand nombre que leurs domestiques ordinaires, ny aussi plus de deux cens livres de pouldre ou salpestre; et en oultre que tous les canons, pouldres et salpestres, et magazins d'armes appartenans à sa Majesté, qui ne sont à présent dans les magazins des villes de Paris, Chaallons, Lyon, seront rapportez aus dits magazins.

Qu'il sera aussi mis ung article pour obtenir de sa Majesté, que nul ne pourra estre pourveu de cure qu'il ne soit prestre auparavant sa provision, et que tous p.estres qui vouldront aspirer aux cures, seront tenuz au commencement de l'année se présenter à l'évesque de leur diocèse, pour estre par luy avecq quatre docteurs qu'il sera tenu prendre examinez.

Item que les cures ne pourront estre conférées qu'à l'ung de ceux qui auront esté ainsy que dict est, examinez et interrogez et qui seront trouvez cappables, sy ce n'est à quelque homme nottoirement cappable et qui veuille soustenir la disputte contre ceux qui se seront nommez à l'évesque, le tout sans en rien préjudicier aux graduez nommez, et en outre sera informé de la vye et mœurs suivant l'ordonnance.

Que les extraictz de tous les procès seront faictz par les rapporteurs d'iceulx et escriptz de leurs mains et non de leurs clercz, que les espices seront taxées sur les dits extraictz, et que lors du jugement les inventaires de production seront reveu et y aura tousjours deux esvangélistes, dont l'un tiendra l'inventaire et l'autre verra les pièces, à peyne de nullité.

Sera aussy faict article dans les dits cahiers que nul de robbe longue, esclésiasticques ou officiers de justice ou des finances, ne pourra avoir aucun page.

Que nul officier ou autre, demeurant dans les villes ne pourra avoir plus d'ung lacquais qui sera habillé de couleur brune, soit pour luy ou sa femme, comme aussy nul gentilhomme ne pourra avoir plus de deux s'il n'est duc, pair de France, officier de la couronne ou gouverneur de province, auquel cas il en pourra avoir jusques à quatre et non plus, lesquelz lacquetz ne pourront estre aagez que de seize à dix huict ans au plus, sans qu'ilz puissent porter soye fort en l'étoffe ou au parement de leurs habitz et vestemens, ny aussy porter aucunes armes, fers ny bastons, et en cas de contravention à aucun des poinctz cy dessus que le maistre sera condampné en deux cens livres parisis d'amande applicable moictié au dénonciateur et l'autre moictié à l'hostel Dieu, et au cas que les dits lacquetz portent espées, cousteaux, dagues ou autres ferremens ou bastons, seront condampnez au fouet dans la prison pour la première fois et pour la seconde aux gallères, outre la dite peine de deux cens livres parisis que encourra leur maistre.

A esté arresté avant que de délibérer sur le mémoire du sieur Estienne tendant à ce qu'il luy soict baillé des commissaires tant du conseil, cour de parlement, que chambre des comptes et du trésor pour examiner ces propositions et moiens concernant les droictz du domaine du Roy qui sont recellez que le dit Estienne se retirera par devers Mr le président de Marly et des Arches, pour leur faire ouverture des dits moiens, affin d'en faire rapport à la compagnie et à ceste fin le mémoire du dit Estienne a esté baillé aus dits sieurs.

Du vendredy xxıııème jour d'aoust m vıe xıııı.

En l'assemblée de mes dits sieurs les prévost des marchans et depputtez, le dit jour tenue au dit hostel de la ville pour le faict des dits Estatz,

Sont comparuz :

Messieurs le prévost des marchans, Desprez et Clapisson eschevins Mrs les présidents de Marly et des Arches, Deslandes, Le Prebstre, Lescuyer, Dreux, Le Tonnellier, Du Lys, Arnauld, Perrot, Frézon et de Creil.

A esté remise à délibérer au premier jour, s'il sera mis ung article dans le cahier pour supplier le Roy de laisser la liberté aux chaircuit-

tiers de Paris d'achepter porcs en tous lieux es environs de la dite ville et plus loing pour estre amenez en icelle en payant le droict d'entrée seullement, nonobstant les arrests que les fermiers prétendent avoir obtenuz au conseil à ce contraire, auquel jour M^r Du Lys a promis faire véoir le édict de l'an lxxvii.

Sera mis article dans le dit cahier par lequel sera remonstré à sa Majesté que la diminution des cinquante solz tournois sur minot de sel, ne tourne en rien selon son intention à la descharge et soullagement des pauvres de son peuple qui n'acheptent le sel que à la petite mesure, en ce que les chandelliers et autres regrattiers n'acheptent le sel que xiii livres xiii sols iii deniers le minot; et en détail ilz en retirent xviii livres xii sols, trouvant en chacun minot de juste mesure soixante et douze littrons qu'ilz vendent et débitent à cinq solz deux deniers chacun d'iceulx, qui est iiii livres xviii solz iii deniers qu'ilz y gaignent ou exigent sur le pauvre peuple, au lieu de quinze solz qu'en soulloient cy devant avoir de proffict sur minot et partant sa dite Majesté suppliée de faire deffences à tous les dits regrattiers de plus faire telles exactions, et ordonner qu'ilz ne pourront prendre et retirer de proffict sur chacun minot de sel qu'ilz détailleront plus de quarante solz tournois compris tous fraiz de port et étures, lesquelz regrattiers ne pourront vendre le dit sel que sur le pied du pris de l'achapt et des dits quarente solz à peine de deux cens livres parisis d'amende.

Que le Roy sera supplié d'ordonner que cinq ou sept hommes cappables qui seront nommez par les Estatz, s'obligeront de rédiger dans ung mois ou dix huict mois au plus tard toutes ordonnances qui sont en vigueur et selon lesquelles les juges seront tenuz et obligez de juger à peine de nullité, pour estre à la fin du dit temps présenté à monsieur le Chancellier pour les approuver par lectres pattentes et en après aussy présentées en la court de parlement, chambre des comptes et court des aydes pour les vériffier et parce que tel travail ne se peut faire sans nottables rescompances sera faict fondz par sa Majesté de la somme de xii^m livres pour chacun des dits cinq ou sept hommes.

Messieurs de la compagnie qui seront chargez de dresser les mémoires et moyens pour ce qui concerne la justice, se sont aussy chargez de dresser par escript les moiens pour l'expédition et jugement des causes et appellations verbales en la dite court, et cependant a esté arresté qu'il sera mis ung article dans le cahier pour supplier le Roy d'ordonner, que le jugement des causes qui seront plaidées ès audiences ne sera différé ny arresté s'il n'y a plus du tiers des juges ou conseillers, qui soient d'advis d'appoincter.

Que nulz marchans, libraires et imprimeurs ne contreporteur, ne pourront mectre en vente aucuns livres ny escriptz, sans que les noms de l'autheur et de l'imprimeur, le lieu de l'impression et le prévillège et permission y soient escriptz au commancement à peine du fouet et d'amande arbitraire pour la première fois, et des gallères et de confiscation des biens pour la seconde, moictyé au desnonciateur et l'autre moictié aux hospitaux des lieux.

Tous livres seront veuz et examinez, scavoir ceulx qui traicteront de la théologie par deux docteurs ou bacheliers nommez et depputez par chacun évesque en son diocèse et par le juge du lieu, et pour tous autres livres par deux ou trois doctes personnages de bonne réputation nommez et depputez par les Parloments chacun en son ressort, lesquelz commis et depputez donneront leur certiffication signée de leurs mains.

Que ny les juges, secrétaires ny autres ne pourront signer prévillèges d'aucuns livres, sinon après la dite approbation, à peyne de privation de leurs offices.

Tous marchans libraires faisant trafficq de livres ne pourront faire despacquetter ny desamballer aucunes tonnes, balles ny quaisses de livres sans que, avant que faire despacquetter, ilz aient faict apparoir au juge roial du lieu de la facture et inventaire de leurs livres, lesquelz seront confrontez aus dits inventaires qui demeureront aux

greffes des justices et seront iceulx livres veuz et examinez comme dit est sans pouvoir estre mis en vente qu'après le prévillège et approbation comme dessus.

Que tous devins, pronosticqueurs et faiseurs d'oroscoppes soit enseignans ou escrivans seront puniz corporellement, et que nul ne poura faire almanache qu'il ne soient aprouvez par l'évesque du lieu et lesquelz ne pouront parler que de l'astrologie permise par les loix à peine du fouet, avecq pareille peine contre ceux qui seront trouvez exposans des dits almanaches en vente sans estre approuvez comme dict est tant de l'évesque que du juge roial des lieux.

A esté remye a délibérer aux moiens pour empescher que l'on ne débitte et emploie en France que la soye qui s'y faict en l'estendue d'icelle, ensemble au port commung des habitz et bas de soye et des diamans, perles et pierreries affin d'empescher le transport d'argent qui se faict hors du royaulme pour le payement des dites soyes, perles et pierreries, chose de très grande conséquence pour la conservation d'icelluy.

*Du mardy xxvi*e *jour d'aoust mil vi*e *quatorze.*

En l'assemblée de mes dits sieurs les prévost des marchans, eschevins et depputez le dit jour tenue au dit hostel de la ville pour le faict des dits Estatz, sont comparuz :

Me le prévost des marchans, Desprez et Clapisson eschevins, Mr le président de Marly et des Arches, Lescuier, Du Lys, Perrot, Frézon, de Creil, Arnauld et le Prestre.

Sur la requeste présentée par les marchans et voicturiers par eau des villes de Corbeil et Estampes ad ce que la liberté leur soict laissée de charger marchandises en leurs basteaux nonobstant les deffences au contraire que le maistre et conducteur de basteau Corbeillat prétend avoir obtenu du Roy et dont il s'ayde, a esté arresté que messieurs les prévost des marchans et eschevins pourvoieront sur la dite requeste, et à ceste fin que le dit conducteur du basteau Corbeillat sera appellé au bureau de la ville pour en estre ordonné.

A esté arresté que les antiennes ordonnances faictes contre les juristes et blasphémateurs du sainct nom de Dieu seront renouvellées et insérées dans le cahier pour estre gardées et enjoinct aux juges d'y tenir la main, avec deffences à eux de modérer les peynes à peyne de suspention de leurs charges; que la moictié des amandes sera adjugée au dénonciateur et l'autre moictié aux pauvres; enjoinct à tous juges et autres officiers et ministres de justice de faire emprisonner ceux qu'ilz trouveront en quelque lieu que ce soict jurans et blasphémans le nom de Dieu et d'oyr sur le champs les tesmoins et permis à toutes autres personnes encores qu'elles ne soient officiers de se saisir de leurs personnes et les mener par devant le plus prochain commissaire pour en estre informé et pour ce qui est des champs seront les blasphémateurs menez par devant le premier juge des lieux, et ou aucuns ne dénonceront les personnes qu'ilz auront entendu blasphémer seront condampnez pour la première fois en dix livres parisis et pour la seconde en c livres parisis.

De supplier le Roy que deffences soient faictes à tous gantiers, parfumeurs et autres personnes d'emploier en gantz peaux ou semblables ouvrages des ambres, œufz et autres choses qui peuvent servir à la nourriture des hommes ou à la médecyne et à tous marchans d'en apporter du dehors en France ou d'en porter ny user à peyne de confiscation et de trois cens livres parisis d'amande, moictié au dénonciateur et l'autre moictié aux pauvres.

Deffences de faire entrer en France aucunes dentelles ny passementz à peyne de confiscation et de douze cens livres parisis d'amande ny d'en vendre ung an après la publication des deffences sur pareilles peynes, et deffences aussy à tous officiers et autres officiers de porter dentelles, passementz ny empoix et à toute damoiselle suiventes ou serventes d'en porter générallement à peyne de deux cens livres pa-

risis d'amande moictyé au dénonciateur, l'autre moictyé aux pauvres.

Que nulz ne pourront avoir qu'ung seul carrosse soit pour les maris et les femmes et ne seront dorez ny doublez d'aucune soye soit passemens ou franges. Ne pourront tous nouveaux mariez habitans des villes avoir carosses qu'ilz n'ayent esté en mesnage au moings trois ans. Nul officier ny autres ne pourront aller eux ny leurs femmes et familles par la ville, de jour, en carrosses pour aller aux esglises, parroisses et pardons dans la dite ville et faulxbourgs et au pallais ou ailleurs en leurs charges, sinon les présidens des cours souveraines sexagénaires ou maladifz, comme aussy nulles personnes pour mariage ne pourront louer ny emprunter carrosses, et néantmoings sera permis à toutes personnes d'user de carrosses pour aller aux champs.

Du vendredy vingt neufviesme jour du dit mois d'aoust.

En l'assemblée de messieurs les prévost des marchans eschevins et depputtez pour le faict des dits Estatz le dit jour tenue au dit hostel de la ville,

Sont comparuz :

Mes dits sieurs les prévost des marchans, Desprez et Clapisson eschevins, messieurs les présidens de Marly et Des Arches, Deslandes, Lescuyer, Du Lys, Perrot, Frézon, Arnault, Dreux et le Prestre, cy nommez selon l'ordre en laquelle ilz oppinent.

Sera mis article dans le cahier par lequel le Roy sera supplié d'accorder des dévoluz sur les bénéfices consistoriaux et qui sont en la nomination de sa dite Majesté, dont la congnoissance en première instance appartiendra aux juges roiaux ordinaires et par appel aux parlemens.

Dans le mémoire du nombre de soixante et dix a esté trouvé plusieurs articles sur chacun desquelz a esté oppiné et délibéré et arresté estre mis dans le dit cahier selon qu'il est escript et appostillé à chacun d'iceulx, lesquelx articles n'ont esté cy transcriptz pour estre au long et particullièrement spécifiez par le dit mémoire, lequel a esté mis à la liace avecq les autres mémoires.

A esté remys à deliberer au premier jour sy les éclésiasticques ne pourront obtenir plus longs délays qu'ilz ont cy devant obtenuz pour retirer les biens par eux aliénez ès ventes et aliénations géneralles du bien de l'Esglise, atendu la bonne foy des acquéreurs et la longue possession et à ceste fin que le nouvel éédict de deux ans sera veu.

Sera aussy advisé sy les estatz des mères en secondes nopces par tout le royaume auront lieu et s'il seroit bon d'y introduire *paterna paternis* partout. Comme aussy sera advisé sur les héritaiges venduz par décret pourront estre retirez par retraict lignager nonobstant la coustume des lieux, atendu que beaucoup soubz ce prétexte laissent faire les adjudications à vil pris, ce qui tourne à la ruyne des débiteurs et créanciers.

Du lundy premier jour de septembre mil vic xiiii.

En l'assemblée de mesdits sieurs les prévost des marchans, eschevins et depputtez le dit jour tenue en l'hostel de la ville pour le faict des dits Estatz sont comparuz :

Messieurs les prévost des marchans, Desprez et Clapisson eschevins, Messieurs les présidens de Marly et des Arches, Lescuyer, Perrot, Frézon, de Creil, Arnauld et archidiacre de Dreux.

Sur le mémoire cotté LXXI, par lequel est requis reiglement estre faict pour le payement des rentes, a esté arresté que tel faict ne doibt este traicté en l'assemblée des Estatz et qu'il y sera pourveu par messieurs les prévost des marchans, eschevins et conseillers de la ville de tel ordre et reiglement qu'ilz verront estre à faire pour les seureté et soullagement des rentiers.

Comme aussy a esté arresté qu'il sera pourveu par mes dits sieurs les prévost desmarchans et eschevins sur le contenu au mémoire LXXII faisant mention des dites rentes.

A esté arresté de mectre article dans le cahier qui contiendra que deffences seront faictes à tous officiers de judicature, finances ou autres de s'entremectre d'aucunes formes, partiz, charges, commissions ou autres affaires quelzconques où ilz peussent avoir intérest directement ou indirectement à peine de privation de leurs offices, de douze cens livres parisis d'amande moictyé au dénonciateur l'autre moictyé aux pauvres et mesmes de pugnition corporelle s'il y eschet. Que deffences seront aussy faictes à tous receveurs sur pareilles peynes et amandes applicables comme dessus d'avoir aucune part aux controlles, de prester deniers pour avoir ledit controlle, ny d'avoir aucunes affaires pour raison de ce avecq les controolleurs, et deffences au controolleur d'estre parant ny allié du receveur jusques au degré de cousin remué de germain inclusivement sur pareilles peynes. A esté laissé à pourveoir par les dits sieurs prévost des marchans et eschevins et conseillers de la ville sur ce que il est fait mention par le mémoire LXXIII du payement des rentes et rembourcemens des receveurs.

Que nul évesque ne poura recevoir de prestres s'il ne luy apparoist par certificat ou autrement que chacun prestre ait cent livres de rente par chacun an et où les dits évesques recevront des prestres qui n'auront le dit revenu qu'ilz seront tenuz les nourir.

Que nul esclésiastique ne poura avoir plus d'ung bénéfice sy ce n'est que plusieurs qu'il poura avoir n'excedera six cens livres tournoiz.

Sera le Roy supplié de depputter des commissaires pour vériffier les bonnes debtes deues par les roys ses preddécesseurs et rejecter les mauvaises affin que les dites debtes ne puissent plus entrer dans les partiz ou ailleurs sans qu'il soit payé aucun intérest de laquelle commission sera faict régistre.

Qu'il sera mis article dans le dit cahier contenant que celluy qui aura une action poura faire signifier à sa partye qu'il offre de quicter sa prétention pour une telle somme et qu'à faulte de l'accepter au domicille qui aura esté esleu, l'action poura estre ceddée à autres pour le dit pris sans que l'on puisse après user de la loy *ab Anastazio* ou *Divertas* et que les bastonniers des advocatz et procureurs de communauté seront tenuz bailler des advocatz et procès pour les pauvres qui occuperont et plaideront pour eux gratis, et sy la cause est bonne en bailleront certificat affin que les dits pauvres ne payent rien au greffe et que les huissiers et sergens travaillent aussy gratis.

Messieurs les prévost des marchans De Marly, Desprez et Perrot seront chargez de véoir ung mémoire trouvé dans le coffre par lequel est soutenu la polette devoir estre continuée.

Que sa Majesté sera très humblement suppliée d'ordonner que les éédictz de pacification seront entretenuz, mais que les juifz, athéistes, anabatistes et autres faisans profession d'autres relligions non tollérées par les dits éédictz seront puniz de mort et de confiscation de tous leurs biens, dont moictié sera adjugée au dénonciateur et l'autre moictié applicable aux frais de la navigation.

A esté remys à parler et délibérer des eslections des charges de l'esglise, de l'aage des curez, du sel et impost, et de la suppression des présidiaux, bureaux et eslections.

Du mardy deuxiesme septembre mil VIᵉ XIIII.

En l'assemblée de mes dits sieurs les prévost des marchans et eschevins pour le faict des dits Estatz sont comparuz :

Messieurs le prévost des marchans, Desprez et Clapisson eschevins, messieurs les présidens de Marly et des Arches, Lescuyer, Du Lys, Perrot, Frezon, de Creil, Arnault et Dreux.

A esté arresté qu'il sera mis ung article dans le cahier contenant que toutes les taxes des chancelleries des Parlemens et présidiaux demeureront en l'estat qu'elles estoient en l'année mil VIᵉ VIII, sans qu'il soit permis aux référendaires ny autres de prendre plus grandes taxes Jors ny sur autres lettres que sur celles où les dits refférendaires

qui avoient accoustumé de prendre taxe, le tout à peine de trois cens livres parisis d'amande applicable moictié au dénonciateur et l'autre moictyé aux pauvres nonobstant l'éedict non vérifié au parlement de l'année.....; deffences aussy d'intituller au nom du Roy les lettres des chancelleries des sièges présidiaux, et quant à la grande chancellerie, que les taxes faictes en l'année LXIII et augmentée en LXX seront observées sans pouvoir estre augmentées à peyne de mil livres parisis d'amande contre le grand audiencier et conseillers qui auront assistéâ la taxe applicable comme dessus, dont la congnoissance appartiendra au parlement et que les dites taxes seront faictes sur chacune sorte de lettres particullièrement aux Estatz.

Que l'on persévèrera instamment à demander que les commandes des abbayes soient ostées en tout suivant ce qui a esté cy devant arresté et là où il ne pouroit estre obtenu que les depputtez pour aller aux Estatz généraux confèreront avecq messieurs du clergé, du mémoire concernant le tiers du revenu des abbayes, lequel à ceste fin sera porté aus dits estatz, le dit mémoire cotté LXXVIII,

Que le Roy sera supplié de donner deux fois la sepmaine, à telz jours et à telles heures qu'il luy plaira audience à ses subjectz qui auront des plainctes et doléances à luy faire et ce à l'exemple du Roy saint Loys et autres ses prédécesseurs.

A esté remys à délibérer vendredy prochain sur l'abonnement des aydes.

A esté arresté que s'il y a ordonnance pour la distribution des procès, elle sera suivye, gardée et observée et outre il n'y en aura poinct que le Roy sera supplié d'ordonner que la distribution de tous procès ès parlemens sera faicte par les présidens asscavoir à la grande chambre par quatre présidens et à la chambre de la Tournelle par deulx présidens pour obvier à tous désordres.

Que ceulx qui seront depputtez de la compagnie pour aller aux Estatz généraux adviseront avecq les depputtez des autres provinces à faire taxe des sallaires et esmollumens des greffiers, avec reiglement des lignes et sillabes qui devront estre en chacune page, lequel reiglement sera exécuté à peyne de XII° l. parisis d'amande applicable comme dessus, mesme de privation des offices et aussy adviseront pour les geolles.

Pareillement les dits depputtez en la mesme forme à la modération des espices.

Que les juges seront tenuz jusques au quadruple de ce qui aura esté pris par leurs femmes, clers ou..... qu'il ne sera pris aucunes espices pour jugemens sur requeste ny pour eslargissemens par les juges ny pareillement par les substitudz de monsieur le procureur général du Roy à peine de VI° livres parisis d'amande, applicables comme devant, ce qui aura lieu tant pour les cours souveraines que jurisdictions inférieures et sur mesmes peines ne seront les prisonniers retenuz par deffault de paier les espices.

Du vendredy cinquiesme jour de septembre ou dit an mil VI° quatorze.

En l'assemblée de mes dits sieurs les prévost des marchans eschevins et depputtez pour les dits Estatz sont comparus :

Mes dits sieurs les prévost des marchans Desprez et Clapisson eschevins, messieurs le président des Arches, Lescuyer, le Tonnellier, Du Lys, Perrot, Frezon, Arnauld et Dreux.

A esté arresté qu'il sera mis ung article dans le cahier portant supplication à sa Majesté d'ordonner qu'il ne poura cy après estre faict aucuns jeuz de paulme en ceste ville ou faulxbourgs, le nombre de ceulx y estant à présent retranché et les fraiz et despences d'iceulx diminuez et modérez en sorte que les meilleures balles neufves ne pouront estre vendues plus de douze sols la douzaine et au dessoubz avecq deffences à tous paulmiers ou autres tenans jeuz de paulmes de souffrir laisser jouer aux detz, cartes ou autres jeux de brelan en les dits jeuz de paulme à peine de XII° livres parisis d'amande, dont moictié sera adjugé au dénonciateur et l'autre moictié aux pauvres.

Sera aussy mis ung article pour supplier le Roy d'ordonner que deulx ans après que aucuns auront pris l'habit de jésuistes, ilz ne seront plus cappables d'aucunes successions directes ou collactéralles ny mesme disposer des biens qu'ilz auront auparavant, et après le dit temps ne pourront estre licentiez et mis hors de l'ordre sans leur estre par la maison de laquelle ilz auront esté licentiez donné moien de vivre.

Item que les dits Jésuistes seront subjectz aux mesmes ordonnances et loix civiles et politicques que les autres relligieux de France, qu'ilz ne pourront avoir aucuns provinciaux qu'ilz ne soyent nayz francais et qu'ilz n'ayent esté esleuz par les Jésuistes francais qui auront faict leur premier veu, et pour le surplus le mémoire cotté m^{xx} sera porté aux Estatz pour estre communicqué à messieurs du Tiers Estat et en après à messieurs du clergé s'il est trouvé bon.

Que le Roy sera supplié qu'il soit faict loy que doresnavant aux assemblées des Estatz généraulx nulz gouverneurs des provinces ou des villes, lieutenans généraulx civilz et criminelz ny particulliers ny pensionnaires, advocatz, ny procureurs du Roy ne pourront estre depputez pour les dits Estatz généraulx, et au cas que pour ceste fois en la présente assemblée générale il se trouve aucuns depputtez des quallitez susdites seront tenuz eux retirer quand on parlera de choses qui concernera leurs charges et fonctions et les dits pensionnaires lorsque l'on parlera des pensions.

A esté arresté qu'il sera communicqué et conféré avecq messieurs les depputtez des Estatz pour prier le Roy d'ordonner certain nombre d'escuiers, lesquelz, avecq les chevaux de la grande et petite escurye, enseigneront à la noblesse gratuitement où au plus à deux escuz le moys.

Que sa dite Majesté sera très humblement suppliée d'ordonner qu'il sera faict et establly une chambre pour estre ambulatoire composée de personnes de probité telles qu'il sera advisé pour le mieux pour la recherche et congnoissance des abuz, malversations, exactions, concussions et viollances commis tant par les officiers de justice et de finance, gentilzhommes et par quelques autres personnes en leurs charges, fonction et en quelque autre sorte et manière que ce soit ou puisse estre, mesmes ès partiz et commissions pour estre les coupables puniz et remédié au mal pour l'advenir.

Que nul ne sera pourveu dt l'ordre Saint Michel sans avoir fait ses preuves de noblesse, à ceulx qui l'auront eu par argent faveur ou autrement qui ne sont gentilzhommes qu'il leur sera osté pour en estre indignes, comme aussy que ès charges de cent gentilzhommes de la maison du Roy et aultres qui ont tiltre de gentilzhommes il n'y sera receu que des nobles, et que en la place de ceulx estans ès dites charges qui ne sont de ceste qualité en sera mis des nobles et pareillement ès compagnie des gardes ne sera aussy receu que des nobles ou vieulx soldatz qui auront servy vingt ans.

Du mardy neufviesme jour de septembre m vi^e quatorze.

En l'assemblée de mes dits sieur les prévost des marchans et eschevins et depputtez, le dit jour tenue au dit hostel de la ville pour le faict des dits Estatz.

Sont comparuz :

Monsieur Myron, conseiller du Roy en la court de parlement et présiddent ès requestes du pallais, prévost des marchans au lieu du dit sieur de Grieu, Monsieur Desveux, Clapisson, Huot et Pasquier eschevins, Messieurs les présidens de Marly, des Arches, des Landes, Lescuier, Le Tonnellier, du Lis, Perrot, Frezon, procureur du Roy, Arnauld, Dreux et Leprestre.

La compagnie estant assemblée, monsieur le prévost des marchans a remonstré que aiant esté l'ung des depputtez pour la court de Parlement pour venir aux Estatz, à présent qu'il avoit l'honneur d'estre prévost des marchans, il n'y assiste plus comme depputté de la court, et partant ne restoit plus que Monsieur Deslandes sy ce n'estoit que la

compagnie trouvast bon que le dit sieur de Grieu vint aux dites assemblées en sa place, estant du corps de la dite court, joinct qu'il est fort
instruict aux affaires des dits Estatz, requérant la compagnie y vouiloir
adviser. Sur quoy l'affaire mise en délibération, a esté arresté que le
dit sieur de Grieu sera prié de venir doresnavant en l'assemblée des
dits Estatz et y prendre séance et sa place au lieu du dit sieur président
Myron, ce qui a esté à l'instant fait scavoir au dit sieur de Grieu qui
est venu en ladite assemblée dont la compagnie l'a remercié.

A esté arresté qu'il sera mis ung article dans le dit cahier par lequel
le Roy sera très humblement supplié d'ordonner que tous huissiers et
sergens seront tenuz faire régistre de tous les saisies qu'ilz feront exced-
dans la somme de cent livres, lesquelles seront signées sur le dit régistre
par les parties à peine de nullité, lequel régistre sera rellié et paraphé
en tous les feuilletz au commencement de l'année par le procureur du
Roy de la justice dont les dits huissiers ou sergens seront, sans par
eux laisser de blanc dans leur dit régistre, et seront tenuz suivant l'ordonnance de faire signer les exploitz par leurs corps et faire mention
de la demeurance et quallité des parties.

Que sa dite Majesté sera aussy suppliée ordonner que tout homme
qui fabricquera ou fera fabricquer une pièce faulce ou s'en servira après
l'inscription en faulx d'icelle sera descheu de son droit outre la peine
de faulx, et que tous juges, nottaires, officiers, trésoriers, argentiers
et recepveurs des princes et seigneurs qui feront des faulcetez seront
punis de crime de mort, et quant aux autres qu'ilz seront envoiez aux
gallères.

A esté arresté que sa Majesté sera suppliée d'ordonner que la femme
qui aura recellé ou soubztraict quelque chose de la communaulté
devant ou après la renonciation à icelle communaulté sera tenue du
paiement de la moictié des debtes, encores que la dite moictié exceddera la part qu'elle prendra à la dite communaulté.

Qu'il sera mis ung article par lequel sa Majesté sera très humblement
suppliée d'ordonner que le retraict n'aura lieu es biens adjugez par
décès sinon pour les enffans de ceux dont les héritages auront esté venduz ou par son présomptif héritier au deffault d'enffans et sans
fraulde.

Que le remploy des propres tant du mary que de la femme aura lieu
en tous pays coustumier où y a communaultez.

Que la continuation de communaulté à faulte de faire inventaire
sollenel et cloz aura lieu en tous pays où la communaulté a lieu au
proffict des enffans mineurs.

Que touttes personnes ne pourront disposer par testament de leurs
acquetz et meubles, sinon après vingt ans accomplis, et de leurs propres
après vingt cinq ans.

Que toutte personne qui recellera les biens d'une communaulté ou
d'une succession sera privé de la part qu'il luy pourroit appartenir en
la succession ou communaulté.

Que le régistre des baptesmes sera signez des pères, parains et mar-
raines qui scauront signer, et contraindre les curez de mectre leurs
régistres aux greffes roiaux.

Messieurs du Lys et Perrot se sont chargez du mémoire trouvé dedans
le coffre concernans les marchans de vins pour l'examiner et en faire
rapport au premier jour.

Du vendredy xiie jour de septembre mil six cens quatorze.

En l'assemblée des dits Estatz le dit jour tenue, sont comparuz messieurs les prévost des marchans et eschevins, messieurs les présidens
de Marly, des Arches, de Grieu, Lescuyer, Le Tonnellier, Du Lis, Perrot, Frezon, procureur du Roy, Arnault, de Dreux et le Prebstre.

A esté arresté de supplier le Roy d'ordonner que doresnavant les
inventaires de procès seront paraphés par le greffier proche la signa-
ture du procureur et, si les parties requièrent que tous les feuilletz
des dits Inventaires soient aussi paraphez les dits greffiers seront tenuz

ce faire aux despens des dites parties, soit devant, soit après les dits procès jugez, comme aussy seront toutes les pièces produictes au procès paraphées par le juge ou rapporteur du dit procès quant les parties le demanderont.

Que sa dite Majesté sera suppliée d'ordonner que toutes saisies et arrestz seront desclairées nulles après trois ans si elles ne sont renouvellées ou poursuivies dedans le dit temps, et quant aux saisies féodalles si elles ne sont poursuivies ou renouvellées elles n'auront effect que pour trois ans, mais si on demeure trois ans après sans poursuitte ni estre renouvellées elles n'auront point d'effect du tout.

A esté arresté de demander aux Estatz et qu'il soit ordonné que les parties qui s'adresseront au parlement pour exécution ou interprétation des arrestz donnez en icelle, se pourvéoiront en la mesme chambre où auront esté donnez les dits arrestz et que les instructions incidentes du procès pendans ès chambre des Enquestes se feront es dites chambres sans préjudicier aux exécutions des dits arrestz qui doibvent appartenir aux juges ordinaires et néantmoings ce qui se peult expédier sur simple requeste sera libre aux parties de s'addresser en la grand chambre.

Du vendredy dixneufviesme jour de septembre mil six cens quatorze.

En l'assemblée des dits Estatz le dit jour tenue

Sont comparuz messieurs les prévost des marchans et eschevins, messieurs les présidens de Marly, des Arches, de Grieu, Lescuyer, Perrot, Frezon, de Creil, procureur du Roy, Dreux et le Prebstre.

A esté arresté de supplier le Roy que doresnavant les places de clercz et commis des greffes en la court de parlement qui jusques aujourd'huy n'ont esté vénalles ensemble les geolliers et greffiers de geolles ne soient vendues par quelque personne que ce soit, ains que eslection soit faicte de personnes cappables pour entrer ès dites places, comme il a esté cy devant faict, à peine contre ceulx qui les venderont ou en prendront présens ou rescompenses directement ou indirectement du quadruple de ce qu'ilz auront receu, dont moictié sera adjugé au dénonciateur et l'autre moictié aux pauvres, et contre ceulx qui les achepteront soit en argent ou présens d'estre chargez des dites charges de pure perte de ce qu'ilz en auront baillé et de deux mil livres parisis d'amande applicables comme dessus. Et outre que taxe sera faicte par les juges des sallaires des dits geolliers et greffiers des geolles, laquelle sera mise en ung tableau qui sera attaché à l'entrée des dites geolles et que deffences soient faictes à tous geolliers de laisser vaguer leurs prisonniers par la ville à peine de la vye.

A esté arresté de supplier le Roy d'ordonner qu'il soit permis aux fabricques et communaultez des villages en plat pais de retirer les terres, vignes ou autres héritages qui ont esté venduz, par les marguilliers ou communes depuis l'année mil v^c iiii^{xx} et huict, et où les dites fabricques n'auront les moiens pour les retirer les acquéreurs en retiendront une partie pour l'argent qu'ilz en auront baillé et l'autre partie ilz les laisseront aus dites fabricques ou communaultez au dire de gens à ce congnoissans.

Que deffences soient faictes à tous bouchers d'avoir plus d'un estail à boucher, soit de leur propre soit de leur.....

A esté arresté de proposer aux Estatz de trouver les moiens de réunir à la justice royalle du Chastellet toutes les justices qui sont dans Paris et ès faulxbourgs et qui appartiennent aux communaultez ecclésiasticques en rescompensant les dites communaultez et pourvéoir aux moiens qu'il n'y ait qu'un degré de jurisdiction.

Le samedy vingtiesme jour de septembre mil six cens quatorze, messieurs les prévost des marchans et eschevins ayans esté advertis que monsieur le lieutenant civil debvoit envoier ung sergent au bureau pour advertir messieurs de la tenue des Estatz de la prévosté de Paris qui se debvoient tenir en la salle épiscopalle le lundy en suivant xxiie jour du dit mois et qu'ilz eussent à depputer quelques ungs d'entre eulx pour y assister, d'aultant que ce n'estoit la forme et que, encores que messieurs de la

ville feussent par lectres du Roy dispensez de la jurisdiction du dit prévost de Paris pour le faict des dits Estatz néantmoings en cas semblable
par honneur, le procureur du Roy du dit Chastellet auroit accoustumé
de venir du dit bureau faire la semonce luy mesme au moien de quoy
mes dits sieurs de la ville auroit commis maistre Guillaume Clément,
greffier de la dite ville pour aller par devers le dit sieur lieutenant civil
pour l'advertir de ce que dessus et de ce qui s'estoit passé en cas semblable et qu'ilz ne souffriroient aulcune signiffication ny semonce par
ung sergent, que sur le champ la ville ne luy en envoiast ung autre
pour luy signiffier les lectres envoiées par le Roy à la ville le ix juin
dernier, ensemble pour luy déclarer que la dite ville ne depputteroit
aulcunes personnes pour aller à ses dits Estatz, lequel Clément pour
ce que dessus se seroit transporté par devers monsieur de Roissy, lieutenant civil auquel il auroit faict entendre ce que dessus, qui auroit
faict responce qu'il ne pouvoit envoier le procureur du Roy du Chastelet
au dit hostel pour faire la semonce comme il estoit accoustumé,
d'aultant que les lettres du Roy touschant les dits Estatz n'avoient esté
expédiées comme il estoit accoustumé de tout temps, ains par icelles la
dite ville estoit indispencée de sa jurisdiction, mais luy donnoit charge
de rapporter au bureau qu'il ne feroit faire aulcune signiffication ny
semonce pourveu que l'on luy promist que la ville envoiera ses depputtez
aus dits Estatz comme il avoit esté fait par cy devant, sinon qu'il don-
nera sa charge aux commissaires du Chastellet d'advertir deux notables
bourgeois de leur quartier pour eulx s'y trouver.

Ce que ayant par le dit Clément [esté] rapporté aus dits sieurs prévost des marchans et eschevins fut par eulx résolu de ne poinct aller
ny envoier aus dits Estatz en la dite salle épiscopalle sans exprès mandement du Roy et que s'il mandoit des bourgeois comme il avoit proposé,
que la dite ville en iroit faire plaincte à la Royne régente, comme n'appartenant au dit lieutenant civil de faire aulcune assemblée de bourgeois en ceste ville, joinct que ses dits Estatz ne concernoient que les
estatz du plat pays de la prévosté de Paris, et que pour les Estatz de
ceste dite ville et faulxbourgs ilz se tenoient au dit hostel de ville suivant les dites lectres du Roy.

Et le dimanche xxime du dit mois de septembre mes dits sieurs les prévost des marchans et eschevins étant advertis que le dit sieur lieutenant contre son pouvoir avoit par ses commissaires faict advertir deux
bourgeois de chacun quartier pour eulx trouver le lendemain en son
assemblée d'Estatz, feurent avec le dit greffier par devers la Royne régente au Louvre où ilz rencontrèrent le dit sieur lieutenant civil et par-
lèrent ensemblement à la dite dame de leur contestation, laquelle les
renvoya à Monseigneur le chancellier, où ilz feurent aussytost, en la
présence duquel le dit sieur prévost des marchans feit plaincte de l'entreprise faicte par le dit sieur le lieutenant civil de voulloir faire assembler
des bourgeois de Paris pour aller à ses dits Estatz, que c'estoit le moien
de faire rendre son assemblée nulle joinct qu'ilz ne le permecteront pas.
A quoy le dit sieur lieutenant civil auroit dict que autrefois il auroit
esté tenct, mais que s'il la ville voulloit lui promectre d'y envoier quelques
uns de messieurs les eschevins avec le procureur du Roy de la ville
qu'il contremanderoit les dits bourgeois pour n'y poinct assister; à quoy
le dit sieur prévost des marchans auroit répliqué que c'estoit choses
que la ville ne pouvoit faire sans lectres et exprès commandement du
Roy, d'aultant que cella contreviendra aux lectres de sa dite Majesté du
dit ixe juing dernier, par lesquelles la dite ville doibt faire corps à part
et exempte de la jurisdiction du dit prévost de Paris pour le faict des
dits Estatz, et après plusieurs contestations faictes de part et d'autre,
mon dit sieur le chancellier dit qu'il feroit expédier des lettres du Roy
pour envoier à la dite ville affin de depputter quelques ungs d'entre eulx
pour aller aus dits Estatz du dit prévost d'icelles, sans préjudicier aux
prévillèges et exemptions de la dite ville, et en ce faisant que le dit
lieutenant civil contremanderoit les dits bourgeois mandez et ne les rece-
veroit en son assemblée. A quoy ung chacun promist d'obéir.

Et le dit jour de dimanche de rellevée mes dits sieurs prévost des marchans et eschevins de la dite ville receurent les dictes lettres missives de sa dite Majesté desquelles la teneur ensuict :

De par le Roy :

Très chers et bien amez, nous vous avons cy devant mandé qu'eussiez à faire vostre assemblée du tiers estat en l'hostel de ceste nostre bonne ville affin d'y deputter pour les Estatz généraux de nostre royaume, vous exemptant par ce moien de la jurisdiction de nostre prévost de Paris. Néantmoings ayant sceu que nostre dit prévost a convocqué l'assemblée des trois Estatz en l'hostel épiscopal de ceste dite ville au xxii⁰ du présent mois, nous voullons et vous mandons que sans préjudicier à vos prévillèges et exemptions vous ayez à envoier aulcuns de vous en la dite assemblée au dit hostel épiscopal, et n'y faictes faulte, car tel est nostre plaisir.

Donné à Paris le xix⁰ jour de septembre mil six cens quatorze; signé Louis et au dessoubz De Loménye.

Et au dos est escript : A nos très chers et bien amez les prévost des marchans et eschevins de nostre bonne ville de Paris.

Suivant laquelle lectre cy dessus mes dits sieurs les prévost des marchans et eschevins ont commis et depputtez Messieurs Desveux et Pasquier eschevins pour eulx trouver le lendemain matin en la dite salle épiscopalle, et illec demander scéance aux premières places du banc du tiers estat et là y entendre la proposition que l'on y fera, mesme dire tout hault que la comparution que la ville y faisoit estoit en vertu des lectres et mandemans exprès du Roy et sans préjudicier aux prévillèges et exemptions de la dite ville et ne souffrir qu'il y ait aulcuns bourgeois de Paris, sinon eulx retirer avec protestation de nullité de leurs assemblées et requérir acte et le faire enrégistrer.

Et le dit jour de lundy xxii⁰ᵐᵉ septembre m vi⁰ xiiii, comme le dit prévost de Paris, lieutenant civil, procureur du Roy au Chastellet et quelques des conseillers alloient en solempnité à la dite salle épiscopalle, auroient esté rencontrez vers Saint Jacques de la Boucherie, par mes dits sieurs les prévost des marchans et eschevins, lesquelz s'estant arrestez, mon dit sieur le prévost des marchans leur auroit dict qu'il y avoit deux eschevins comme pour aller à leur dite assemblée pourveu qu'il eust contremandé les bourgeois. A quoy le dit sieur lieutenant civil avoit faict responce que à cause de ses grands empeschemens, il luy avoit esté impossible de contremander tous les dits bourgeois, mais que au feur et à mesure qu'ilz se présenteroient il les renvoieroit, ce que auroit aussy promis le dit sieur prévost de Paris, et sur ceste asseurance, les dits sieurs Desveux et Pasquier seroient allez en leur dite assemblée.

Et le dit jour de rellevée iceulx sieur Desveux et Pasquier seroient revenuz au dit bureau de la ville où ilz ont dict et rapporté que suivant la charge qui leur avoit esté donnée ilz s'estoient le dit jour matin transportez en la dite salle épiscopale où se tenoit l'assemblée des Estatz de la dite prévosté où estans.....

Du lundy vingt deuxième jour de septembre mil six cens quatorze,

En l'assemblée des dits Estatz sont comparuz messieurs les prévos des marchans et eschevins, messieurs les présidens de Marly, Desarches, Deslandes, de Grieu, Lescuyer, Le Tonnellier, Du Lys, Perrot, Frézon, procureur du Roy, le Prebstre.

A esté arresté de supplier le Roy d'ordonner que doresnavant on ne prendra aulcun argent ny présens pour la réception d'officiers en quelque justice ou endroict que ce soict à peine de concussion.

A esté arresté de supplier Monseigneur le chancellier de trouver bon de commettre luy mesme les rapporteurs sur les requestes et ne permectre que les greffiers le fassent de leur auethorité privée.

A esté arresté de supplier le Roy d'ordonner que doresnavant les ecclésiastiques ne pourront acquérir aulcuns immeubles sy ce n'es pour leur nécessité seullement et avec congnoissance de cause vérifié au parlement.

Du mardy vingt troisiesme jour de septembre mil six cens quatorze, en l'assemblée le dit jour tenue au dit hostel de la ville sont comparuz messieurs les prévost des marchans et eschevins, messieurs les présidens de Marly, de Grieu, Lescuier, Du Lys, Perrot, ᵗrezon, de Creil, procureur du Roy, Dreux, le Prebstre.

A esté arresté que le Roy sera très humblement supplié que pour remettre les marchans en honneur il plaise à sa Majesté ordonner que doresnavant les marchans qui sont des corps des marchandises et qui ont passé par les charges d'eschevins, juges, consulz ou gardes des corps de leurs dites marchandises ou marguilliers de leurs paroisses, ensemble leurs enffans faisans le mesme trafficq de leur père seront appellez aux assemblées publicques et auront scéance tant aus dites assemblées que aus esglises processions et enteremens et passeront devant les commissaires du Chastelet, procureurs, huissiers, clercz de greffe et sergens.

A esté arresté de supplier le Roy d'abollir et estaindre le change de Paris comme préjudiciable grandement à tout son roiaulme e particulièrement au fait trafficq et négoce de la marchandise.

A esté arresté que le Roy seroit supplié d'ordonner que doresnavant les advocatz et procureurs de Sa Majesté ne pourront estre appellez aux consultations où sa dite Majesté auront inthérest.

Il est ordonné que les gardes des marchandises de cette ville apporteront dans trois jours leurs plainctes et dolléances et à cest effect leur a esté signiffié par Pinet sergent de la ville l'ordonnance qui ensuict :

De par les prévost des marchans et eschevins de la ville de Paris :

Il est ordonné que dedans trois jours pour tous délaiz les maistres et gardes de la marchandise de la drapperie de cette ville de Paris, mectront en noz mains ou dans le coffre à ce destiné estant au grand bureau de l'hostel de la ville les cahiers de leurs plainctes et doléances sy aulcunes ilz ont à faire suivant les commandemens à eux cy devant faitz et publication faictes à son de trompe que par les paroisses.

Pareille signiffiée aux maistres et gardes de tous les autres corps.

Du vendredy XXVIᵉ jour de septembre mil six cens quatorze.

En l'assemblée des dits Estatz sont comparuz messieurs les prévost des marchans et eschevins, messieurs le président de Marly, Deslandes, de Grieu, Lescuier, Le Tonnellier, Du Lis, Perrot, Frezon et procureur du Roy. Sur le mémoire présenté pour faire rompre les arrest de LXXVII touchant les marchans de bois a esté arresté se tenir à ce qui a esté jugé en la dite année de LXXVII, m vᶜ IIIIˣˣ XIX et vIᶜ huict.

Prendre garde à ce qui a esté cy devant délibéré touchant l'establissement de nouveaulx collèges.

Du mardy XXXᵉ et dernier jour de septembre m VIᶜ XIIII.

En l'assemblée des dits Estatz sont comparuz messieurs les prévost des marchans et eschevins, messieurs les présidens de Marly, Des Arches, de Grieu, Lescuier, Du Lis, Perrot, Frezon, Dreux, le Prebstre.

A esté arresté que doresnavant après les dix ans l'on ne sera poinct recevable à demander ce que l'on a promis par mariage

Que l'on ne sera plus recevable à demander plus de dix années d'arréraiges de rentes foncières et censives.

Que doresnavant toutes prescriptions seront réduictes à XXX ans au cas que l'action personnelle concurre avec l'ypothecquaire fors de l'esglise qui sera de quarante ans.

A esté arresté que quiconque obtiendra requestes civilles contre ung arrest de la court auparavnt que de la plaider l'on sera tenu de faire lire la consultation des advocatz qui sera signée d'eux et seront deschargez d'assister en personnes à l'audience.

Du vendredy troisiesme jour d'octobre mil six cens quatorze.

En l'assemblée des dits Estatz sont comparuz messieurs les prévost

des marchans et eschevins, messieurs le président des Arches, Lescuyer, Le Tonnellier, Du Lis, Perrot, procureur du Roy et Dreux.

A esté arresté de supplier le Roy de depputter aux Estatz certain nombre de personnes pour s'assembler en ceste ville pendant six mois seullement pour juger, régler et terminer tous les différens que les corps et communaultez des marchans de ceste ville et des mestiers ont les ungs contre les autres concernant leur trafficq et marchandise et dont ilz ont proposé leurs plainctes aux depputtez des Estatz sans toutes fois prendre par les ditz depputtez aulcuns droictz, espices, sallaires, ny rescompenses.

A esté arresté que les fermiers des traictes foraines se contenteront de prendre pour les bas destaincs (?) le service porté par les ordonnances pour les mesmes merceries qui est de quarente huict solz pour cent pesant.

A esté arresté que le Roy sera supplié de ne donner à l'advenir aulcunes lettres de maistrise des mestiers tant en ceste ville qu'aux faulxbourgs soit en faveur d'avènemens à la couronne, mariages, naissance d'enffans de France, entrées de roys ou roynes, ny pour quelque autre solempnité ou réjouissance que ce soit.

Que tous actes de justice s'expédieront en papier fors les sentences diffinitives seullement.

Que les menuz droictz de péages et fermes qui se lèvent sur les subjectz du Roy comme le treillis, barrage des pontz, ceinture de la Royne et tous aultres semblables de peu de revenu et de grands fraiz et incommodité seront supprimez.

Du lundy sixiesme d'octobre mil six cens quatorze.

En l'assemblée des dits Estatz,

Sont comparuz messieurs les prévost des marchans et eschevins, messieurs le président des Arches, des Landes, de Grieu, Lescuier, Le Tonnellier, Du Lis, Perrot, procureur du Roy, Dreux.

A esté arresté qu'il sera mis dans le cahier ung article par lequel le Roy sera supplié d'ordonner que doresnavant l'indempnité et les proffictz de fiefs se prescriront par dix ans.

Que toutes saisies féodalles se renouvelleront de trois ans en trois ans.

Que l'on aura hypothecque en crime (?) du jour du décret au cas qu'il y ait sentence.

Et s'estans mes dits sieurs de la ville assemblez avec aulcuns des dits sieurs, eschevins et le greffier de la dite ville, ont repris tous les arrestez d'assemblée cy devant escriptz et ont dressé le cahier général pour en estre faict lecture en l'assemblée générale et y estre arresté.

Du mardy septiesme jour d'octobre mil six cens quatorze.

Messieurs les prévost des marchans et eschevins de la dite ville y ont esté advertis par le Roy et la Royne sa mère que les Estatz généraulx du Royaume se tiendroient en ceste ville de Paris et   ont arresté de faire assemblée générale à demain au dit hostel de ville pour la nomination de ceulx qui porteront les cahiers de la ville aux dits Estatz généraulx et à ceste fin ont ordonné et envoié les mandemens qui ensuivent :

Monsieur de Versigny, plaise vous trouver demain une heure précise de rellevée en l'assemblée générale qui se fera en la grande salle de l'ostel de la ville pour choisir, nommer et eslire les personnes qu'il plairt à la dite assemblée pour estre porteurs du cahier des plainctes et doléances aux Estats généraulx de ce royaume, vous priant de n'y vouloir faillir. Faict au bureau de la ville le mardy septiesme jour d'octobre mil six cens quatorze. Les prévost des marchans et eschevins de la ville de Paris tous vostres.

Pareil envoié à chacun de messieurs les conseillers de la ville.

De par les prévost des marchans et eschevins de la ville de Paris:

Sire Nicolas Bourbon, quartinier, appellez les dix personnes de vostre quartier qui se trouvèrent en l'assemblée des Estatz faicte en l'hostel de la ville le xxvᵉ juing.

dernier, et avec eulx trouvez vous demain à l'heure d'une heure après midy précisément en l'assemblée généralle qui se fera en la grande salle de l'hostel de la dite ville pour choisir, nommer et eslire telles personnes qu'il plaira à la dite assemblée pour estre porteurs du cahier des plainctes et dolléances aux Estatz généraulx de ce royaume, et au cas où aulcunes personnes des dits dix ne seront en ceste ville vous en appellerez d'autres en leurs places des mesmes quallitez. Sy n'y faictes faulte. Faict au bureau de la ville le mardy septiesme jour d'octobre mil vi° xiiii.

Pareil envoyé à chacun des seize quartiniers.

De par les prévost des marchans et eschevins de la ville de Paris.

Monsieur l'évesque de Paris, nous vous prions vous trouver demain une heure précise de rellevée en l'assemblée généralle qui se fera en la grande salle de l'hostel de la ville pour choisir, nommer et eslire telles personnes qu'il plaira à la dite assemblée pour estre porteurs du cahier des plainctes et dolléances aux Estatz généraulx de ce royeaume. Faict au bureau de la ville le mardy septiesme d'octobre m vi° xiiii.

Pareil envoié à messieurs les autres communaultez esclésiastiques, assavoir :

A messieurs du chapitre de Nostre Dame de Paris;

A Messieurs les trésoriers, chantres et chanoines de la Ste Chappelle;

A Messieurs de Ste Geneviefve;

A messieurs de Saint Martin des Champs;

A messieurs de Saint Victor;

A messieurs de Saint Germain des Prez;

A messieurs les Chartreux;

A messieurs de Saint Lazare;

A messieurs de Saint Magloire;

A messieurs les Cellestins;

A messieurs de Sainte Croix.

De par les prévost des marchans et eschevins de la ville de Paris :

Il est ordonné à deux des maistres et gardes de la marchandise de drapp d'eux trouver demain à une heure précise de rellevée en l'assemblé généralle se fera en la grande salle de l'hostel de la ville, pour choisir, nommer et eslire telles personnes qu'il plaira à la dite assemblée plainctes et dolléances aux Estatz généraul   Fcau b dite ville le mardi septiesme jour d'octobre m i

Pareil envoyé aux maistres et gardes de la dite marchandise de drapperie.

Pareil aux maistres et gardes de la marchandise d'appoticarrie et espicerie.

Aultre aux maistres et gardes de la marchandise de mercerie.

Aultre aux maistres et gardes de la marchandise de pelleterie.

Aultre aux maistres et gardes de la marchandise de bonneterie.

Aultre aux maistres et gardes de la marchandise d'orphaverie, et ung aultre aux maistres et gardes de la marchandise de vins.

Du mercredy huictiesme jour d'octobre mil six cens quatorze.

En l'assemblée généralle, le dit jour faicte en la grande salle de l'hostel de la ville, de messieurs les prévost des marchans, eschevins, conseillers de la dite ville, corps, collèges, chappitres et communaultez esclésiastieques, quartiniers, dix bourgeois de chacun quartier mandez, assavoir cinq officiers tant des courtz souveraines que autres, et cinq des plus notables marchans et bourgeois de ceste dite ville, et deux des maistres et gardes de chacun des corps de marchandises de ceste ville pour choisir, nommer et eslire telles personnes qu'il plaira à la dite assemblée pour estre porteurs du cahier des plainctes et dolléances aux Estatz généraulx de ce royaume, suivant les mandemens envoiez à ceste fin.

Sont comparuz :

Monsieur Myron, conseiller d'Estat, président aux enquestes de la court de Parlement, prévost des marchans.

Me Desveux; Me Clapisson; Me Huot; Me Pasquier, eschevins;

Mᵉ Perrot, procureur du Roy de la ville;

Monsieur de Marle, sieur de Versigny;

Monsieur le président de Bouffancourt;

Monsieur Sanguin, sieur de Livry, conseiller en la court, absent; Monsieur Palluau, conseiller en la court; Monsieur Boucher, conseiller en la court; Monsieur le prestre, conseiller en la court; Monsieur Ancellot, maistre des comptes; Monsieur Arnault, advocat; Monsieur Prévost, sieur de Cir, maistre des requestes; Monsieur le président de Marly; Monsieur Violle, sieur de Rocquemont; Monsieur le président Braguelongue; Monsieur Abelly; Monsieur le président Aubry; Monsieur Lamy, secrétaire; Monsieur Sanguin, secrétaire; Monsieur Leclerc, conseiller en la court; Monsieur de Saint Germain, sieur de Ravines; Monsieur Sainctes; Monsieur Potier, sieur de Guevilly; Monsieur Aubry, sieur d'Auvilliers; Monsieur Marescot, maistre des requestes; Monsieur Prévost, sieur d'Herbelay; Monsieur Barthélemy, maistre des comptes; Monsieur Perrot, sieur du Chesnau, conseillers de la dite ville selon l'ordre de leurs réceptions;

Communaultez esclesiastiques;

Monsieur de Pierrevive, grand vicquaire de monsieur l'évesque de Paris et depputé du dit sieur évesque; Monsieur l'archediacre Dreux et monsieur Prévost depputtez du chappitre de Paris; Monsieur Bourgoing pour Sᵗᵉ Genevièfve; Messieurs Coullon et Faure, depputtes de Sᵗ Victor; Messieurs Le Juge et Le Gras, relligieux de Sᵗ Germain des Prez; le sieur Rousseau, depputté du prieur de Sᵗ Lazare; les frères Clocquet et Lenain, relligieux des Cellestins.

Sur la contestation des dits sieur L'archediacre de Dreux et le Prévost de ce que le dit sieur de Pierrevive prenoit place et séance au dessus d'eux et voullans se retirer a esté arresté que les régistres de la ville seroient veuz et cependant affin de ne retarder l'assemblée que le dit sieur de Pierrevive seroit assis dans une chaire à part au dessus des dits sieurs Dreux et le Prévost sans préjudicier aux droitz et prééminences des dites parties et donne acte aus dits sieurs Dreux et le Prévost de leurs protestations.

Quartiniers et dix bourgeois de chacun quartier mandez :

Sire François Bonnard [Quartinier]; Mᵉ de Beaumont, maistre des requestes; Mᵉ de Piems, conseiller en la court; Mᵉ Lescuier, maistre des comptes; Mᵉ de Serres, maistre de l'hostel chez le Roy et maistre des comptes; Monsieur Simon, receveur général des finances, absent; Mᵉ de Paris Lanoy; Mᵉ Lesaige; Mᵉ Goujon; Mᵉ de l'Aulnay; Mᵉ de Bréban.

Sire Nicolas Bourbon [Quartinier]; Monsieur du Four, conseiller; Mon-